Ursula Bruns

Hindernisse für Huberta

Ursula Bruns

Hindernisse für Huberta

Georg Bitter Verlag

CIP-Titelaufnahme der Deutschen Bibliothek

Bruns, Ursula:
Hindernisse für Huberta / Ursula Bruns. - Recklinghausen :
Bitter, 1992
ISBN 3-7903-0461-1

1. Auflage

Einbandgestaltung: Ulrike Heine.
Gesetzt aus der Korinna 10/12.
Druck, Einband: Ebner Ulm

ISBN 3-7903-0461-1

1

"Huberta!"

Fräulein Dölling begann langsam zu verzweifeln. Heute war mit der Klasse nichts anzufangen. Allen steckten die Ferien im Kopf. Und dazu diese Hitze! Wenn es nicht der letzte Schultag wäre und gleich um elf in der Aula die Prämien verteilt würden, sollte man die Gesellschaft einfach nach Hause schicken, sinnierte sie vor sich hin.

"Huberta!" rief sie noch einmal in die schläfrige Klasse, "würdest du vielleicht endlich so liebenswürdig sein und dich zu einer Antwort herablassen?"

Ein paar Mädchen kicherten. Fräulein Dölling konnte immer unvermutet so ironisch werden.

"Wie heißt die gedachte Linie zwischen ..."

Hinten in der vorletzten Reihe gab Uschi ihrer Freundin einen kräftigen Schubs.

"Mensch, Huberta, sag doch was!"

Huberta fuhr, aus tiefen Träumen gerissen, verwirrt hoch.

"Muschik", sagte sie.

Die Klasse wollte sich totlachen, während Fräulein Dölling einen roten Kopf bekam. Sie war eine herzensgute Seele, vertrug es aber schlecht, wenn man sich einen Witz mit ihr erlaubte.

"Was soll der Unfug?" fragte sie scharf. "Was ist das?"

"Ein Pferd!" entgegnete Huberta kläglich.

"Natürlich!" sagte Fräulein Dölling gedehnt, "ein Pferd! Woran sonst sollte man in der Mathematikstunde auch schon denken?" Dann änderte sie den Ton und sagte seufzend, das schmale, zarte Mädchen mit den blonden Haaren in schlecht verhehlter Zärtlichkeit ansehend: "Ach Huberta, wie soll denn das weitergehen? Im Stall und draußen auf den Koppeln bist du lebendig genug, in der Schule dagegen träumst du fortwährend. - Ja, ja, ich weiß", verbesserte sie sich, als sie sah, daß sich die blauen Augen vor ihr mit Tränen füllten, "im letzten halben Jahr ging es mächtig bergauf mit der Lernerei. Mathematik zwar, na, schweigen wir davon - aber sonst glaub' ich beinahe ..."

Die letzten Worte wurden vom schrillen Ton der Glocke verschluckt, die das Ende der Stunde und damit des Sommerhalbjahres anzeigte. Fräulein Dölling wandte sich, das verheißungsvolle Lächeln immer noch auf dem Gesicht, ihrem Klassenbuch zu, um die letzten Eintragungen zu machen. Die 7. Klasse des Gymnasiums aber stürmte auf den Gang, polterte die Treppe hinunter und vergaß über Ferienjubel und Sommersonnenseligkeit völlig die Hitze, die oben im Schulraum doch so drückend gewesen war.

Huberta rannte gleich mit mehreren Freundinnen in die Nähe der Turnhallentür, um einen neugierigen Blick in die festlich geschmückte Halle zu tun, die sich langsam mit Eltern und Verwandten der Schülerinnen füllte.

"Du, deine Tante ist auch schon da", rief sie der hinter ihr stehenden kugelrunden Uschi zu.

"Mir gleich", war die phlegmatische Antwort. Uschis Eltern waren früh gestorben, und so lange sie denken konnte, lebte sie bei ihrer Tante, der kinderlos verwitweten Frau Oberamtmann Kottrup. Die beiden taten immer, als ob sie nichts umeinander gäben. Tante Aloysia war eine richtige Westfälin: knochig, nüchtern und praktisch. Im Haushalt lief alles am Schnürchen; Uschi und die alte Libeth, die schon seit eh und je bei Kottrups diente, knurrten zwar immer ein bißchen, fühlten sich insgeheim jedoch unter ihrer energischen Fuchtel pudelwohl. Über Schule und so was wurde nicht viel geredet. “Wasch dir die Hände, setz dich, und halt bei Tisch den Mund”, pflegte die verwitwete Oberamtmännin zu sagen, wenn Uschi ihr beim Nachhausekommen so ganz nebenbei eine erstklassig zensierte Rechenarbeit vorlegte. Doch während Uschi im Badezimmer in aller Seelenruhe zum dreitausendstenmal eine Überschwemmung anrichtete und Libeth in der Küche ungeduldig mit den Töpfen rasselte, kramte Tante Aloysia ihre Brille aus dem Nähkörbchen und schmunzelte beim Umblättern verstohlen.

“Ach, bin ich selig, wenn es vorbei ist!” rief Huberta. “Ich muß einfach einen Preis haben. Du weißt ja nicht, wie wichtig es ist! Hab’ ich aber ’nen Schrecken bekommen vorhin, ich war ganz durchgedreht.”

Uschi nickte verständnisinnig. “Dusel gehabt. Na ja, bei der ollen Dölling hast du nun mal ’nen Stein im Brett. Aber manchmal bist du auch zu doof”, schloß sie in freundschaftlicher Offenheit.

Huberta hörte nur halb hin. “Ja, aber wenn du wüßtest”, flüsterte sie geheimnisvoll. “Ich hab’ es noch keinem erzählt - außer Vater natürlich.” Dann verdrehte sie schwärmerisch die Augen und sagte: “Muschik ...”

“Du, hör auf, mir reicht es langsam mit deinem Muschik, Muschik.” Sogar die träge Dicke wurde aufgebracht. “Quatsch kein Blech, sondern erzähl lieber anständig, was das für ein Biest ist und wieso du dabei Augen machst wie ein Schellfisch, der eine Gräte verschluckt hat.”

“Das ist überhaupt kein Biest”, fuhr Huberta auf, “und ...”

Weiter kam sie nicht. Mit dem Schrei: “Da kommt

unser Wagen!" fegte sie mit wippenden Zöpfen einem Gespann prächtiger Füchse entgegen, das sich im Trab näherte. Einen Augenblick später knirschten die Bremsen.

"Könnten auch besser geschmiert sein, Willem!" Schulze Westrup warf dem Pferdeburschen die Zügel zu, sprang mit einem Satz vom Kutschbock und half seiner Frau aus dem Wagen. Dann hob er Huberta mit zwei Fingern das Kinn hoch, sagte zärtlich: "Na, Strolch, mach's gut!" zwinkerte ihr vielsagend zu und verschwand im Saal.

Huberta starrte einen Augenblick gedankenvoll vor sich hin. Vater war ihr bester Freund, aber hierbei konnte er ihr auch nicht helfen. Das ganze letzte Jahr über hatte sie sich vor lauter Paukerei nicht einmal um die Fohlen gekümmert. Die vom Frühjahr liefen jetzt noch vor ihr weg; das war noch nie dagewesen. Aber eine Prämie mußte sie mindestens haben, hatte Onkel Jop gesagt, sonst ...

Da störte Uschi sie mal wieder. So schnell wie möglich war sie hinter ihrer Freundin über den Platz gelaufen und stieß nun ganz atemlos hervor: "Es hat schon geläutet, die anderen stehen längst in der Reihe!"

War doch ein patenter Kerl, die Dicke, ihretwegen einen Anpfiff zu riskieren, dachte Huberta ein wenig reuevoll, während sie sich im letzten Augenblick den übrigen anschlossen.

Die nächsten Stunden vergingen den zweihundertfünfzig Mädchen voll banger Spannung. Kaum eine achtete auf die Ansprache des Herrn Direktor oder die sonstigen Festvorführungen. Jahresschlußzeugnisse - klopften die Herzen; was zählt da sonst noch? Wie lange das dauerte, wenn man doch so unbedingt wissen mußte, ob man selbst ...

Endlich war die Quarta dran. Den Preis für Religion bekam eine robuste, pausbackige Vierzehnjährige, eine der ältesten aus der Klasse. Im Rechnen war natürlich Uschi nicht zu schlagen. In den vorigen Jahren hatte sie die Prämie auch schon bekommen. Tante Aloysia in der ersten Reihe wurde ein ganz klein wenig rot vor Stolz, wirklich, kaum zu sehen - aber Uschi sah es doch, und ihr Herz klopfte. Deutsch! In der Quartanerreihe saß ein schmales Mädchen von dreizehn Jahren, kreideweiß und mit geballten Fäusten, dem die knappe Pause vor jedem neuen Namen diesmal eine qualvolle Ewigkeit lang zu sein schien - Huberta Schulze Westrup! Oh! Und dann, noch ehe sie den Weg zum Podium hinter sich gebracht hatte, noch einmal: Huberta Schulze Westrup - in Geschichte war sie auch die Erste! Der Saal verschwamm ihr vor den Augen, mit heißen, zitternden Händen nahm sie die Preise in Empfang, und dann tauchten plötzlich Vaters Augen irgendwo in der Menge auf, und sein Mund formte ein Wort, das sie verstand, ohne einen Ton zu vernehmen: “Muschik” - ja, jetzt gehörte er ihr!

2

Wie sie nach Hause gekommen war, hätte sie nicht sagen können. Im Eßzimmer war die Tafel festlich gedeckt - Vater mußte wohl telefoniert haben -, und Trüken selbst trug im knisternden Schwarzseidenen Rotkohl mit Schweinebraten und hinterher Schokoladeneis auf. Seit vierundfünfzig Jahren kochte Trüken schon auf dem Westruphof. Eigentlich hieß sie Gertrude Bleßkamp, aber wenn nicht der Herr Pastor, der erst seit einigen Jahren aus der Stadt nach hier versetzt worden war und sich noch nicht so recht an die ländlichen Sitten gewöhnen konnte, immer feierlich "Fräulein Gertrude" gesagt hätte, wüßte bestimmt kein Mensch ihren richtigen Namen. Als Vater noch ein Junge war, hatte er sie schon Trüken genannt.

Lange Jahre hindurch war Huberta ihr Liebling gewesen, bis dann Muddel geboren wurde, der natürlich auch nicht Muddel hieß, sondern Georg, was aber ebenfalls kein Mensch sagte. Er war der Stammhalter der Familie, vier Jahre alt und in allem Hubertas genaues Gegenteil - außer, was Mut betraf. Den hatten sie beide. So zierlich und schmal seine Schwester war, so pausbackig und derb war er. Statt Mutters krausen blonden Haaren hatte er die braunen Westrupschen geerbt, die ihm lockig über die Schultern fielen und vorn zum Pony geschnitten waren. Im Sturm eroberte er alle Herzen.

Trükens Kochkunst wurde heute nicht gebührend gewürdigt. Die Hauptperson hätte auch gebratene Schuhsohlen klaglos verschlungen, um nur ja schnell fertig zu werden. Es war ohnehin spät genug geworden, und kaum war das Schlußgebet gesprochen, als sie, nach einem flehenden Blick auf ihren Vater, aus dem Zimmer huschte und - immer drei Stufen auf einmal nehmend - zum Umkleiden nach oben lief.

Etwas verdutzt wandte sich Frau Schulze Westrup an ihren Mann: "Habt ihr mal wieder etwas zusammen ausgeheckt? Das ist ja alles ungeheuer geheimnisvoll!"

"Eine Überraschung!" meinte der Schulze schmunzelnd.

Seine Frau hob in gutgespieltem Entsetzen beide Hände abwechselnd hoch, sank in den nächsten Sessel und sagte pathetisch: "Das reicht. Der Himmel bewahre mich vor euren Überraschungen!"

Unterwegs fiel kaum ein Wort. Nach einer knappen halben Stunde lenkte der Schulze den Wagen mit den hellglänzenden Füchsen wieder in eine Allee, an deren Ende ein breites westfälisches Gutshaus mit tiefem Dach und kreuzweis geschnitzten Pferdeköpfen am Giebel stand. Gerade war ein hochbeladener Wagen mit Roggen vor das mächtige Scheunentor geschwankt, und der Schulze mußte seine Pferde scharf parieren, weil sie sonst in ihrem Eifer davongelaufen wären. Dann knirschten die Räder über den Kies neben der seitlichen Haustür, und im Türrahmen erschien mit lachendem Gesicht, die Hände gemütlich über der schwarzen Schürze gefaltet, Tante Lina.

"Na endlich", sagte sie, "Onkel Jop kann es beinahe selbst schon nicht mehr aushalten. Den ganzen Morgen über war er brummig, weil er nicht in die Stadt fahren konnte. Er hatte sich schon den schwarzen Anzug angezogen, und da fiel doch ausgerechnet heute der Vorknecht durch die Luke auf dem Heuboden. Zum Glück lag auf der Tenne noch ein Strohhaufen, aber der Fuß war natürlich verknackst. Ja, und da mußte der Onkel den Anzug wieder ausziehen, denn man weiß ja in der Ernte nie, ob sich's Wetter hält."

Huberta seufzte. Tante Lina war immer so furchtbar weitschweifig. Wenn die einmal ins Erzählen kam, hörte sie so schnell nicht wieder auf. Zum Glück war sie heute selbst ein bißchen gespannt.

"Jop!" rief sie jetzt rückwärts in den Flur, so laut, daß ihre Stimme von den gekachelten Wänden widerhallte und man es bestimmt bis unter die Dachsparren hören konnte.

"Ich komm' ja schon", prustete es von irgendwoher zurück, und dann lief Huberta mit einem Jubelschrei auf einen verknitterten, kleinen alten Herrn los, der gerade noch seine Mutzpfeife in Sicherheit bringen konnte, ehe ihm der blonde Quirl stürmisch um den Hals fiel und schrie: "Onkel Jop, ich hab' zwei Preise, denk dir, zwei - und jetzt mußt du Wort halten und ..."

"Mädchen, Mädchen, nun mal langsam mit den jungen Pferden", wehrte er in scheinbarer Entrüstung ab, während seine winzigen Augen in dem verwitterten braunen Gesicht über ihren Kopf hinweg vergnügt zwinkerten. "Erst wird mal anständig Kaffee getrunken, was meinst du, Hubert?" wandte er sich an seinen Neffen, der gewichtig mit dem Kopf nickte und händereibend antwortete: "Also, ich muß auch sagen, so allmählich kriegt man Hunger!"

"Jetzt erst noch Kaffee trinken?" Huberta weinte fast. "Aber wir haben doch erst zu Mittag gegessen", schluchzte sie, "darf ich denn nicht wenigstens ..."

Da auf einmal entdeckte sie das breite Schmunzeln auf allen Gesichtern, und schlagartig versiegte der bittere Kummer.

"Ihr wollt mich ja nur anführen", jubelte sie, "und ich dachte schon, ich müßte wirklich erst Kaffee trinken - wo ich doch gar kein bißchen Hunger habe. Kommt schon", bettelte sie dann und trat ungeduldig von einem Fuß auf den anderen, bis sie sich endlich in Richtung Weide in Bewegung setzten. Ausgelassen tanzte sie vor ihnen über den Weg, bis sie schließlich am Tor einer langen, langen Weide stand. Huberta hielt in der Linken krampfhaft die Leine, an der sie ihre Beute nachher triumphierend zu entführen gedachte, aber - was war denn das? Zuerst war am jenseitigen Ende unter den Bäumen nur eine undeutliche dunkle Masse zu sehen, dann ein lauter Pfiff von Onkel Jop, das unförmige Ding setzte sich mit affenartiger Plötzlichkeit in Bewegung.

"Ohhh!" schrie Huberta in atemlosem Entzücken und hatte heiße Backen vor Begeisterung.

Über die Wiese kam es herbeigefegt in weiten, federleichten Sprüngen - ein tanzender grauer Wirbel, vorgereckt der schmale Kopf mit der flatternden Mähne und den kohlrabenschwarzen sprühenden Augen: Muschik, der zierliche Araberhengst!

Doch das Tollste: er kam nicht allein. Huberta hatte von ihm geträumt, solange sie denken konnte, und dabei immer einen nackten, ungezähmten Wildling vor sich gesehen, der tausendmal auf ihren Lockruf hin zu ihr getrabt war und sich ein Stück Zucker geholt hatte. Onkel Jop war ganz vernarrt in sein "Kabinettstückchen". Der Graue lief ihm nach wie ein Hund und war, ohne zu arbeiten, schon fünf Jahre alt geworden. Und nun trug er Zaumzeug und Sattel und bog ganz kokett den schmalen Hals, als machte es ihm richtig Spaß, geritten zu werden. Im Sattel aber saß Felix, ihr Freund Felix, und lachte und freute sich, daß die Überraschung so fein gelungen war.

"Haha, von wegen selbst einreiten und herunterpurzeln und sämtliche Puppenknöchelchen brechen, und Onkel Jop ist natürlich schuld dran, warum schenkt er ihr auch so was Verrücktes wie einen ungerittenen Hengst, was?"

Der Alte spöttelte unwirsch vor sich hin, um seine Rührung zu verbergen. Dabei hörte niemand mehr zu, denn jetzt war Muschik der Mittelpunkt. Er wollte und wollte einfach nicht ruhig stehenbleiben. Huberta stopfte ihm ein Stück Zucker nach dem anderen ins Maul, und er fuhr ihr vor lauter Dankbarkeit mit den schaumigen Lippen quer durchs Gesicht, daß sie sich trotz aller Freude doch prustend schütteln mußte und beide Hände voll zu tun hatte, sich den Ungestümen vom Leibe zu halten.

"Du, Huberta - bist du taub?" Felix war aus dem Sattel gesprungen und rüttelte sie leicht. "Ich frag' doch schon zum drittenmal, ob du dich draufsetzen willst. Er ist ziemlich brav. Ich reite ihn schon fast ein halbes Jahr. Komm, ich helf' dir." Dabei hob er seine Freundin, der noch immer alles vor den Augen schwamm und die sogar vergaß, seine Neckerei mit einer frechen Antwort zu quittieren, hoch, gab ihr die Zügel in die Hände und sagte aufmunternd: "Jetzt aber los, du bist doch sonst nicht so."

Der Grauschimmel bekam einen freundschaftlichen Klaps auf die Kruppe, was ihn prompt zu mutwilligem Buckeln veranlaßte. Beide Hinterbeine fuhren blitzschnell hoch. Die Zuschauer schüttelten sich schimpfend den Sand aus den Haaren. Huberta aber wäre bei dem unerwarteten Ruck beinahe aus dem Sattel geflogen, genau wie Onkel Jop es eben noch prophezeit hatte. Zugleich aber wurde sie endlich hellwach. Herrgott, sie saß ja zum erstenmal auf ihrem eigenen, so sehr herbeigesehnten Pferd. Auf *ihrem* Muschik! Oh, er sollte laufen - die Wiese war ja riesengroß, und der Jubel, der ihr das Herz fast sprengte, mußte sich austoben. Sie gab mit den

Zügeln ganz weit nach und legte die Schenkel fest an den Sattelgurt; Muschik spitzte die Ohren, schüttelte sich freudig und fegte dann los. Die Bäume rundherum wurden ein braunes, knorriges Gestrüpp, die Wiese ein flimmernd grünes Meer und Muschik ein Schiff, das sich hob und senkte und dabei so lebendig und weich und dampfumwölkt war.

3

Puh, war das heiß! Schon morgens um acht klebte der Telefonhörer in der Hand. Endlich! “Ja, hallo - hallo, Fräulein, bitte 495 - vier-fünf-und-neunzig für zwei-drei-und-zwanzig, und bitte schnell, ja?” Es dauerte immer endlos, bis man Verbindung mit der Stadt hatte, und Warten war eklig.

Huberta seufzte so laut, daß ihre Mutter, die in der Küche war, lachend herüberrief: “Nun stell dir mal vor, statt zu telefonieren müßtest du Mathematik lernen. Auf gewisse junge Damen soll das geradezu beängstigend abkühlend wirken.”

Brrr! So was muß man sich nun am ersten Ferientag anhören. Sie konnte sich nur eben voller Abscheu schütteln, dann ertönte im Apparat das erlösende Brummen.

“Haallooo! - Wer ist da? Libeth? Hier Huberta! Kann ich Uschi mal schnell sprechen? Huberta - ja, ganz richtig, Huberta Schulze Westrup!” Die war ja tauber, als erlaubt ist; Huberta schimpfte leise. Natürlich, das hatte sie mitgekriegt. “Nein, nein, ich hab’ nichts gemeint. Liebe Libeth, ruf doch nur eben Uschi!”

Drüben knurrte es mißtrauisch, dann hörte man hölzerne Klumpen über die Dielenfliesen schlurren, und nach einiger Zeit polterte was die Treppe ’runter. Das ist Uschi, die macht immer Krach. Huberta grinste verständnisinnig und schrie, noch ehe sich am anderen Ende jemand meldete, bereits lautstark: “Mensch, Uschi, habt ihr mal wieder eine Leitung! - Was ich will? Laß mich doch ausreden: gestern hab’ ich Muschik geholt. Du, ich werd’ verrückt, wenn ich dran denke. Er ist schon richtig eingeritten! Alles kann man mit ihm machen. Manchmal macht er ja wohl noch einen übermütigen Satz, und beinahe wär' ich schon 'runtergekegelt, aber sonst ist er viel lieber als die langweiligen großen Pferde. Felix sagt, er ist fabelhaft gelehrig."

"Ach, Uschi, Uschi, ich möcht' am liebsten irgendwem 'nen Kuß geben! - Wie? Nein, nein, keine Bange, dir nicht. Aber hör mal zu: Ich fänd' es einfach nett, wenn du 'rüberkämst. Bei euch auf dem Pflaster vertrocknest du ja bei der Hitze. - Wie lange? Wochenlang, am besten die ganzen Ferien. Mutter hat nichts dagegen. Sie muß nachher sowieso in die Stadt, Einkäufe machen. Ich schick' sie dann bei euch vorbei."

"Danke, sehr verbunden. Das ist ja reizend, wie mein Fräulein Tochter über mich verfügt", erklang Frau Schulze Westrups Stimme, lachend zwar, aber doch mit einer ganz kleinen scharfen Spitze.

Huberta zuckte auch gleich ein bißchen zusammen und stotterte, halb beschämt, halb noch ungeduldiger: "Och, Mutter, so hab' ich es doch nicht gemeint, aber du fährst doch vorbei, ja? Bitte, bitte, du weißt doch, wie Uschis Tante ist. Man muß sie immer erst beruhigen wegen Lästigfallen und Mehrarbeit und so. Wir passen dann auch bestimmt die ganzen Ferien auf Muddel auf, bestimmt, Mutter!"

"Na, das läßt sich ja schon eher hören. Wollen mal sehen." Mutter war schon wieder versöhnt.

"Siehst du, sie ist einverstanden. Pack inzwischen schon, hörst du? Lieber Himmel, bin ich aufgeregt - bis gleich dann, tschüs!"

Klick, flog der Hörer auf die Gabel und ein lattendünnes, blondes Wesen seiner Mutter so stürmisch um den Hals, daß die Bohnenschüssel umkippte und der Inhalt durch die ganze Küche hüpfte.

"Die halbe Stunde bis zum Frühstück wäre somit

nutzbringend ausgefüllt." Frau Schulze Westrup nahm gelassen Schere und Bast, um im Garten die Tomaten nachzubinden, während Huberta sich ohne einen Mucksser auf die Jagd nach den verstreuten Bohnen machte. Komisch, dachte sie, man kam nie auf die Idee, Mutter zu widersprechen. Ihr leiser Spott machte einen irgendwie einfach hilflos. Nicht, daß sie rauh oder böse wurde, schon gar nicht aufgeregt - man konnte sich nur eben beim besten Willen nicht vorstellen, daß man ihr jemals nicht gehorchen würde. Dabei redete sie einem kaum in den Kram. Sie bemitleidete einen auch nie, wenn was schiefging oder wenn man vom Pferd gefallen war. Vater war ganz anders. Der ritt gern, lachte noch lieber und hatte sie schon mit zwei Jahren vor sich aufs Pferd genommen. Und manchmal blitzte in seinen Augen das "Fünkchen" auf. Dann wurde es einem plötzlich ganz warm ums Herz, und am liebsten würde man jedesmal hinlaufen und den Kopf unter die große braune Hand schieben, um sich nur mal so ganz kurz eben streicheln zu lassen. Ach, alberner Quatsch - rappelte sie sich auf -, zu so was war man inzwischen ja doch wohl zu alt geworden. Und dann war ja jetzt auch Muschik da. Huberta ließ die Bohnen einzeln in die Schüssel kullern. Unbeweglich hockte sie mitten in der Küche und versank, allen gefaßten Vorsätzen zum Trotz, doch wieder in tiefes Sinnen: Muschik ... Das war, wie wenn man ganz zart über dunkelbraunen Samt strich ... Tiefdunkelbraun ... Braun und weich ... Und dann auf einmal Tüpfchen, lauter goldig-rote Tüpfchen ... Fein, wie man so was vor sich sah: Muschik - dunkelbrauner dicker Samt mit goldenen Tüpfchen! Schön. Sie seufzte glücklich: "Und gehört mir!"

"Gestatte, daß ich vorstelle, Hubert: Pythia vor dem Bohnennapf!" Mutters Stimme zerriß den schönen

Traum. Huberta fuhr verwirrt hoch, flitzte unter Vaters ausgestrecktem Arm durch und dachte im Laufen, das gemeinste sind immer die Fremdwörter - man weiß nicht, was es heißt und fühlt sich auf jeden Fall mal blamiert.

In der Küche schüttelte Frau Schulze Westrup, gar nicht mehr spöttisch, den Kopf: "Weißt du, Hubert, ich mache mir Sorgen. Vielleicht unnötig. Aber diese dauernde Aufgeregtheit und hinterher dann stundenlang dies Geistesabwesende - sie ist so zerfahren, ob das Pferd wohl richtig ist für sie?"

Der Schulze überlegte einen Moment, dann sagte er herzlich: "Ich denke, wir versuchen es. Sie ist jetzt dreizehn, da tut es allmählich gut, irgend etwas ganz für sich zu haben und ein wenig Verantwortung auf sich zu nehmen. - Übrigens, daß Uschi herkommt, gefällt mir. Für ihre Jahre ist sie erstaunlich reif."

"Reif ist gut", lächelte seine Frau.

Das Frühstück wurde sehr vergnügt.

4

“Wir kriegen Besuch. Hast du gehört, Besuch! Uschi kommt. Freust du dich?”

Muschik freute sich furchtbar. Noch lieber wäre er ja nach all dem Umzugsrummel auf die Weide gelaufen, aber als er den Kopf neugierig zwischen Heuraufe und Futtertrog durchsteckte, um seiner Freundin entgegenzusehen, sah er in ihrer Hand die Halfter baumeln und wußte aus Erfahrung, daß es mit der Weide heute nichts war. Sein Wiehern klang nicht mehr ganz so fröhlich, doch kam er, als jetzt die Boxentür geöffnet wurde, gleich hingelaufen, schnupperte mit vorgereckten Nüstern an Hubertas Anzug herum und biß frech durch den Stoff ein Stück Zucker entzwei. Blitzschnell fuhr ihm da eine energische kleine Faust über die Nase, daß er erschreckt zurückzuckte und sich beleidigt in die äußerste Ecke verzog.

Huberta ging resolut auf ihn zu. “Nun stell dich gefälligst nicht an, schön den Kopf ’runterhalten - so ist es brav”, und schwups! hatte sie ihm die Halfter geschickt übergestreift. “Wie fein kühl das hier drinnen ist!” Muschik nickte. Mit so einem Pferd konnte man sich unterhalten wie mit einem Menschen, fand Huberta. “Aber wir müssen ’raus in die Hitze, hilft alles nichts. Im Stall putzen staubt, außerdem schüttet Willem die Streu auf und kann uns hier nicht brauchen. Na, komm schon, da hast du auch ein Stück Zucker.”

Muschik trottete gemächlich hinter ihr über die lange Stallgasse nach draußen und wurde an einen glatten Ring gebunden, mit dem er gleich zu spielen begann.

"Heute morgen ist mir eingefallen, wie Muschik klingt: Samt und Fünkchen", begann Huberta zu erzählen. Die Kardätsche fuhr den Hals entlang, immer von oben nach unten, schöne lange Striche und jedesmal kräftig durch den Striegel gestreift. - "Aber wenn man so fühlt, bist du doch mehr seidig, und außerdem grau." Sie vergaß, weiterzuputzen. "Grau - wer war doch noch mal grau? Ach ja, jetzt weiß ich, wie du eigentlich heißen müßtest: Hatatitla. Toller Name, was? Hatatitla! So hieß Old Shatterhands Pferd; 'ein kräftiger dunkelgrauer Mustang mit starken Schenkeln und schwerem Kopf, feurig, ausdauernd und voller Mut', steht bei Karl May. Hab' ich auswendig gelernt."

Die Kardätsche strich über Kruppe und Schenkel. "So furchtbar stark sind die ja nun wieder nicht, und dein Kopf ist auch nicht schwer; ich finde, Muschik ist trotzdem am besten, wenn du auch grau bist."

In dem Augenblick tat sich die Tür des gegenüberliegenden, niedrigen Schweinestalles auf, und inmitten einer Wolke scharf säuerlich riechenden Futterdunstes erschienen auf der Schwelle Muddel und sein Busenfreund Fips, der zottige schwarze Wolfsspitz. Sie waren ein bißchen muffig, weil sich auf ihrem morgendlichen Inspiziergang nirgends eine Gelegenheit zum Unfugtreiben geboten hatte. Der Anblick der ganz versunkenen Huberta aber durchzuckte beide wie ein elektrischer Schlag. Die Tür mit einem Tritt zuknallend, brüllte Muddel los: "Au fein, Mensch, ich helf' dir - warte doch nur, mach nicht so schnell!" und stolperte, so flink ihn seine dicken Beinchen nur tragen wollten, über den Hof. Fips hinterdrein.

Prustend blieb er einen Augenblick neben den beiden stehen, lief dann weiter in den Stall, schob einen leeren Eimer vor die Futterkiste, kippte ihn um, kletterte erst auf den Eimer, dann auf die Kiste und holte sich schließlich aus dem darüberhängenden Schrank eine Bürste, eine runde Blechbüchse und noch ein kleines Bürstchen. Das alles warf er auf den Boden, kletterte 'runter, stopfte in höchster Eile den ganzen Kram in die große Bauchtasche seines Spielanzuges und war im Nu wieder draußen. Ohne sich um seine Schwester zu kümmern, hockte er sich ungeniert vor den wildfremden neuen Muschik auf den Boden und begann, ihm gründlich und geschickt die Hufe zu bürsten. Das war nämlich seine Spezialität. Immer kroch er den Pferden zwischen den Beinen herum und machte sich an den Hufen zu schaffen.

Wie ein emsiger brauner Maikäfer krabbelte er über den Boden. Sein Gesicht glühte vor Eifer, die Zungenspitze schob sich immer weiter zum Mundwinkel 'raus, und dabei schnaufte er wie ein Zwergnilpferd. Als der Schmutz entfernt war, bestrich er mit dem kleinen Bürstchen alle vier Hufe langsam und sorgfältig mit Fett aus der Dose, stand dann auf, trat ein paar Schritte zurück und betrachtete sein Werk mit zugekniffenen Augen.

"Du, Huberta", meinte er gedankenvoll, "der Muschik ist wirklich wundervoll! So süße kleine Hufe hab' ich noch nie gesehen."

Die glückliche Besitzerin lachte überheblich: "Ist ja auch ein echter Araber. Die haben von allen Pferden die kleinsten Hufe und stolpern nie."

"Nie?" Muddel kollerten vor Staunen fast die Augen aus dem Kopf. Er dachte angestrengt nach, malte mit dem großen Zeh Männchen in den Sand, gab sich mit einemmal einen Ruck, daß ihm die langen Locken ins Gesicht flogen, und sagte entschieden: "Nächstes Jahr bin ich ein Mann, und dann will ich auch so einen Araber!"

Huberta wollte nicht gestört sein. "Du? Du kannst ja

noch gar nicht mit einem Pferd umgehen. Läuft dir ja nach fünf Minuten schon weg."

Muddel war nicht zu erschüttern. "Dir auch!" knurrte er störrisch und verschwand mit Fips im Stall, wo bald ein geheimnisvolles Rumoren begann.

Ihr weglaufen? Verrückte Idee. Pferdeverstand mußte man haben, das war alles. Und natürlich keine Angst. Gelangweilt putzte sie noch ein wenig am Bauch herum.

Da ertönten aus dem Stall seltsame Geräusche. Zuerst hörte man, wie ein Eimer scheppernd über die rauhen Steine gezogen wurde, dann jaulte Fips schrill auf, irgend etwas fiel polternd um, Muddel quiekte, und Fips begann eine gräßliche Kläfferei. Huberta rannte zum Stalltor. Mit einem Blick sah sie unseren Helden pitschnaß in einer Riesenwasserlache sitzen und mit schmerzlich verzogenem Gesicht am Daumen lutschen und - hörte im gleichen Moment hinter sich ein neues Geräusch. Durch den Tumult erschreckt, war der Schimmel zurückgesprungen, hatte dabei den Riemen durchgerissen, sich auf der Hinterhand herumgeworfen und galoppierte nun, das Lederende neben sich herschleifend, durch die lange Ulmenallee davon. Das Ganze ging so schnell vor sich, daß Huberta, als sie den Mund wieder zukriegte, in der Ferne gerade noch ein Staubwölkchen aufwirbeln sah.

Erschlagen sank sie auf einen Ballen Stroh.

Freilich nicht für lange. Auf den ganz verdattert dasitzenden Muddel zuspringend, fauchte sie: "Du bist schuld dran! Das hast du jetzt davon. Weg ist er - sofort sagst du, wie du das gemacht hast!"

"Oh", der arme Schelm war ganz blaß geworden und schluckte schwer, krampfhaft bemüht, nicht loszuheulen. "Ich wollte dir bloß Wasser holen und einen Schwamm für Muschiks Augen. Ja, und da ist der blöde

Eimer umgekippt, und Fips hat sich erschreckt und den Besen umgeworfen und mir auf den Daumen - und ich wollte dir doch nur helfen!"

"Brauchst mir nicht zu helfen. Untersteh dich, noch ein einziges Mal an die Hufe zu kommen. Wenn wir ihn jetzt nicht wiederkriegen, was dann? Oh, du bist ein Ekel, du - du ..."

"Na, hier scheint es ja heiter herzugehen." Schulze Westrup kam vom Morgenritt über die Felder zurück und betrachtete die Kampfhähne schmunzelnd.

"Muschik ist weg!" Huberta wandte sich erregt um. Dann wies sie mit dem Finger auf den immer noch in seiner Wasserlache sitzenden Muddel und schluchzte: "Er ist schuld. Er hat ihn fürchterlich erschreckt - Prügel hat er verdient!"

"Hoppla! Nun mal der Reihe nach. Was ist passiert?"

Er saß ab. Während Huberta hastig ihren Bericht hervorsprudelte, untersuchte der Schulze den Anbindering, bückte sich, hob ein längliches Etwas vom Boden auf, nickte ein paarmal mit dem Kopf und fragte dann ruhig: "Soso - und was ist das hier?"

Huberta sah kurz hin und meinte: "Das abgerissene Leinenende."

"Abgerissen? Ach, und wenn du mal genauer hinsehen würdest?"

Was Vater bloß hatte? Seine Stimme war so - ja, so unheilverkündend ruhig; auf der Stirn stand zudem eine senkrechte Ärgerfalte. Kam selten vor, aber dann war es schlimmer als Mutters Spott. Etwas beklommen näherte sie sich dem Lederstück, das er ihr entgegenhielt. Und auf einmal wußte sie, warum er so böse war: deutlich waren Zahnspuren zu sehen - die Leine war durchgebissen worden.

"Mit anderen Worten, unsere tüchtige Reiterin hat mal

wieder gründlich geträumt und nicht bemerkt, daß ihr Pferd beim stundenlangen Putzen aus Langeweile am Riemen geknabbert hat. Von dem bißchen Schreck geht eine stabile Lederleine nicht kaputt - es sei denn, sie war vorher schon so weit. Und andere verprügelt man dann am besten gleich, wie?"

Beschämt starrte Huberta zu Boden. Daß gerade ihr das passieren mußte und ausgerechnet am ersten Tag. Wo sie sich doch geschworen hatte, nie mehr zu träumen! Wie ein Schießhund würde sie in Zukunft aufpassen. Alles war verdorben; Muschik weg, Muddel heulte, Vater war böse. Verflixt. Quatsch, nur nicht rührselig werden. Das allerwichtigste war das Pferd; man mußte sofort hinterher! Es zuckte ihr in den Füßen; nur weg von hier. Aber als sie Vater eben aufmunternd ansehen wollte, begegnete sie seinem Blick. Es sah aus, als warte er noch auf etwas. Ein kurzer, heftiger innerer Kampf, dann drehte sie sich mit einem Ruck um, lief zu Muddel und stieß hervor: "Du bist nicht schuld, ich bin selbst schuld. Wenn du willst, kannst du ihm meinetwegen immer die Hufe putzen. Ich - ich setz' dich auch mal drauf, wenn wir ihn erst wiederhaben, willst du?"

So, das war 'raus. Erleichtert konnte sie jetzt beinahe über den Dreckspatz lachen, der sein ganzes Elend samt Nässe und gequetschtem Daumen vergaß und im Hochkrabbeln mit schmutzverschmiertem, strahlendem Gesicht unaufhörlich "au ja, au ja" schrie. Seine feuchte Faust in die ihre schiebend, marschierte er dann munter neben ihr nach draußen, ein dünnes Tropfenschwänzchen hinter sich.

Schulze Westrup saß schon wieder im Sattel. "Ihr beiden verschwindet jetzt per D-Zug-Tempo an den Mittagstisch. Keine Widerrede, hier wird pariert!"

Trotz ihrer Nöte mußte Huberta etwas lächeln. Wenn

Vater erst wieder polterte, war das Ärgste vorüber. Flehend sah sie dann zu ihm auf, doch der Schulze war unerbittlich.

"Schluß jetzt! Den Ausreißer such' ich selbst. Wird wohl irgendwo in der Nähe friedlich grasen. Wenn Mutter und Uschi inzwischen angekommen sind, bestellt nur, ihr könnt mit dem Essen ruhig anfangen. Aber so viel ist sicher: Nächstes Jahr schließ' ich euch während der Ernte mitsamt eurem munteren Roß in einen Kleiderschrank!"

Nach dieser Drohung bekam sein Fuchs die Sporen und galoppierte in die Allee.

5

Es wurde ein jämmerliches Mittagsmahl. Als Uschi mit einem Jubelruf aus dem Wagen gehopst und ihrer Freundin um dem Hals gefallen war, hatte diese nur trübe abgewehrt und zu erzählen begonnen. “Und was mir dann noch eingefallen ist: wenn er nur nicht auf das lange Ende von der Leine getreten ist. Sie schleifte nebenher, das hab’ ich ganz deutlich gesehen, und wenn er drauftritt, dann stürzt er - sogar überschlagen kann er sich dann, er ist ja immer so übermütig.”

Ganz käsebleich und zitternd malte sie sich diese schreckliche neue Möglichkeit aus, und als der Schulze nach halbstündiger Suche müde und verschwitzt ohne Muschik erschien, riß die Kette der quälenden Selbstvorwürfe gar nicht mehr ab.

Uschi bekam vor lauter Mitgefühl den Mund überhaupt nicht mehr zu und würgte beinahe ebenso kläglich wie Huberta.

Muddel als einziger pappte ungerührt auf seinem Teller herum. Auf einmal krähte er vergnügt: “Der Muschik ist sicher wieder zu Onkel Jop zurückgelaufen. Vielleicht wollte er nicht hierbleiben?”

“Wir Idioten! Natürlich!” Huberta fuhr wie gestochen vom Stuhl hoch und raste zum Telefon. Kurz darauf hörten die anderen einen Freudenschrei, der Hörer wurde hart aufgeworfen, und herein stürmte eine strahlende Huberta, die mit erleichtertem “Uff, er ist da!” auf ihren Platz zurücksank.

Halb lachend, halb immer noch weinend, berichtete sie atemlos: “Onkel Jop sagt, er dachte, wir hätten ihn 'rübergeschickt, um guten Tag zu sagen, und er hätte schon gemeint, zu seiner Zeit wären Pferde ja am liebsten möglichst bei Haus gehalten worden, aber heutzutage gehörte es vielleicht wohl zur guten Erziehung, daß sie ab und zu über Land gingen auf Besuch. Und dann hat er noch gesagt, wir sollten nachher alle kommen und ihn abholen, und Tante Lina hätte schon Kirschpfannkuchen gebacken."

Der Schulze lachte dröhnend: "Verflixtes Kroppzeug, euch schlägt immer alles in Pfannkuchen aus. Mein Gaul hätte zumindest ein Bein gebrochen. Aber einen Wagen kann ich euch heute unmöglich geben. Wir sind mit fünf Gespannen beim Roggeneinholen, und Meta war heute morgen schon wieder mit Mutter in der Stadt, außerdem braucht der Schweizer sie abends zum Milchfahren. Ruf Felix an, vielleicht hat der Zeit."

Jetzt klappte plötzlich alles. Felix war gleich bereit, und eine halbe Stunde später ratterte das leichte Gefährt, mit dem sein Vater, der Tierarzt Doktor Vorholz, gewöhnlich in seine Landpraxis fuhr, mit einer lustigen kleinen Gesellschaft über die Chaussee. Trotz Sommersonne und Augusthitze sang die übermütige Bande schmetternd: "Der Mai ist gekommen, die Bäume schlagen aus", und die Braune in der Schere nickte den Takt dazu.

Während sich aber unten im Eßzimmer der Himmel aufklärte, zogen sich im oberen Stockwerk dräuende Gewitterwolken zusammen.

Trüken war empört! Sie war sowieso gegen die ganze Einladerei gewesen, aber viel sagen konnte man ja nicht. Die junge Frau sah einen ganz freundlich an und fragte so auf ihre ruhige Art: "Wolltest du noch etwas sagen, Trüken?" Ja, und dann sagte man wohl am besten gar nichts mehr. Gegen Gäste im allgemeinen hatte Trüken nichts, nur: sie mochte Libeth nicht. Libeth, Kottrups Faktotum, war ungefähr in ihrem Alter, und vor genau zweiundsechzig Jahren waren sie sogar zusammen in die Schule gekommen, ja, und lange Jahre dick befreundet gewesen. Libeth holte Trüken sonntags nachmittags immer auf dem Westruphof ab, und dann gingen sie zuerst spazieren und abends tanzen. Bis Jan kam, ging es auch wunderschön, aber dann. Trüken dachte nicht gern dran und überschlug die böse Zeit in Gedanken am liebsten. Jan hatte sie heiraten wollen. Trüken war strahlend glücklich, und da machte ihr doch diese falsche Schlange, diese Libeth, den Bräutigam abspenstig. Bitterlich schluchzend war Trüken eines Tages nach Haus gekommen und nachher nie mehr zum Tanzen gegangen. Libeth hatte den Jan dann auch nicht gekriegt. Er heiratete später eine aus der Stadt und zog weg, aber giftig war sie auf die andere immer noch.

Und nun sollte sie den Koffer auspacken, den diese fiese Person eingepackt hatte. Verächtlich schnaubend stapfte sie nach oben und schlug mit spitzen Fingern den Kofferdeckel zurück. Was aber sprang ihr zu allem Unglück als erstes in die Augen und weckte ihre helle Empörung? Hemden, Höschen, Unterröcke und Strümpfe lagen da säuberlich mit himmelblauen Leinenbändern umwickelt vor ihr. Einen Augenblick lang stemmte sie die Hände in die Seiten und sah wütend auf die unschuldige Bescherung herab, dann drehte sie sich mit einem Ruck auf dem Absatz um, eilte mit finsterer Miene nach unten, holte sich in der Küche ihr Umschlagtuch gegen die Hitze und den Henkelkorb und machte sich entschlossen auf den Weg.

Verdutzt sah Frau Schulze Westrup der Davoneilenden nach. Hatten denn heute alle einen Sonnenstich?

Trüken murmelte unterwegs drohende Wortfetzen vor sich hin, zwischendurch bitter auflachend.

Die Mittagshitze war fast unerträglich, aber Trüken, die zum steten Ärger der Schulzin beim winzigsten Sonnenstrahl die Rolläden in der Küche 'runterrasseln ließ, weil sie angeblich Kopfschmerzen davon bekam, hatte alles um sich vergessen. Sie sah erst wieder auf, als sie in Aleide Klütmans Kramladen an der Chaussee stand.

"Hast du Seidenband? Und rot muß es sein. Ja oder nein?"

Aleide war ein verschüchtertes, aber rührend gutmütiges Wesen so um die Fünfzig herum. Bei dem plötzlichen Überfall stotterte sie völlig durcheinander: "Aber gewiß doch, aber gewiß doch, sofort, sofort, hier muß es liegen - einen kleinen Moment noch ..." und kramte währenddessen mit zitternden Händen unter der Theke herum, wo sie mindestens sechs Schubladen heillos in Unordnung brachte. "Bitte nur noch 'nen Moment Geduld zu haben - ah, da ist es!" Erlöst aufatmend tauchte Aleide wieder aus der Versenkung hinter der Theke auf, in der hochgereckten Linken ein flatterndes, hellrotes Atlasband. "Wie fein glatt das ist", sagte sie mit einem schüchternen Seitenblick auf Trüken, "knistert sogar ein bißchen."

Trüken aber war ein Stein vom Herzen gefallen. Gottlob, das Band hatte sie.

Auf dem Nachhauseweg schmunzelte sie vor sich hin. In Hubertas Zimmer angekommen, nahm sie deren Wäsche Stück für Stück aus dem Schrank, ordnete sie zu kleinen Packen und bündelte jeden mit einem Stück Seidenband. Wie lauter Weihnachtspaketchen lagen sie nebeneinander - alle mit dicken roten Schleifen.

In das unterste Fach kam schließlich Uschis Wäsche,

die sich neben dieser Pracht ganz bescheiden ausnahm. Trüken stemmte die Hände in die Seiten, besah sich den Glanz aus drei Schritt Entfernung und schloß hochbefriedigt die Schranktüren.

Klipp-klapp-klipp-klipp-klipp-klapp - acht Pferdebeine trappelten über Kopfsteinpflaster vorm Stall. Schimmelchens erstes Abenteuer war zu Ende.

Huberta sprang schnell aus dem Wagen und machte den hinten angebundenen Muschik los, noch ehe Felix ihr zu Hilfe kommen konnte.

"Fahr du nur nach Haus, ist spät genug", meinte sie gönnerhaft. "Mit dem Kleinen werd' ich schon allein fertig."

"Oller Angeber!" Felix kletterte brummend wieder auf den Bock. Während die braune Freya gemütlich nach Hause zuckelte, dachte er eine Zeitlang scharf nach, bis ein breites Grinsen sein Jungengesicht überzog. "Bei St. Georgs Filzpantoffeln, dir mach' ich die Hölle heiß!"

Trüken konnte vom Küchenfenster aus den ganzen Hof überblicken. Als sie die Westrupkinder mit dem Gast aus dem Stall kommen sah, dachte sie wehmütig: "Wenn das der alte Selige erlebt hätte, daß seine Enkelchen so mit den großen Tieren umgehen können, hätte der Spaß gehabt! Und jetzt haben wir für unsere Huberta sogar ein eigenes Pferdchen. Diese Uschi, die heute aus der Stadt gekommen ist, sieht neben der Unseren ganz grün aus." Gerade da aber zuckte sie zusammen, schrie: "Herrjemineh" und stürzte mit fliegenden schwarzen Rockschößen nach draußen. Mit ihren eingetrockneten scharfen Zügen und der gebogenen Nase sah sie aus wie ein riesiger Hühnerhabicht, der auf seine Beute zuschoß. Die Beute aber hieß Uschi.

Zuerst die Einladung, dann die aufregende Geschichte mit Muschik, die Affenhitze und zu alledem neun Stück Kirschpfannkuchen, das war für unsere Dicke zuviel. “Habt ihr hier ein Tempo am Leib”, keuchte sie, und ihr Gesicht schillerte, wie Trüken ganz richtig bemerkt hatte, grünlich. Jetzt wurde es blaurot wie eine Pflaume, dann weiß wie zwei Pfund Klatschkäse. Sie seufzte abgrundtief auf, verdrehte die Augen, murmelte abgerissen: “Weiß nicht - mir ist ja so schlecht” und kippte wahrhaftig drei Schritt vor der Tür in voller Länge aufs Pflaster.

Augenblicklich kam Leben in den Hof. Der Schweizer stürzte aus der Milchkammer, Willem, die Mistgabel noch in der Hand, aus dem Pferdestall. Trüken und Huberta schleppten die Ohnmächtige aber schon nach drinnen, Mutter rieb ihr die Stirn mit Kölnisch Wasser, und Muddel vollführte ein Brüllkonzert, weil er nicht helfen durfte. Daß Fips allen zwischen die Beine lief, war man in der Familie schon gewöhnt. Es war ein heilloses Durcheinander.

Auf ihrem abendlichen Rundgang fand Frau Schulze Westrup im Zimmer der beiden Mädchen eine durch Trükens Wundertee halbwegs wieder kurierte, wenngleich noch ein wenig schwache Uschi vor. Die Schulzin sprach, wie immer, wenig. Nur im Hinausgehen erkundigte sie sich beiläufig: “Wie lange sollen die Ferien noch dauern, sagt ihr?”

“Sechs Wochen”, kam es piepsig aus dem Dunkeln.

“Hmhm.” War das ein Seufzer gewesen? Huberta wurde es unbehaglich. Aber dann war Mutters Stimme wieder wie immer, trocken, ein bißchen spöttisch. “Na ja”, sagte sie, “den ersten Tag hätten wir somit glücklich hinter uns gebracht, wie?” und schloß leise die Tür.

6

“Hilfe, Hilfe! Erbarmen! Mein Kind, mein einziges Kind!”

Mit gellendem Aufschrei rang eine wohlgenährte Farmersfrau die rundlichen Arme über dem Kopf. Ermüdet von der harten Fronarbeit auf ihrer Farm im Wilden Westen war sie am Wegrand eingeschlummert und hatte vergessen, auf ihr vierjähriges, ebenso rundliches Söhnchen achtzugeben. So bemerkte sie nicht, wie sich ein buntbemalter Indianer mit prächtiger Adlerfeder im Schopf tückisch um sich blinzelnd herangeschlichen, den kleinen Kerl ergriffen und sich mit ihm in den Sattel seines wartenden Braunen geschwungen hatte. Erst als das Bübchen jämmerlich schrie, wachte sie erschreckt auf, sah jedoch nur mehr eine ineinanderverschlungene, bewegliche Masse in einer Riesenstaubwolke verschwinden. “Mein Kind!” schrie sie noch einmal und sank dann ohnmächtig zusammen.

Gleich darauf allerdings fuhr sie ziemlich lebendig hoch und trompetete: “Huberta, Kerl - gleich sind sie weg! Schläfst du denn?”

Ihre Sorge war unnötig. Hinter ihr knackte es im Unterholz. Ein wilder Mustang brach durchs Gebüsch auf den Weg. Seine blonde Reiterin - mit zerschlissenem Sombrero, ausgefransten langen Hosen, Buschhemd, Lasso um die Schultern und Lederpeitsche in der Hand - konnte ihn kaum bändigen. Gerade vor der programmgemäß wieder in Ohnmacht fallenden Farmersfrau stieg er kerzengrade hoch, wieherte schrill und fegte dann hinter der sich immer weiter entfernenden Rothaut her.

“Wir müssen sie kriegen, Muschik! Diesmal müssen wir sie kriegen - halt dich dran”, murmelte die kühne Verfolgerin und legte, Karl-May-getreu, ihre ‘nervige Rechte’ dem Mustang zwischen die Ohren. Das hatte dem gerade noch gefehlt - allmählich sollte sie doch wissen, daß er’s auf den Tod nicht ausstehen konnte, wenn man seine Ohren anfaßte. Blitzschnell den Kopf zwischen die Beine ziehend, katzbuckelte er und fühlte einigermaßen verwundert, daß der Sattel schon wieder leer war. Gutmütig blieb er stehen, trottete zurück und hörte sich das Geschimpfe von Huberta an, die sich mit schmerzverzogenem Gesicht die Körperstelle rieb, die eigentlich in den Sattel gehörte.

“Das ist schon das drittemal heute”, fauchte sie erbittert. “Immer mußt du mir den Spaß verderben. Aber diesmal fangen wir nicht von vorn an; jetzt such’ ich sie, und wenn’s darüber Abend wird. Hast du denn gar keinen Stolz im Leib? Wir müssen den schändlichen Räuber doch fangen, ihn fesseln, das Kind befreien und seiner Mutter zurückbringen. Genau so stand’s in dem Buch, und dreimal hat Uschi es vorgelesen. Und Felix, dieser lächerliche Affe, zieht uns sowieso schon genug auf.”

Muschik, der Mustang, zog die Oberlippe hoch.

“Grins nicht auch noch!” fuhr ihn der bezopfte Cowboy an.

Muschik grinste gar nicht, er wollte nur einmal gähnen, ließ es freilich jetzt erschreckt bleiben und senkte schuldbewußt den Kopf.

Seine Gebieterin stand humpelnd auf und kletterte unter Stöhnen in den Sattel. “Uff, ist das eine Viechsarbeit bei der Hitze.” Quatsch, bloß nicht weich werden. Ein Glück, daß niemand sie gesehen hatte. Für die Jungen aus dem Dorf, die jetzt während der Ernte als Hilfsarbeiter auf dem Hof herumwimmelten, war das jedesmal ein gefundenes Fressen. Die kriegten es einfach nicht in ihre Dickschädel, daß Mädchen auch reiten können, und bloß weil sie in den letzten Tagen ein paarmal hingeknallt war, riefen sie jetzt immer "Knallkorken" hinter ihr her. Natürlich kompletter Blödsinn, aber ärgern tat es einen doch. Dabei getraute sich die Hälfte nicht mal, die Arbeitspferde abends blank in die Schwemme zu reiten. Feiglinge!

Während ihr diese Gedanken wild durch den Kopf fuhren, trabte sie der Spur der Verfolgten nach. Rasen war im Augenblick zwecklos. Der verflixte Kerl hatte bestimmt einen Bogen geschlagen und lag irgendwo in der Nähe auf der Lauer. Solange der Indianer durch den Wald geritten war, konnte man die Huftritte auch schön sehen, dann aber war er auf einen Weg mit vielen Spuren eingebogen. Wie sollte man da wissen, welche Richtung er genommen hatte? Grübelnd hielt sie an. Nach vorn streckte sich endlos, schnurgerade der Weg, hinter ihr führte er auf die Chaussee - da müßte er noch zu sehen sein. Links, auf den drahtumzäunten Weiden mit Milchvieh und Jungtieren, konnte man nicht reiten, also blieb eigentlich nur rechts, wo sich die abgeernteten Felder bis an den Waldrand hinzogen. Als sie in ihren Überlegungen soweit gekommen war, ertönte auch richtig vom Wald herüber ein dünnes, in der Nachmittagsstille eben noch vernehmbares Kreischen. Das war todsicher Muddel, der geraubte Knabe! Also rechts. Und Tempo, damit die beiden nicht wieder Zeit hatten zum Verschwinden. Na, das brauchte man Muschik nicht zweimal zu sagen. Wie ein silbergrauer Pfeil flitzte er quer über die Stoppeln.

In seinem Versteck feixte Felix: "Muddel, mein Söhnchen, jetzt gibt's was zu sehen. Fünfzig Meter vor uns müssen sie durch den trockenen Graben klettern. Dem Muschik ist so was noch nie vor die Beine geraten - paß auf, das gibt ein Gezappele. Und Huberta - bei aller Courage, da kriegt sie ihn nicht durch."

Sie kam aber gar nicht dazu, es zu versuchen. Muschik war gerade herrlich im Zug und dachte nicht daran, sich schon wieder anhalten zu lassen. Er achtete auch nicht sonderlich auf den breiten Einschnitt. Sein Galopp wurde etwas langsamer, die Nase stieß weit vor und ...

"Kruzitürken - hast du das gesehen?" Felix stotterte vor Benommenheit. Ohne eine Sekunde zu zaudern, hatte der Schimmel mit einem gewaltigen Satz den fast drei Meter breiten Graben einfach übersprungen.

"Iiiiiiiiiiih!"

Unter schrillem Kriegsgeheul sprang der Cowboy vom Pferd und hatte jetzt tatsächlich seine Beute gestellt. Die Rothaut war viel zu verblüfft zum Fliehen und schüttelte noch immer fassungslos das federgeschmückte Haupt.

"Schmach und Schande über dich. Du willst die berühmte 'Schwarze Natter' sein, der edle Häuptling der Komantschen? Du Hundesohn, elender Kindsräuber, feige Memme!" Wie Selterswasser aus einer gerade entkorkten Flasche sprudelten dem Sieger die Schmähworte aus dem Mund. "Schwör mir bei Manitu, dem Großen, daß du nicht entfliehst, dann magst du das Knäblein wieder vor dich nehmen und ungefesselt der 'Bleichen Donnerbüchse' an ihr Lagerfeuer folgen. Aber ich warne dich: mein Colt hängt locker im Gurt!"

Doch "Schwarze Natter" besaß diesmal keine Spur indianischer Würde. "Hör um Himmels willen auf mit dem Blech", stöhnte er. "Sag lieber: wie hast du das eben gemacht?"

"Was?"

Da hatte man nun drei Abende lang mit Uschi den ganzen Karl May nach Fachwörtern durchsucht und sich dabei ununterbrochen auf den Moment gefreut, wo man so richtig loslegen konnte, und jetzt sagte dieser Kaffer, das ist Blech. Huberta war tief enttäuscht. Maulend saß sie wieder auf und folgte dem "Kaffern", der inzwischen samt dem geraubten Knaben sein Roß bestiegen hatte und in Richtung Uschi nachdenklich durch den Wald davonritt. Dieses Ekel gönnte es ihr einfach nicht, daß sie auch mal gewonnen hatte, dachte Huberta wütend. Ja, gestern und vorgestern, als er Sieger gewesen war, da war er auch ein richtiger Indianer gewesen, und überhaupt, wer wollte denn immer Indianer spielen? Muschik bekam höchst unverdientermaßen den Zorn seiner Reiterin zu spüren; ihre Hände ruckten nervös an den Zügeln, ohne Rücksicht darauf, daß es ihm im Maul weh tat.

Als sich schließlich alle um das von Uschi, der Farmersfrau, inzwischen zusammengetragene Lagerfeuer versammelt und es trotz der Bullenhitze auch angezündet hatten, war Felix plötzlich wie umgewandelt. "So", sagte er, "ich hab' 'ne Idee!"

Bei seinen Zuhörern flammte augenblicks die Neugierde auf. Felix' Ideen waren meist spannend, bloß hatte er selten welche. Jetzt ließ er sie genießerisch ein Weilchen zappeln, holte ganz bedächtig eine kurze Mutzpfeife aus der Tasche, säuberte sie umständlich, räusperte sich und fragte, während er mit seinem Streichholz beschäftigt war: "Könntest du mir nun vielleicht erklären, wie das eben mit dem tollen Sprung gekommen ist?"

Huberta platzte vor Ungeduld. "Was weiß ich. Auf einmal war er drüber. Ich wollte noch stoppen, aber es ging bei dem Tempo nicht mehr, da hab' ich ihn laufen lassen. Einen Moment lang hatte ich 'nen Bammel, nur es ging so rasend schnell, und dann wollte ich euch ja auch kriegen."

"Hm, ungefähr so hab' ich's mir vorgestellt. Hingst wie'n nasser Sack oben, aber der Gaul kann springen - Florian will ich heißen, wenn das nicht der geborene Springer ist! Ganz hübsche Sache, diese Springerei", fuhr er betont harmlos fort. "Möchtest du das nicht jeden Tag ein paarmal machen?"

"Ich? Meinst du, ich breche mir deinetwegen das Genick?"

"Aber ich meine, du hast keine Angst?" Felix' Stimme war so weich wie Katzenpfötchen.

Huberta fiel prompt darauf herein. "Hab' ich auch nicht. Du willst mich bloß reizen. Dabei weißt du genau, daß ich noch nie was Größeres gesprungen habe."

"Dafür hast du dich verflixt anständig gehalten, das muß man zugeben - wenn's auch schwerfällt. Na ja", meinte er gönnerhaft, "schließlich haben wir ja nicht umsonst schon mit vier Jahren bei Onkel Fritz reiten gelernt."

"Wobei nicht zu vergessen ist, daß der Onkel damals sieben war", spottete Huberta.

Uschi schüttelte sich. Vier Jahre, sieben Jahre - das war ja ein Verbrechen. Der reine Kindermord! Ihr waren diese Riesenbiester heute noch nicht geheuer. Könnte ihr einer sonstwas geben, ehe sie sich auch nur in die nächste Nähe wagte.

"Wie wär's, wenn du auch Springen bei mir lernst?"

"Jetzt doch wohl extra nicht. Bilde dir doch nicht so 'nen großmächtigen Stiefel ein. - Überhaupt, sag endlich die Idee!"

"Tja", die schwitzende Rothaut, der die Farbe vom Kinn tropfte, grinste und zog genießerisch jedes Wort in die Länge: "Das wär' sie nämlich. Gestern abend war Toni Brinklade bei uns, vom Reiterverein", begann er, "der hat erzählt, daß am 12. September in der Stadt ein

Turnier abgehalten wird. Zum erstenmal, sozusagen versuchsweise, aber ganz groß: eine Prüfung für Zweispänner, eine für Einspänner, vielleicht ein paar Flachrennen, ein Kaltbluttrabreiten und ein Springen. So ganz genau steht's noch nicht fest, wie alles wird. Beim Springen mach' ich auf jeden Fall mit. Vater hat's schon erlaubt. Er läßt mir Freya bis dahin zum Üben. - Ja, aber was ich noch sagen wollte: Wie ich da eben den Muschik so habe springen sehen, da kam mir plötzlich die Idee: der muß auch mit."

Uschi japste wie ein Kabeljau auf dem Trockenen. Huberta war bei den ersten Sätzen hochgezuckt, bei den schmetternd hervorgestoßenen Schlußworten aber sackte sie hilflos in sich zusammen, starrte ihren Freund entgeistert an und sagte dann völlig hingerissen: "Menschenskind - das ist wirklich 'ne Idee!"

7

“Mit Fahnen und dem Musikzug des Schützenvereins? Und wo unser junger Herr selbst auch immer mitmacht? Im schwarzen Anzug und so spitze Dinger an den Stiefeln?”

Huberta prustete. “Das sind doch Sporen. Kennst du sie denn nicht noch von Großvater her? Früher trug man doch noch viel größere.”

“Nee.” Trüken schüttelte ihren Kopf so energisch, daß sich ein dünnes, mit Zwirn umwickeltes Zopfende aus ihrem schütteren Flechtenkrönchen löste und wie ein ausgestreckter Zeigefinger mitten auf dem Kopf stand. Zum Ergötzen der Familie passierte das regelmäßig, wenn sie sich aufregte. Die beiden Taugenichtse stießen sich heimlich an, während die ahnungslose Trüken in Erinnerungen an den vergötterten alten Schulzen kramte.

“Nein, der ging ja nun wohl lieber auf die Jagd, und sonst fuhr er in einer Kutsche - aber vierspännig, hochherrschaftlich! Gewiß, der junge Herr sieht ja auf dem Pferde zu stattlich aus, alles was recht ist, aber daß du nun auch unter die richtigen Reiter gehst.”

Trüken und die Mädchen saßen während dieser angeregten Unterhaltung in der Küche um eine Blechwanne, in die sie eifrig grüne Bohnen schnitten. Trina kochte sie dann ab und breitete sie nebenan in der alten Küche auf dem geschrubbten Ulmentisch zum Abkühlen aus, ehe sie in die mächtigen Steingutfässer gepreßt wurden. Es roch angenehm nach Bohnendampf. Uschi schnupperte. Ein paar Stunden mußten sie täglich helfen, sonst wurde die Schulzin böse. Uschi machte es nichts aus, sie war Hausarbeit von Tante Aloysia her gewohnt, und in Hubertas Gesellschaft war es ja ein richtiges Vergnügen. Gerade war Trüken in das große Geheimnis eingeweiht worden, und Huberta schärfte ihr immer wieder ein: “Bloß nicht Vater und Mutter verraten, hörst du? Ich sage dir sonst nie mehr was! Wenn Vater das hört, verbietet er's mir sofort, er meint ja manchmal, ich wär' aus Zucker. Und einen müssen wir doch haben, dem wir vertrauen können, das sagt Felix auch. Weißt du, es gibt so schrecklich viel zu überlegen, und dann muß ja später auch alles gebügelt werden und so.”

Der alten Treuen ging das 'runter wie Butter. Zwar knurrte sie zunächst etwas unwirsch: “Gehören tut sich das ja nicht, so hinter dem Rücken der Eltern”, aber anschließend beruhigte sie sich selbst: “Dem alten Seligen hätte das gewiß auch Spaß gemacht”, und der alte Selige gab bei Trüken immer den Ausschlag.

Uschi schnibbelte stumm und unentwegt. Nur ab und zu verzog sie über Trükens drollige Sätze das Gesicht.

Dann kamen Trüken aber plötzlich andere Bedenken: “Aber das ist doch gewiß gefährlich. Als der junge Herr noch ein Junge war, da hat er sich mal beim Reiten ein Bein gebrochen und mußte wahrhaftig acht Wochen liegen. Nein, was war er ein unruhiger Geist! Und nachher hat er noch ein Jahr gehumpelt. Bist du denn überhaupt schon mal gesprungen, Huberta?”

Deren Siegesgewißheit war nicht zu erschüttern. Mit einer wegwerfenden Handbewegung tat sie alle Bedenken ab und meinte: “Ach, wir haben ja noch fast sieben Wochen Zeit. Heute ist der 6. August, und am 12. September ist erst das Turnier. Und Muschik kann ja schon alles, der ist gestern über einen drei Meter breiten Graben gesprungen, und mir bringt Felix Springen bei. Kleinigkeit, sag' ich dir und ...”

Weiter kam sie nicht. “Deine Mutter!” flüsterte Uschi, und alle drei erstarrten. Frau Schulze Westrup wunderte sich nicht wenig über das eisige Schweigen in der Küche.

“Hat euch die Arbeit allesamt mundtot gemacht?” erkundigte sie sich. “Bitte, nur keine unangebrachten Überanstrengungen. Mit hundert Zentnern Faßbohnen kommen wir diesen Winter wohl aus.”

Uschi lachte fröhlich. Sie fand Hubertas Mutter mit dem spöttischen Mund und den guten grauen Augen himmlisch.

“Wir haben nur mal eben eine Pause gemacht, weil sich unsere Zungen heißgelaufen hatten”, sagte sie, und im gleichen Moment schrie Huberta vergnügt: “Fertig!” und bettelte: “Dürfen wir jetzt ’raus? Wir - wir haben nämlich noch was zu erledigen.”

“Wie könnte ich es wagen, die Damen zurückzuhalten? Zumal das Morgenpensum in Rekordzeit geschafft ist? Bitte sich bis zum Mittagessen nicht mehr sehen zu lassen.”

Kichernd hopsten beide nach draußen.

8

Beim Abschied gestern hatten sie sich für elf Uhr mit Felix auf dem Heuboden über den Pferdeställen verabredet, um einen vorläufigen Schlachtplan auszuarbeiten. Muddel hatte sich den beiden Mädchen auf dem Hof angeschlossen und war, den unvermeidlichen Fips neben sich, hinter ihnen die steile Stiege hochgekraxelt. Hier oben war es dämmerig und stickig heiß; das Heu roch betäubend. Schwitzend und ungeduldig starrten alle vier nach unten, aber nur die leere Stallgasse mit den vielen Boxen und Ständern rechts und links war zu sehen. Die meisten waren leergefegt und sauber geschrubbt, weil fast alle Pferde den Sommer über Tag und Nacht auf der Weide blieben. Die Fenster waren gegen die Fliegen blau angestrichen. Das hielt auch die Hitze ab, und so war es unten immer angenehm kühl. Die Wartenden seufzten, gleich elf und von Felix keine Spur.

Pünktlich auf die Minute aber erschien er - durch die Dachluke. Er war ein prachtvoll gewachsener, braungebrannter Bengel, der selbst bei dieser tropischen Temperatur der Versuchung nicht hatte widerstehen können, außen an der Stallwand hochzuklettern und sich durch die Luke zu zwängen.

“Auf in den Kampf ...” schmetterte er ebenso laut wie falsch, als ihn Uschi heftig anfuhr: “Mensch, halt die Klappe, sollen die anderen uns vielleicht hören?”

Felix war baff. Zwischen ihm und Huberta herrschte zwar ein bei aller Herzlichkeit ziemlich rauher Ton, aber so was von Frechheit war ihm doch in all den Jahren seiner Freundschaft noch nicht vorgekommen. Und natürlich wieder ausgerechnet diese Uschi, die sonst nicht bis drei zählen konnte und meist zu faul war, den Mund aufzumachen. Aber bitte, wenn die anfangen wollte zu befehlen - von ihm aus.

“Möchtest du vielleicht den Vorsitz übernehmen?” erkundigte er sich beleidigend höflich und ließ sich vor Erstaunen in den nächstbesten Heuhaufen plumpsen, als Uschi, hochrot vor Erregung, einfach “Ja” sagte.

Sie wußte selbst nicht, woher sie den Mut nahm, aber die drei Tage Westruphof und die vielen neuen Ereignisse hatten sie bis oben hin mit Tatendurst gefüllt. Sie war von jeher eine Leseratte gewesen, und wenn sie auch wirklich zu bequem war, sich selbst viel zu bewegen, hatte sie doch eine blühende Phantasie, große Zungenfertigkeit und genügend Schwung, zumindest die anderen in Trab zu halten. Seit gestern hatte sie gegrübelt und gegrübelt, und jetzt war ihr Plan fix und fertig.

“Ihr könnt reiten und müßt üben, das ist wichtig. In diesem Fall aber ist was anderes noch wichtiger, nämlich - niemand darf was merken!”

Sie hatte zuerst noch ein bißchen unsicher gesprochen, kam dann aber allmählich in Fahrt: “Erstens kriegen wir's verboten, zweitens passen sie dann auf uns auf wie auf Babys, und drittens sind wir blamiert. Kein Mensch traut uns zu, daß wir ein Turnier gewinnen, das ist ja wohl sonnenklar, nicht?”

Alle nickten, sogar Muddel, der nichts verstand.

Uschi schloß energisch: “Mich geht's ja am wenigsten was an, aber wenn ich schon mitmache, dann soll uns keiner auslachen!”

Hier fiel Felix eifrig ein: “Mir kann's auch egal sein, aber wenn's mit Huberta schiefgeht, sind wir anderen trotzdem die Lackierten. Außerdem dürfen wir bestimmt nicht mehr allein reiten. Aber was sollen wir machen?”

Jetzt kam Uschis großer Augenblick. Sie holte tief Atem und sagte dann flüsternd und mit Nachdruck: “Wir müssen eisern zusammenhalten. Keinen Zank mehr wie gestern abend. Wir gründen einen Bund!”

Teufel ja, das war schick!

Alle redeten plötzlich wild durcheinander: “Mit Zipfelmützen und 'ner Maske vorm Gesicht ... Jeden Abend Versammlung ... Mitten in der Nacht ... Aber was tut man denn da? ... Und wer soll alles mitmachen? ... Außer uns niemand, natürlich ... Doch Trüken ... Ihr seid ja total verrückt ... Tut die nie ... Wozu auch? ... Laßt mich doch mal reden ...”

Fips hatte sich inzwischen selbständig gemacht und jagte mit viel Radau Mäuse. Muddel rannte hinterher und wäre um ein Haar die Stiege 'runtergefallen, und die zukünftigen Bundesbrüder schrien sich vorerst mal gegenseitig an. Wieder griff Uschi ein: “Wenn ihr jetzt nicht Schluß macht, hau' ich ab. Muddel, komm sofort her und bring den Köter mit, der bellt uns ja den ganzen Hof auf den Hals!”

Und wieder fügte sich alles. Uschi befahl weiter: “Wir brauchen eine Wache, damit keiner 'raufkommt. Das kannst du machen, Muddel, aber wenn der Kläffer noch einmal wegläuft, fliegt ihr beide nach draußen.”

“Was soll ich da machen?” erkundigte sich Muddel interessiert.

“Du setzt dich neben die Stiege und paßt auf wie ein Schießhund; und wenn einer kommt, flötest du. Kannst du flöten?”

“Au ja!” Muddel war Feuer und Flamme und zog mit seinem Busenfreund ab. Bevor er sich an der Treppe hinsetzte, zog er ein vielfach aneinandergeknotetes Stück Tau aus der Tasche und band den Spitz damit fest. Für die nächste halbe Stunde saßen die beiden wie die

Ölgötzen - sie waren nämlich schon zwei Minuten später fest eingeschlafen.

"So, die wären wir los. Kleine Kessel haben große Ohren, und nachher erzählt er was. - Zuerst müssen wir jetzt einen Bundesmeister wählen, dem die anderen gehorchen. Wer soll das sein?"

Felix hatte seine Wut längst vergessen. Die Idee war klotzig, das war die Hauptsache. Die Dicke schien überhaupt nicht so ohne zu sein. Sollte sie ruhig mal zeigen, was sie konnte.

"Du natürlich!" sagte er großmütig, und Huberta nickte zustimmend. Uschi hatte mit dieser Möglichkeit vorsorglich gerechnet und sich auf einem Zettel Notizen gemacht.

"Gut, dann müssen wir aber eine Bundessprache sprechen, und ihr müßt mich mit "Meister" anreden und sehr feierlich sein. Feierlich ist wichtig, sonst kommt man nicht in Stimmung. Und bei Vollversammlungen müßt ihr aufstehen, wenn ihr mich anredet. Eigentlich müßten wir jetzt Fackellicht haben, und es müßte richtig düster sein, und eine getrocknete Fledermaus bräuchten wir, um darauf zu schwören." Sie seufzte bedauernd beim Gedanken daran, wie schauerlich es in Büchern immer geschildert wurde und wie schlicht es dagegen jetzt zuging. "Einerlei, es eilt. Machen wir's also so. Steht auf!"

Alle erhoben sich und sprachen gemeinsam düster und feierlich die Worte nach:

"Schlag zwölf: zu mitternächtlicher Stund'
Gründen wir hiermit den furchtbaren Bund.
Fluch dem, der ihn verrät -
Die Rache folgt ihm früh und spät!"

Uschi hatte es selbst gedichtet. Trotz der Hitze lief allen ein angenehmes Gruseln den Rücken entlang. Nur schade, daß es nicht Mitternacht war. Dann setzten sie sich wieder hin, Felix nahm sein Jagdmesser aus der Tasche, ritzte sich den Finger, drückte einen Tropfen Blut heraus und sagte: "Ablecken!" Dann machte er es bei den anderen ebenso. "Jetzt sind wir außerdem Blutsbrüder. Wenn in Zukunft einem was passiert, büßen alle."

Die Meisterin ergriff nun das Wort zu ihrer ersten Ansprache. Sie war blendend vorbereitet. Die Worte hüpften ihr nur so über die Lippen, als ob sie jeden Tag so redete. Die neuen Bundesbrüder klapperten mit den Augdeckeln.

"Bundesbrüder!" begann die Meisterin. "Wir haben ein hohes Ziel: zwei aus unserer Mitte sollen dem soeben gegründeten Bund Ruhm und Ehre einbringen. Stolz jagen sie auf feurigen Rossen über die Kampfbahn, nicht achtend der widrigen Hindernisse; leichtfüßig überwinden die Edlen sie. Wir aber, Freunde, nehmen teil an ihren Triumphen. Um ihnen zu helfen, haben wir uns verbunden. Seien wir wachsam. Nichts geschieht ohne Wissen aller. Unser Kennwort ist 'Muschik' - einverstanden?"

Nicken. Bewunderung.

"Nun zur praktischen Seite. Wo wird geübt, daß keiner was merkt?"

Nach kurzer Pause prasselten die Vorschläge nur so. Schließlich entschied man sich für eine kleine sandige Lichtung, zehn Minuten vom Haus entfernt und ziemlich versteckt im Wald. Felix wollte mit dem Wagen allerlei zum Hindernisbau herbeischaffen, und auch die anderen versprachen, unbemerkt Bohnenstangen, Kisten und sonstige nützliche Dinge zu organisieren.

"Am besten nachts", entschied die Meisterin. "Tagsüber fällt das bestimmt irgendeinem auf. Fangen wir gleich heute an. Um drei schlafen alle fest, dann pfeift Felix unter unserem Fenster, und wir kommen 'raus."

Es wurde immer aufregender. Als der Bund für diesmal auseinanderging, war das Turnier schon so gut wie gewonnen. Bloß über die Verteilung des ersten und zweiten Preises war man sich noch nicht ganz schlüssig geworden.

Mittag und Nachmittag vergingen wie im Flug. In den heißen Stunden hatten sie in der alten Küche, wo es immer schön kühl war, Pfirsiche schälen müssen und die üblichen Bauchschmerzen gekriegt. Auf solche Kleinigkeiten nahm in der Einmachzeit natürlich kein Mensch Rücksicht. Trüken zählte jedem ungerührt fünfzehn Tropfen Anis auf einen Eßlöffel warmen Wassers und schob einen neuen Korb Pfirsiche auf den Tisch.

Endlich hörte der Pfirsichsegen für diesen Tag und damit die Arbeit - komischerweise auch das Bauchweh - auf. Jetzt wurde der ganze Hof auf den Kopf gestellt, das Unterste zuoberst gekehrt, jeder Gerümpelhaufen nach Material durchsucht. In einer dunklen Ecke des Geräteschuppens häuften sich Milchkannen ohne Böden, Kisten, zwei Besenstiele, eine kaputte Heuraufe, Blecheimer, ein sitzloser Gartenstuhl und solcher Herrlichkeiten mehr.

"Daraus können wir schon eine ganze Menge Hindernisse bauen", meinte Huberta befriedigt. "Wenn wir nur wach werden heute nacht."

"Wir nehmen den Wecker aus der Küche mit und stellen ihn unters Bett", meinte Uschi. "Dann rappelt er nicht so laut, aber wir hören ihn."

Bei Tisch gähnten die zwei so erbärmlich, daß ihnen sogar das Geschirrabtrocknen geschenkt wurde.

"In die Falle mit euch", sagte die Schulzin. "Ihr laßt mir sonst vor lauter Müdigkeit einen Teller nach dem anderen fallen. Aber jeden Abend gibt's das nicht! Sobald ihr euch etwas an die Ferien gewöhnt habt, wird stramm mitgeholfen. Na, ab jetzt!"

Uschi bekam unter dem Tisch einen Tritt und grinste. Nach einem kurzen Besuch in der leeren Küche verschwanden beide wortlos nach oben.

9

“Trüken, weißt du, wer die ganze letzte Reihe Bohnenstangen herausgezogen hat?” fragte Frau Schulze Westrup ein paar Tage später. Sie mußte die Frage wiederholen, denn Trüken war manchmal etwas schwerhörig.

“Nee”, kam es dann brummig, “ich ganz gewiß nicht. Vielleicht welche aus der Stadt, die können alles gebrauchen.”

Womit sie ja nicht ganz unrecht hatte.

“Trüken, es ist schon wieder eine Reihe Stangen weg. Das kommt mir nun wirklich langsam spanisch vor. Die Hunde waren in den letzten Nächten auch so unruhig. Ich werde mit meinem Mann reden, einer von den Jungen soll wachen.”

Der Bund wachte auch.

Krach! Die letzte Stange.

“Es geht einfach nicht. Die dünnen Dinger nimmt er nicht ernst. Entweder läuft er stur ’rein, oder er streift sie mit den Hinterbeinen ab”, jammerte Huberta.

Auf der kleinen Waldlichtung sah es aus wie auf einem Rummelplatz, wenn die Kirmes vorbei ist. Der Boden war zerstampft und zertreten. Enden durchgebrochener Stangen, ein völlig zertrümmerter Gartenstuhl, die Reste der ehemaligen Heuraufe, zerbeulte Milchkannen und Kistensplitter zierten das Schlachtfeld, auf dem sich seit drei Tagen Huberta und Muschik auf eine glorreiche Laufbahn als Turnierreiter vorbereiteten.

“Außerdem ist der Platz zu klein”, ergänzte Felix. “Er kann keinen richtigen Anlauf nehmen - und Hindernisse sind auch keine mehr da.”

“Mit den Bohnenstangen ist ohnehin Schluß. Trüken sagt, heute nacht soll einer wachen. Herrje, dann können wir ja auch sonst nichts mehr herausbringen; der sieht uns doch. Daran hab’ ich noch gar nicht gedacht.” Uschi blickte sich ratlos um.

“Und schon zwölf Uhr”, schrie Huberta erschrocken. “Wieviel Brombeeren hast du gefunden?”

“Halbes Eimerchen voll. Ich habe mich doch so gefürchtet, als du eben beinahe nicht aufstehen konntest und dir der Fuß so weh tat. Da hab’ ich nicht weitergesucht.”

Auch das noch. Mutter würde schön schimpfen. Sie waren extra losgeschickt worden, weil nachmittags Saft eingekocht werden sollte und noch zwei Eimer Beeren fehlten. Huberta in ihrer Ungeduld konnte aber den Abend mal wieder nicht abwarten und hatte hintenrum Muschik mitgenommen. Jetzt hatten sie die Bescherung, und den Fuß hatte sie sich außerdem bei einem ihrer ewigen Stürze verstaucht.

Ein jämmerliches Trüppchen marschierte auf Schleichwegen nach Haus. Nacht für Nacht hatten sie beim schwachen Schimmer des zunehmenden Mondes neue Sachen zum Hindernisbau herangeschleppt. Und jeden Tag machte Muschik wieder alles kaputt. Zum Glück waren der Schulze und seine Leute auf ziemlich weit abgelegenen Feldern beschäftigt, sonst hätte der Krach im Wäldchen bestimmt schon Neugierige herbeigelockt. Jetzt war Huberta völlig in Tränen aufgelöst. Ihr Fuß schmerzte, aber noch weher tat die Enttäuschung. Felix biß die Zähne zusammen, und Uschi überlegte krampfhaft. Auf diese Weise war an ein Turnier nicht zu denken. Muschik hatte ein paar kümmerliche Hupfer über die dünnen Stangen gemacht, war dreimal verzweifelt um die winzige Lichtung gehoppelt und hatte dann endgültig den Spaß an dieser komischen Veranstaltung verloren. Er wollte laufen, am liebsten rennen - dies Theater war ihm zuwider.

"Vielleicht war das damals mit dem Graben nur ein Zufall?" Felix mochte nicht weiterdenken; das wäre ja fürchterlich.

"Ich kann ihn nicht mehr bändigen", schluchzte Huberta. "Er wird schon wild, wenn ich ihn nur in Richtung Wäldchen stelle."

"Ja, wollt ihr nun das Turnier mitmachen oder nicht?" fuhr Uschi empört auf die beiden los. "Wenn ihr schon nach drei Tagen die Flinte ins Korn werft, dann sagt es gefälligst sofort, ihr Feiglinge!"

"Reg dich doch nicht auf!"

Huberta geriet mal wieder aus den Fugen, und Uschi war tödlich beleidigt. Das hatte man nun davon, daß man sich nachts keinen Schlaf mehr gönnte und tagsüber Schmiere stand und dabei seinen Schädel zergrübelte. So was nannte sich Blutsbrüderschaft! Von ihr aus sollten sie sich die ganze Springerei in den Kamin schreiben. Gott sei Dank gab's noch spannende Bücher.

Müde und verdrossen stocherten sie mittags auf den Tellern herum, selbst die sonst so begehrte Bratwurst fand keine Beachtung. Die Schulzin sah geflissentlich zur anderen Seite. Sie hatte nicht viel gesagt, aber was sie meinte, war den Beteiligten sonnenklar. Der Schulze, selbst hundemüde von der schweren Erntearbeit, wollte wenigstens in der kurzen Zeit, die er mit der Familie gemeinsam verbrachte, fröhliche Mienen um sich sehen.

"Hallo, Frosch - du machst ja ein Gesicht wie sieben

Tage Regenwetter", rief er seiner Tochter aufmunternd zu. "Soll ich dir mal was ganz Hübsches erzählen?"

Huberta bockte. Sie war wütend und wollte nicht angesprochen werden, selbst von Vater nicht.

Der aber war hartnäckig. "Ihr lebt ja hier auf dem Mond, sonst wüßtet ihr's schon: In der Stadt ist Anfang September ein Turnier. Na, ist das eine Neuigkeit?" Oh, schon wieder dies verflixte Turnier. Mußte man sich denn sogar bei Tisch Watte in die Ohren stopfen? Huberta knirschte hörbar mit den Zähnen. Der Schulze wunderte sich, daß die Bombe so gar nicht einschlug.

Uschi, die seine Enttäuschung bemerkte, murmelte mit vollem Mund: "Huberta fühlt sich schon den ganzen Morgen nicht gut, hat sich wohl beim Brombeerpflücken zu sehr gebückt."

"Das ist wahrscheinlich", stimmte Frau Schulze Westrup spöttisch zu. "Nach dem Ergebnis zu urteilen, müssen die Anstrengungen unheimlich gewesen sein."

Ihr Mann sah sie über den Tisch hinweg an, lächelte dann leise und meinte gutgelaunt: "Na, das erklärt ja alles. - Ich denke, ich melde die jungen Füchse für die Zweispännerprüfung. Vielleicht finden sie einen Liebhaber. Sie sind jetzt vierjährig und können weg. Haben sich in der Ernte tüchtig drangehalten. Wenn sie jetzt täglich eine Stunde vor dem Jagdwagen gehen, erholen sie sich und bekommen ein bißchen elegante Linie. Und Hermit wird fürs Springen genannt."

"Soll der auch weg?" erkundigte sich Huberta, wider Willen interessiert.

"Nein, nein, das ist mein Leibroß", scherzte der Schulze, "und Springen in diesem Fall mein Privatvergnügen. Die vergangenen Monate haben so viel sauren Schweiß gekostet, daß wir nun mal ein frohes Fest riskieren können, denk' ich."

“Wird die Konkurrenz groß sein?” fragte seine Frau lebhaft.

“Tja, das glaub’ ich schon. Es ist ja das erste Turnier in unserer Stadt, da ist natürlich mancher darauf erpicht, Lorbeeren zu ernten, um derentwillen er Pferde und Wagen nicht erst weit zu transportieren hat. Und die Jugend - na, was die davon hält, kann dir deine Tochter besser sagen als ich. In ein paar Jahren läßt sie uns keine Ruhe bei einer solchen Gelegenheit. Stimmt’s, Frosch?”

Huberta wurde dunkelrot, Uschi grinste betont unschuldig.

Der Schulze fuhr plaudernd fort: “Ich traf Felix Vorholz eben, der will mich heute nachmittag gleich melden. Er hat Freya auch für die Springprüfung genannt. Sollte mich gar nicht wundern, wenn wir mit dem eine Überraschung erleben.”

Huberta verging fast vor Aufregung. Nur ein bißchen besser müßte es mit Muschik klappen, dann würde sie vielleicht selbst die Überraschung werden. Anständig von Uschi, sie bei Vater ’rauszureißen. Gleich nach Tisch wollte sie sich mit ihr versöhnen. Erleichtert und mit endlich gefundenem Appetit aß sie weiter.

10

Am späten Nachmittag tagte der Bund an seinem Versammlungsort auf dem Heuboden.

“Teure Bundesbrüder”, begann Uschi. “Die Sorge um das gemeinsame Ziel ließ meinem gemarterten Herzen keine Ruhe und gönnte ihm selbst den ungestörten Genuß einer knusprigen Bratwurst nicht. Aber wie ein achtlos geschleuderter Feuerfunken die dürre Steppe augenblicklich in ein rotglühendes Flammenmeer verwandelt, so verwandelte ein zufällig gesprochenes Wort den versiegenden Quell meiner Ideen wieder in einen reißenden Strom. Kommt ganz nahe und horcht, was ich euch zu sagen habe.”

Die Verschworenen rückten enger zusammen, und eine dreiviertel Stunde lang hörte Muddel, der wiederum an der Treppe mit Fips Wache schob, nichts als ein eifriges Gewispere, unterbrochen von gelegentlichem lautem Lachen oder einem schallenden “blendend - toll - Pfundsidee!”

Als sie sich erhoben, war der große Plan fertig und bis in die Einzelheiten durchdacht. Selbst die Rollen waren genau verteilt.

Beim Abendbrot, an dem auch Felix teilnahm, eröffnete Huberta, wie besprochen, das Gefecht. Es gab herrlich kühle Milchsuppe mit Erdbeeren, die alle Gemüter in friedliche Stimmung versetzte; gerade das Richtige, um so ganz nebenbei über hochwichtige Dinge zu reden.

“Du, Vater, wie war das noch mit dem Turnier heute mittag?” fragte Huberta unschuldig. “Mir war so übel, ich habe nur die Hälfte mitgekriegt. Du beteiligst dich also am Zweispännerfahren?"

"Och", fiel Felix unwillig ein, "ich habe dir doch eben noch gesagt: und am Springen." Dann wandte er sich dem Schulzen zu: "Heute nach Tisch hab' ich dich angemeldet, Onkel Hubert. Toni Brinklade auf dem Vereinsbüro sagt, es sind schon sehr viele Meldungen eingegangen; wenn das so weiterginge, müßten sie nächstes Jahr zwei oder drei Tage hintereinander Turnier abhalten. Und es würde ein sehr scharfer Kampf werden, meinte er."

Uschi nickte anerkennend; das war ein feiner Köder - und der Schulze biß prompt an.

"Viel Konkurrenz, sagst du? Hmhm, dann wird ja noch tüchtig geübt werden müssen. Der gute Hermit hat im letzten Jahr nicht viel an der Springerei tun können. Nella läuft schon den ganzen Sommer über mit den Fohlen, da mußte er diesmal doppelt 'ran. Vielleicht sollte man ihn gar nicht starten?"

Alarm! Das durfte um Himmels willen nicht passieren, dann war der ganze schöne neue Plan wieder Essig. Felix sprang augenblicklich in die Bresche. "Kommt ja nicht in die Tüte, Onkel Hubert. Du bist der beste Springreiter rundherum, das weißt du auch ganz genau, und Hermit, der Prachtkerl, der schafft das bis dahin spielend. Überleg doch bloß mal, Onkel Hubert - die anderen springen, und du nicht dabei, da bricht dir ja glatt das Herz."

"Hubert, tu mir das nicht an - bei meiner jugendlichen Schönheit hab' ich noch keinen Mann mit gebrochenem Herzen verdient!"

Das Lachen über Mutters Witz fiel etwas krampfhaft aus. Die nächsten Worte des Schulzen hoben die Stimmung jedoch wieder.

“Jaja, das Glück der Erde ...” lachte er, “und dann die ganze Atmosphäre: Pferdekunst, Wettkampf, das Fliegen über die Hindernisse, Klatschen der Zuschauer - da meldet sich das alte Reiterblut schon. Die Westrups sind eben nicht ungestraft seit dreihundert Jahren Pferdezüchter. Dann müßte ich also mindestens zweimal wöchentlich die acht Kilometer zur Stadt reiten, um auf dem Hindernisplatz bei der Reithalle zu üben”, fuhr er überlegend fort. “Nein, Kinder, das kann ich mir im Moment noch nicht leisten. Morgen soll die neue Dreschmaschine kommen, da ist alle Augenblicke was los, wenn ich fort bin.”

Uschi dirigierte das Spiel ihrer Bande mit den Augen. Jetzt bekam Felix einen scharfen Blick zugeworfen, der sein Mundwerk gleich wieder in Bewegung setzte. Nach einer sehr wirkungsvollen Überlegungspause meinte er langsam, so wie wenn es ihm gerade eingefallen wäre und er sich noch nicht recht schlüssig werden könnte: “Du, Onkel Hubert, wie wär’s denn, wenn wir uns selbst einen kleinen Übungsplatz bauten? Platz ist ja genug da; ein paar stabile Pfosten sind wohl aufzutreiben”, seine Stimme wurde lebhafter, die Augen glänzten. “Überhaupt, für mich wär’s auch günstiger. Wir im Dorf wohnen ja so ziemlich in der Mitte zwischen der Stadt und hier, da kann ich mit Freya genausogut hierher üben kommen, zumal ich ja sowieso den halben Tag bei euch ’rumliege. Außerdem könnte ich von so einem gewiegten alten Turnierhasen wie dir eine ganze Menge lernen. Vater hat ’ne neue Hilfe, einen Veterinärstudenten, der in den Semesterferien sein Praktikum bei ihm macht, da bin ich restlos überflüssig. Wir könnten gleich morgen früh anfangen zu bauen. Vielleicht kannst du Willem mal hin und wieder eine Stunde entbehren, fürs Pfosteneinschlagen und so. Seile flechten und Ginster schneiden könnten die Mädchen. Wollt ihr?" wandte er sich an die beiden.

"Klar", schrie Huberta so begeistert, daß Meister Uschi ihr einen verwarnenden Blick zuwerfen mußte. Nur nicht so hastig, hieß das, niemand darf Verdacht schöpfen, daß wir daran interessiert sind. Huberta verstand und fuhr etwas gesitteter fort: "Find' ich ganz toll, Vater, und wir möchten dir ja auch so gern helfen."

"Ja", fiel Uschi treuherzig ein, "wenn wir Ihnen damit helfen könnten, das wäre zu schön. Und nachher dürfen wir dann zuschauen, wie Sie auf einem richtigen Turnier einen Preis gewinnen."

So viel Hilfsbereitschaft rührte den gutmütigen Schulzen. "Also, ihr seid ja doch ein paar prächtige Rangen. Natürlich, einen Trainingsplatz neben dem Kaffeetisch hab' ich mir schon immer gewünscht. Marschieren wir am besten gleich los und suchen die passende Ecke aus, was?" Umgeben von einer dienstbeflissenen Schar machte er sich, nachdem er sich noch eben die abendliche halblange Pfeife angesteckt hatte, auf den Weg.

"Trüken", sagte Frau Schulze Westrup, den Davonziehenden sinnend nachblickend. "Trüken - was los ist, das weiß ich ja noch nicht, aber daß was los ist, das sagt mir meine Nase. Und die täuscht mich selten."

Gerade da aber ging Trüken mit dem letzten Tablett voll Geschirr nach draußen, und selbst die hellsichtige Schulzin konnte das pfiffige Schmunzeln nicht sehen, das ihr Runzelgesicht breit und strahlend überzog.

11

Schon zwei Tage später standen die ersten Hindernisse auf der Übungswiese. Diesmal nicht mehr aus heimlich geklauten Bohnenstangen und leeren Blechbüchsen, sondern dauerhaft aus starken Rundhölzern und in den Boden gerammten Pfählen errichtet. Die ganz schwere Arbeit hatten Willem und ein paar Knechte getan; einen halben Tag lang war auch der Schreiner aus dem Dorf dagewesen. Doktor Vorholz, selbst allmählich zu dick zum Reiten, aber ein leidenschaftlicher Pferdeliebhaber, hatte ihm ein paar Hindernisformen aufgezeichnet, bei denen man die Stangen schnell höher und niedriger legen konnte. Der Doktor betätigte sich auf den Turnieren rundum immer als Richter und verstand was von der Sache. Zwölf Hindernisse hatte er vorgeschlagen: hohe Hecken aus Ginster, der täglich frisch geschnitten und zwischen ein Lattengestell geklemmt wurde, eine Mauer aus Biertönnchen - unten zwei Reihen nebeneinander, oben noch eine Reihe drauf -, eine Triplebarre - drei verschieden hohe Querstangen hintereinander -, ein leichtes Tor, ein Koppelrick, ein paar einfache Stangen, einen mächtigen Haufen aus kurzen dicken Reisigbündeln und, als Glanzstück, einen breiten Graben mit einem niedrigen Wall davor.

Das war bestimmt genug und längst nicht so schwer herzustellen, wie es sich zuerst anhörte. Bei dem Durst der Erntearbeiter gab es mehr Tönnchen, als man gebrauchen konnte. Muddel beschäftigte sich einen Tag lang damit, sie einzeln herauszurollen. Die Reisigbündel waren neben dem Backhaus aufgestapelt, auch sie waren nur zu transportieren. Ginster wuchs als Unkraut überall und mehr als genug. Als "Balken" erbettelte Huberta die letzten zwanzig Bohnenstangen. Um sie dicker zu machen, wurden sie alle sorgfältig mit geflochtenen Strohseilen umwickelt. Wenn die Pferde jetzt mal mit den Beinen dranstießen, taten sie sich auch nicht so weh; außerdem konnte man diese Balken leichter heben als die schweren echten.

Es sah fabelhaft zünftig aus. Bis spät in die Nächte wurde gehämmert, gehobelt, geschleppt, geflochten und genagelt. Nach Feierabend fanden sich Kritiker und Bewunderer ein. Soviel aber auch gespottet wurde - im Grund seines Herzens war jeder, vom Vorknecht bis zur Schweinemagd, stolz auf die neue Errungenschaft. Daß ihr Schulze nunmehr bestimmt den ersten Preis machen würde, war allen gewiß. Trüken schlich sich mindestens viermal täglich mit zugedecktem Henkelkorb aus dem Haus und versorgte ihre Bundesbrüder mit gezuckerten Pfirsichen, Makronen, Wurstbrötchen und Zitronensaft. Wenn die Schulzin sie mal fragend ansah, murmelte sie undeutlich was von "Butterbroten" vor sich hin.

Bundesbrüder? Tatsächlich, es war der frechen Bande gelungen, Trüken in ihren Verein aufzunehmen. Nach eingehender gemeinsamer Beratung hatte diesmal Uschi den Sturmangriff gewagt und - gewonnen. Ausgerechnet Uschi? Jawohl, und das kam so: "Trüken, wir möchten dir so gern helfen, hast du keine Arbeit mehr für uns?" Sie schnaufte mißtrauisch: Gestern und vorgestern konnten sie die Arbeit nicht schnell genug hinter sich kriegen ...

Aber da schoß Uschi den zweiten Pfeil ab: "Ich sag' nämlich immer zu Huberta, es ist eine Schande, daß sie so wenig von früher erzählen kann. Von so 'nem alten Hof muß es doch viele Geschichten geben. Weißt du nicht noch ein paar? Wie war das doch mit Hubertas Großvater und wie er dich aus dem Waisenhaus hierher geholt hat?"

Das traf mitten ins Schwarze. Trüken hatte eine harte Jugend hinter sich gehabt, als sie eines Tages der alte Schulze - damals noch ein stattlicher Mann in den besten Jahren - auf dem Rückweg vom Markt auf einem riesengroßen, leeren Kartoffelwagen einfach mit auf den Westruphof genommen hatte. Der Selige sah immer auf den ersten Blick, wer ein paar flinke Hände besaß. Sein eigener Wahlspruch war: "Wer sonntags vierspännig fahren will, darf sich wochentags nicht von einer Karre Mist bange machen lassen", und er fuhr selbst nur zu gern vierspännig!

Vierundfünfzig arbeitsreiche Jahre war die Alte jetzt schon auf dem Hof, den sie nicht mehr hätte lieben können, wenn es ihr eigener gewesen wäre. Einer Gelegenheit, aus seiner und ihrer Vergangenheit zu erzählen, konnte sie beim besten Willen nicht widerstehen, und so saßen denn alle drei bald friedlich vereint auf der Küchenbank und entsteinten um die Wette Schattenmorellen.

Zehn Minuten später kam Uschis ganz großer Augenblick, als Frau Schulze Westrup einen neuen Korb frischgepflückter Kirschen hereinbrachte und dabei etwas beunruhigt auf die eifrigen Helfer blickte, die ihr Pensum eigentlich für heute erledigt hatten. Honigsüß strahlte ihr Uschis Lächeln entgegen: "Wir haben Trüken gefragt, ob wir ihr nicht ein bißchen länger helfen dürfen. Hier drinnen ist es so schön kühl, und wissen Sie, sie kann so herrlich erzählen - einfach wundervoll. Libeth erzählt mir nie was. Trüken ist überhaupt viel netter!"

Trüken zog ein rotkariertes Taschentuch - Format

Bettuch - hervor und schneuzte sich, um mit Geräusch und Trompeten die Tatsache zu verbergen, daß ihr das helle Wasser in den Augen stand. Noch am gleichen Abend wurde sie auf den Boden geschleppt und mit Trara in den Bund aufgenommen, wobei Felix, der Erzschlingel, die Feierlichkeit ins Unermeßliche steigerte, indem er auf der Mundharmonika leise, melodisch und falsch das Lieblingslied des alten Seligen spielte.

Das war, wie gesagt, einige Tage her, und Trükens Aufnahme hatte sich, wie der Vorfall mit den Bohnenstangen und die Zusatzverpflegung zeigten, bestens bewährt.

Muschik hatte inzwischen herrliche Tage. Um ihn an die Hindernisse zu gewöhnen, nahm ihn Huberta frühmorgens schon mit auf die Wiese, und während rund um ihn alles beschäftigt war, graste er im Schatten des Ahornwäldchens, das sich zwischen Weide und Hof hinzog. Felix hatte mit viel Überredungskunst den Schulzen am Ende davon überzeugt, daß sich gerade diese vom Haus aus nicht zu überblickende Wiese am allerbesten für den privaten Übungsplatz eigne. Leider waren seine Gründe ziemlich dünn, und die Wiese hatte außerdem verschiedene sumpfige Stellen, doch war der Schulze hundemüde gewesen und hatte schließlich ja und amen zu allem gesagt. Muschik war an dem lauten Treiben lebhaft interessiert. Auf seinen dünnen Beinen storchte er am liebsten da herum, wo gerade gearbeitet wurde, beschnupperte die komischen Gestelle, knabberte zur Abwechslung die unter solchen Mühen entstandenen Strohseile an und trat sich schließlich einen Nagel in den Huf. Selbst die schmerzhafte Prozedur des Herausziehens aber machte ihn nicht klüger. Er war in den Flegeljahren und mußte einfach da sein, wo was los war. Der Bande war es recht. Je gründlicher er sich mit den

Hindernissen vertraut machte, um so weniger würde er später scheuen.

Uschi flocht mit erstaunlicher Geschicklichkeit aus dem zähen Stroh schöne glatte Seile. Die Bundesbrüder konnten überhaupt auf ihren Meister stolz sein - bei aller Ruhe stets beschäftigt, meist sogar mit Händen und Köpfchen zugleich. Ganz von selbst wandte sich auch Felix mit einer fertigen Arbeit zuerst Uschi zu: "Können wir's so lassen?" Ihr Nicken war so gut wie eine Anerkennungs-Urkunde. Uschi dachte zuerst immer gründlich, und wenn sie ausgedacht hatte, kam was dabei heraus. War ihr was unklar, fragte sie - ebenso langsam und gründlich.

"Ihr habt so schrecklich viele Pferde", begann sie jetzt, die Augen auf die Arbeit geheftet.

"Vierundzwanzig mit den Fohlen", Huberta konnte es mal wieder nicht abwarten.

"Ja, also vierundzwanzig, und alle sind groß und dick ..."

"Nee, dick sind die nicht, nur gut gefüttert; richtige dicke Pferde - Kaltblüter sagt man - haben wir nicht."

"Nun unterbrich mich doch nicht dauernd. Also, ich meine nur, alle Pferde sind groß und rot ..."

"Füchse heißen die", warf Huberta belehrend ein.

"Schockschwerenot!" Die Dicke regte sich zwar nicht auf, kriegte aber langsam die kalte Wut. "Jetzt laß mich gefälligst auch mal ausreden. Nachher kannst du noch genug quatschen. Was ich nämlich fragen wollte: Wie kommt denn eigentlich der graue Muschik dazwischen? Der ist doch viel zierlicher und viel lebendiger als die anderen? Überhaupt, warum sind die anderen denn alle egal?"

"Ja, das ist eine lange Geschichte", meinte Huberta eifrig und wollte sich so recht bequem zurücksetzen zum

Erzählen, als die Meisterin mit einem kategorischen: "Nein, wenn du nicht dabei arbeiten kannst, dann laß es sein", diese löbliche Absicht verhinderte.

Etwas rot geworden, erzählte Huberta also beim Flechten weiter: "Alle Westrups haben Pferde gezüchtet, das heißt, Mutterstuten mit Fohlen gehabt und die Fohlen großgezogen. Schon im Dreißigjährigen Krieg, sagt Vater, ist ein Westrup mit zwei Dutzend eigenen Leuten auf eigenen Pferden im kaiserlichen Heer mitgezogen. Vater hat noch Urkunden davon - muß er dir gelegentlich mal zeigen -, mit dicken gelben Wachssiegeln dran. Und immer waren unsere Pferde rot: Füchse - goldrot mit weißen Beinen oder weißen Stirnen, und manche hatten sogar weiße Mähnen und Schweife."

"Das ist aber doch Luxus", warf Uschi bedächtig ein.

"Was - die Schweife?" fragte Huberta verdutzt.

"Nee, die Pferde natürlich." Uschi mußte lachen.

"Pferde Luxus?" Huberta war empört. "Du bist ja doof. Die werden doch jedes Jahr verkauft: ein paar zum Reiten, manche an Bauern und viele auch in die Stadt, zum Ziehen. Pferde braucht man doch überall: Milchwagen, Gemüsewagen, Transport und überhaupt eben überall. Und Reitpferde sind auch kein größerer Luxus als schwere Autos, sagt Vater, dabei ist Reiten aber viel gesünder als Kilometerfressen auf Asphaltstraßen, sagt er. Na, und Bauern können schon gar nicht ohne Pferde auskommen."

"Ja, aber warum ziehen sie sich denn ihre Pferde nicht alle selbst?" Uschi war, wie gesagt, fürs Gründliche.

"Mensch, geht ja nicht. In der Stadt können sie mit Fohlen nichts anfangen, denn junge Pferde müssen viel Weide und gute Pflege haben, und dann müssen die Mutterstuten auch eine Zeitlang geschont werden und so, und das geht alles in der Stadt nicht gut. Schließlich kann der Milchmann ja nicht vier Wochen zu Hause bleiben, weil sein Pferd ein Fohlen hat. Ich möchte wissen, was Tante Aloysia oder ein gewisses Fräulein Uschi Kottrup sagen würden, wenn die Milch zum Frühstück ausblieb. Und viele Bauern züchten eben lieber Schweine oder Kühe oder säen Hafer und Roggen, anstatt sich mit Pferdezucht abzugeben. Wenn sie dann später ein großes Pferd kaufen, wissen sie auch besser, ob es ihnen gefällt und ob sie's brauchen können. Wir Westrups aber haben eben keine Kühe gezüchtet - oder doch nur ganz wenig - und statt dessen Pferde. Alles dreht sich doch auf unserem Hof um sie. Wir leben ja größtenteils von ihnen."

"Von den paar Pferden?" Uschi zweifelte.

"Eben fandest du Pferde Luxus, und jetzt sagst du, von den paar! Unsere Pferde sind berühmt, das kann ich dir bloß flüstern. Berühmte Pferde sind natürlich teuer. Wir verkaufen sie in die ganze Welt!" Huberta war mit Leib und Seele bei ihrem Lieblingsthema. Die Meisterin wiegte unschlüssig den Kopf.

"Hm, das mit der Zucht versteh' ich ja jetzt, aber das mit dem 'in die ganze Welt verkaufen' glaubst du doch wohl selbst nicht."

Huberta krauste die Nase. Uschi hatte aber auch gar keine Phantasie, die nahm alles so wörtlich! "Na ja", räumte sie etwas widerwillig ein, "natürlich nicht in die ganze Welt. So viele sind's ja wieder auch nicht. Nach Holland verkaufen wir aber fast jedes Jahr, und ein Wagenpferd ist nach Italien gegangen. Vater hatte gerade in der Westfalenhalle in Dortmund einen Preis damit gemacht. So 'ne bloße Spielerei ist das nämlich nicht, Turniere und Rennen und so. Ein Pferd, das viele Preise gemacht hat, kann man selbstverständlich besser verkaufen, und je mehr wir verkaufen, um so mehr können wir züchten. Ob du's glaubst oder nicht: Vorigen Monat erst hat Vater einen Brief aus Brasilien gekriegt, von irgendeinem Mister, der dort eine Farm hat. Vor Jahren hat er von einem holländischen Händler zwei Stuten gekauft, die von uns gezüchtet waren, Fanella und Frigge heißen sie, ich weiß es noch genau, beides Töchter von unserer Nella. Und jetzt schreibt er, sie wären hervorragend und hätten wunderschöne Füllen bekommen, und er möchte gern auch einen Junghengst aus der gleichen Zucht haben. Siehst du", schloß sie triumphierend, "bis nach Brasilien, das ist doch wahrhaftig weit genug, oder?"

Uschi hatte aufmerksam zugehört. Innerlich war sie ziemlich überwältigt, ließ sich jedoch beileibe nichts anmerken. "Schön", lenkte sie ein, "ist allerhand, zugegeben. Aber weshalb denn nur Füchse, oder wie die Dinger heißen?"

"Füchse ist richtig. Ja, weil - weil - also, das ist eben Tradition, kapierst du? Der im Dreißigjährigen Krieg hat auch schon Füchse gehabt, das steht in den Urkunden, und alle Westrups nach ihm, alle meine Ur-Ur-Ur-Urgroßväter. Und dann Vater eben auch, und Muddel wird's mal bestimmt genauso machen. In der Sonne glänzen sie wie Gold, und wenn sie alle zusammen auf der Weide sind, ist das ein zu schönes Bild. Ich finde Füchse einzig!"

"Na ja, meinetwegen. Aber Muschik ist doch grau?"

"Stimmt, jetzt ist er noch grau. Als er auf die Welt kam, war er schwarz, und in fünf Jahren ist er weiß."

"Na hör mal, alles kannst du mir schließlich auch nicht vormachen!" Nun war Uschi aber doch empört.

Huberta strahlte. "Aber alle Schimmel sind als Fohlen dunkel - bestimmt, großes Ehrenwort! Muschik hat doch jetzt noch einen schwarzen Schweif und schwarze Mähnenhaare, und unterm Bauch wird er schon ganz hübsch weiß."

Uschi war beruhigt. “Erzähl nur weiter, es ist ja ganz spannend. Aber wie kommt denn der nun zwischen die Füchse?”

“Ja, das ist etwas traurig. Felix’ Vater, der Doktor, ist doch genau so ein Pferdenarr wie alle Leute in der Gegend, nur interessiert er sich besonders für Araberpferde. Und von einer Studienreise nach Ungarn brachte er sich eine junge Schimmelstute mit. Die kriegte ganz kurz drauf ein Fohlen, und dabei ist sie leider gestorben. Wohin nun mit dem Füllen? Stell dir vor - es klingt ganz unglaublich, ist aber bestimmt wahr -, am selben Tag geht bei Onkel Jop ein zwei Wochen altes Fohlen ein. Der Doktor wird natürlich gerufen, und statt ein langes Gesicht zu ziehen, freut er sich unbändig. Onkel Jop war zuerst böse; schließlich bezahlt man ja den Tierarzt nicht, damit er sich freut, wenn einem die Fohlen kaputtgehen. Dann haben sie die Sache aber besprochen, und Doktor Vorholz hat von seinem mutterlosen Füllen erzählt. Er hat es schleunigst gebracht, und die Stute, deren eigenes Kind gestorben war, hat das winzige schwarze Tierchen großgezogen. Als Onkel Jop sich später gar nicht mehr von ihm trennen wollte, hat der Doktor es ihm verkauft. Und in den Papieren vom Gestüt steht, daß Muschiks Vater ein echter Wüstenaraber war, mit schneeweißem Fell und blauroten Nüstern - das sind die Nasenlöcher -, und daß er laufen konnte wie der Wind! Siehst du, und so wird mein Muschik einmal auch”, schloß sie eifrig.

“Erst soll er aber mal einen Preis im Springen gewinnen”, meinte Uschi, “und dazu müssen wir endlich mit dem Üben anfangen.”

12

“Brav so, das war gut, mein Bester!” Beruhigend klang die Stimme des Schulzen, während seine Linke dem Fuchs den schweißnassen Hals klopfte. Hermit war ein paarmal über die kleinen Hindernisse gegangen, wobei er sich, wegen der langen Unterbrechung seit dem letztenmal, mehr angestrengt hatte, als eigentlich nötig gewesen wäre. “Jetzt zum Abschluß noch einen schönen langen Galopp um die Wiese, damit unsere krummen Arbeitsknochen wieder ein bißchen geschmeidiger werden - dann haben wir für heute unser Pensum hinter uns.”

Die Bande saß auf einem glattgehobelten dicken Baumstamm, den Willem und Felix gestern abend extra zum Zuschauen in die schattigste Ecke der Weide gerollt hatten, und verhielt sich mucksmäuschenstill. Huberta brannte vor Begierde, selbst mitzutun. Ihr Gesicht war gelblich-bleich, unter der dünnen Haut traten die zarten blauen Äderchen hervor. Jetzt endlich konnte sie nicht mehr an sich halten. Mit einer ungestümen Bewegung die Haare aus der heißen Stirn streichend, fragte sie: “Du Uschi, könnte ich nicht auch heute abend noch - später vielleicht, wenn die anderen auf der Terrasse sitzen?”

Die Meisterin verneinte energisch: “Nein, das geht nicht. Abends laufen doch zuviel Leute ’rum, außerdem reiten die Jungen genau hier an der Weide vorbei zur Schwemme. Das Theater möchte ich erleben! Morgen früh -” sie unterbrach sich mit einem plötzlichen Seitenblick auf den neben ihr sitzenden gespannt zuhörenden Knirps. “Muddel”, sagte sie, “lauf mal schnell zum Stall und sieh nach, ob Muschik noch da ist”, und fuhr, sowie er sich mit seinem Intimus Fips davongetrollt hatte, fort: "Morgen früh um vier, haben wir ausgemacht, und dabei bleibt's. Überhaupt, du bist in den letzten Tagen so schrecklich aufgeregt gewesen, daß es wirklich nur ein Zufall ist, wenn noch keiner was gemerkt hat. Nimm dich doch zusammen, ist doch nicht so schwer! Du verdirbst uns den ganzen Spaß und dir selbst schließlich auch."

Huberta knirschte hörbar mit den Zähnen. Die Haut über den Backenknochen straffte sich noch mehr. Wußte die denn, wie das war: andere reiten sehen und selbst nicht mitmachen dürfen? Wußte die Meisterin vielleicht, wie man bei jedem Sprung hochzuckte und die Hände sich um einen unsichtbaren Zügel krallten und es einem innerlich heiß und eng wurde? Ach, und dann die quälende Ungewißheit, ob Muschik nun wirklich springen konnte. Wenn er nicht selber Lust dran hatte und gern sprang, dann lernte er es in den paar Wochen nicht mehr. Uschi hatte gut reden, sie brauchte eben nur zuzusehen und Predigten zu halten - überhaupt, widerlich, wie manche Leute ewig meckern mußten. Aber sie würde es ihnen schon zeigen, so viel war sicher, und dann könnten sie sich der Reihe nach entschuldigen, und sie würde sich nur abwenden und sagen: "Komm, Muschik, alle Menschen sind falsch und ..." Ganz starr saß sie da, die Augen voll Tränen, den Kopf voller wilder Gedanken. Erst als Uschi sie erschreckt anstieß kam sie zu sich und sah, daß Felix und Freya unter Vaters Aufsicht übten. Gerade hatte die Braune mit den Hinterbeinen eine Stange mitgenommen und wäre vor lauter Nervosität beinahe gestolpert. Felix klopfte ihr beruhigend den Hals, während er, einen kleinen Bogen schlagend, das Hindernis noch einmal mit besserem Erfolg sprang. Vaters fröhliche Stimme gab kurze Kommandos, der Sommerabend war friedlich, und eigentlich fehlte gar nichts zum richtigen Glücklichsein. Nur der Ehrgeiz bohrte und ...

Aber heute sollte sie keinen Gedanken ganz zu Ende denken können. In diesem Moment nämlich wurde die sanfte Abendstille durch ein schrilles Wiehern zerrissen. Neben ihnen krachte es, ein grauer Husch flitzte vorbei, dann wieder das schrille Wiehern. Das schwere, eichene Wiesenheck hing schräg in den Angeln, und über die Weide tanzte in ausgelassenem Jubel, fortwährend trompetend, Freund Muschik. Als Muddel auftragsgemäß die Stalltür öffnete, um nach ihm zu sehen, legte der Hengst die Ohren zurück, wartete einen Augenblick, bis Muddel ganz zu ihm hereingekommen war und die Tür freigab, und war dann blitzschnell entwischt. Es paßte ihm nicht, eingesperrt zu sein. Er wollte dahin, wo was los war - auf den Übungsplatz. Das Tor zu? Na, wenn schon: Ein Satz, und drüben war man. So ganz klappte es dann doch nicht, und das arme Tor wurde halb umgerissen, aber in seiner Freiheitssehnsucht machten dem Schimmel ein paar Schrammen nichts aus. Jetzt jagte er den überrumpelten Felix mitsamt seiner Freya einmal um die Wiese und hintereinander über drei Hindernisse, die er einfach mitsprang, warf sich dann ausgelassen auf den Boden und wälzte sich - alle viere in der Luft.

“Junge, Junge, der hat euch aber Beine gemacht”, dröhnte die Stimme des Schulzen auf, und Felix lachte, noch ein wenig atemlos: “Also ich sag’ dir, die Freya hat einfach nicht gemerkt, daß da was im Weg stand. Ich kam mir vor wie’n Affe auf ’nem Heupferd, solche Hupfer hat sie gemacht.”

Anstatt für sein Durchbrennen und das kaputte Tor bestraft zu werden, war Muschik mal wieder der Held des Tages und wurde im Triumph zurückgeschleppt.

Erster Morgen: "Psst! Aufstehen, höchste Zeit!" Trüken, noch in Nachtjacke und Häubchen, rüttelte die Schläfer so lange, bis sie hochfuhren und mit einemmal hellwach waren. Herrje - üben!

Im Nu waren jetzt beide in den Trainingsanzügen und huschten, ungewaschen, ungekämmt, so leise wie möglich nach draußen.

"Weiß nicht", stöhnte Uschi, "mitten in der Nacht konnte ich besser aufstehen als so frühmorgens. Trüken hat recht, den Wecker hätt' ich glatt überschlafen. Überhaupt, jetzt noch schlafen können!" Und stöhnte weiter zum Steinerweichen, denn Schlafen war für Uschi eine heilige Handlung und jede Störung ein Verbrechen. Leider entstammte die Idee des morgendlichen Übens ihrem eigenen findigen Köpfchen, und so entschloß sie sich nach einem letzten abgrundtiefen Seufzer, um jeden Preis Haltung zu bewahren, um sich nicht die Achtung des Bundes zu verscherzen.

Freilich hörte ohnehin keiner zu. Huberta fieberte vor Tatendrang. Muschik wurde, ohne durch das übliche Stück Zucker begrüßt zu werden, rauh aus seinen süßesten Träumen gerissen und gleich gesattelt. Aus Protest wieherte er zornig und wollte es sich nicht gefallen lassen, daß man ihm vier Staubtücher um die Hufe wickelte. Huberta schwitzte Blut; das konnte ja nicht gutgehen! Willem hatte seine Kammer gerade über dem Stall. Wenn der das Wiehern und das Hufeklappern auf der Stallgasse hörte, war alles vorbei. Willem petzte bestimmt, der war ihr böse, weil sie nicht mehr dauernd um ihn herum schmeichelte und Tabak für ihn klaute, damit er sie auf die Pferde ließ. Ab morgen kommt der Schimmel über Nacht auf die Weide, schwor sie sich. Hart anzufahren, wagte sie ihn nicht - so sehr es ihr in den Fingern kribbelte - und bettelte statt dessen: "Bitte, bitte, sei lieb, wird müssen die Tücher herumwickeln, damit man nichts hört", und mit Nettigkeiten konnte man ja nun bei Muschik alles erreichen.

Felix hatte ihr eingeschärft: "Auf keinen Fall ohne mich anfangen"; aber weshalb kam er dann nicht pünktlich? Uschi stand vorm Wäldchen Schmiere, der Schimmel war ungeduldig und seine Reiterin auch. Na ja, aufsitzen schadet ja wohl nicht. Schön kühl, so morgens um vier. Bißchen diesig noch. Bleib doch stehen, oller Bock! Die Hände zitterten und zerrten an den Zügeln. Muschik schlug verzweifelt mit dem Kopf und kroch rückwärts. Jetzt fing sie aber an; gleich war's fünf, dann wurde der Hof lebendig, und sie hatten immer noch nicht geübt. Muschik war froh, daß er vorwärts gehen durfte. Prustend trabte er gegen das erste Hindernis, sprang willig ab und kriegte dann einen solchen Ruck ins Maul, daß er vor Schmerz den Schwung verlor und die ganze Geschichte umriß. Dabei stolperte er. Unsanft flog die stolze Reiterin ins morgenfrische Wiesengras.

"Hahaha!" Freya hatte Felix gerade übers Tor getragen, und der hielt sich bei dem unerwarteten Anblick den Bauch vor Lachen. "Gratuliere! 1 : 0 für Muschik!"

Ernst, fast böse fuhr er fort: "Du, hör mal gefälligst genau zu: So ein Turnier ist nicht nur eine wilde Jagd und schon gar keine Pferdeschinderei. Wir haben sechs Wochen vor uns. Wenn wir's vernünftig anfangen, kannst du in der Zeit allerhand lernen; wenn nicht - dann prost! Mach dein Pferd nicht verrückt, sondern nimm dich selbst zusammen. Na, maul nicht - steig wieder auf."

Er band Freya am Heck fest und wandte sich seiner Schülerin zu, der schon wieder Tränen in den Augen standen. "Herrje", fuhr er auf, "laß doch die Heulerei. Hat ja keinen Zweck. Ich kann doch selber nicht viel mehr als du und muß mich auch mächtig zusammenreißen. Mach's einem doch nicht noch schwerer."

Über seinem Schimpfen hatte er sich langsam beruhigt. "Los jetzt", kommandierte er, immer noch ein bißchen ruppig, und begann dann sachlich seinen Unterricht. Sein Vater hatte ihm von früh an auf dem Pferd nichts durchgehen lassen. Zuerst kam immer das Pferd, dann nochmal das Pferd und auch dann der Reiter noch lange nicht. Unangenehm, aber richtig - das sahen sowohl Felix als im Grund auch Huberta völlig ein.

Huberta mußte jetzt Lockerungsübungen machen, ohne Zügel und Bügel reiten, im Schritt, Trab und Galopp die Hände in die Hüften stützen und lauter ähnlich langweilige Sachen. Schließlich durfte sie ganz zum Schluß zwei kleinere Hindernisse versuchen - natürlich ebenfalls ohne Zügel. Muschik lief wie ein Lämmchen, und Felix war hochbefriedigt.

"Klappt schon, nur Geduld", meinte er und übersah geflissentlich, daß die junge Dame im Sattel in Miene und Gebaren einer gekränkten Leberwurst glich.

Zweiter Morgen: "Psst! Aufstehen, höchste Zeit!" Trüken, völlig angezogen, rüttelte die Schläfer wach.

Beide waren unwillig. Ach, ich darf ja doch nicht springen, dachte Huberta. Schmiere stehen ist das Blödsinnigste, was es gibt, dachte Uschi.

Für beide kam's anders. "Klappt ja tadellos. Heute können wir über die Ginsterbüsche springen, das ist das feinste von allem, sag' ich dir! Da wischen die Gäule so gern mit den Hinterbeinen durch, und dann springen sie ganz weich, und es rauscht ein bißchen. Aber - Hände weg von den Zügeln, in der Mähne festhalten! Nicht mit den Beinen rutschen!" Felix strahlte.

"Ich will mir das doch einmal selbst ansehen, wie das Mädchen das macht", flüsterte Trüken, den Wachtposten passierend. Zehn Minuten später kam sie aufgeregt zurück: "Wie der junge Herr - nee, nee - und dabei noch fast ein Kind. Ja, ich paß inzwischen auf, daß keiner kommt." Trüken war hingerissen, Uschi stolz wie ein Pfau.

Dritter, vierter, fünfter, sechster, siebter Morgen: "Psst! Aufstehen, höchste Zeit!" Zu dritt ging's in die Sattelkammer und auf die Wiese. Muschik kam auf den leisesten Pfiff, ließ sich von Uschi streicheln, von Trüken mit Schwarzbrot füttern, von Huberta satteln. Später sprang er über die Tönnchen und die Triplebarre - über die ersten zwei Stangen nur, versteht sich. Von ihm aus ging es vorzüglich, aber seine Reiterin machte ihm arg zu schaffen. Sie quälte und quälte, endlich höhere Sachen springen zu dürfen, und machte Lehrer, Zuschauer und Wache nervös. Die Stimmung verschlechterte sich täglich, und wer weiß, was geschehen wäre, wenn nicht ...

13

“Was in die Mädchen gefahren ist, mag der Himmel wissen. In letzter Zeit ist Huberta so reizbar und empfindlich wie noch nie, und Uschi sitzt in jeder freien Minute und schmökert. Diese ganze Woche frühstücken wir nun schon allein - die Damen sind vor zehn nicht aus den Federn zu bringen. Weißt du, Hubert, es geht mir nicht um die Langschlaferei”, fuhr Frau Schulze Westrup nach einigen Minuten fort. “Eigentlich bin ich sogar froh, daß sie sich mal tüchtig ausschlafen, und ihre Arbeit erledigen sie ja auch pünktlich, aber ich finde, der Erfolg bleibt aus, und das macht mir Sorgen. Selbst das Pferd zieht anscheinend nicht mehr. Siehst du sie überhaupt noch mal reiten?”

Der Schulze brummte hinter der Morgenzeitung her etwas Unverständliches und biß ab und zu krachend in eines der von Trüken frisch gebackenen Brötchen.

“Das macht doch nichts”, begütigte er, “die Kinder sind ganz weg von der Idee, daß Felix und ich beim Turnier mitmachen. Huberta hat eine lebhafte Phantasie, da träumt sie nun wohl Tag und Nacht von unseren Erfolgen, während die eigene Reiterei ein wenig zurücksteht. Vielleicht hat sie sich aber auch bloß bei irgendeinem Sturz ein paar Knöchelchen verrenkt und mag nicht damit ’rausrücken.”

Seine Frau nickte. “Da ist übrigens noch was Komisches passiert. Trüken scheint sich auch neuerdings brennend für reiterliche Probleme zu interessieren. Gestern abend hörte ich da zufällig eine Unterhaltung zwischen ihr und Muddel mit.”

Während Frau Schulze Westrup ihrem Mann erzählte,

was sie belauscht hatte, hörte dieser immer interessierter zu.

Als sie fertig war, starrte er eine Weile regungslos auf die flimmernden Lichtkringel zu seinen Füßen, lächelte dann versonnen: "Eimer - Futtertrog - Fäuste in den Schwanz gekrallt und hochgezogen - und ein König auf dem warmen breiten Rücken - scharfer Dunst steigt kitzelnd in die Nase, Fliegen summen, und die alte Meta oder Frieda oder Lina, die man sich ihrer Bravheit wegen für die ersten selbständigen Reitversuche erkoren hat, schnauft im Mittagsschlaf ... Herrgott, ist denn das wirklich schon über vierzig Jahre her?"

Aufspringend rief er: "Wo steckt der Bengel?" und stürmte, ohne die verdutzte Frage seiner Frau: "Ja, aber was willst du denn nur?" zu beantworten, davon.

Erst kurz bevor er um die Hausecke verschwand, drehte er sich lachend um: "Na, was schon - ihm auch einen Groschen dafür geben, daß er es so mutig riskiert hat, Meta das erstemal zu besteigen."

"Mit wem sprichst du da, Mutter?" erkundigte sich hinter ihr jemand mit leicht verschlafener Stimme. "Ach, bin ich müde!"

"Das ist die Hitze." Auch Uschi gähnte zum Gotterbarmen.

"Bedauerlich, daß den Herrschaften die Wärme so schlecht bekommt. Mir war heute nacht ein ganz passabler Gedanke eingefallen."

"So?" Uschi machte einen krampfhaften Versuch, höflich zu scheinen, ohne viel reden zu müssen, und Huberta, die ausgerechnet heute morgen dreimal gefallen war und sich dabei den rechten Daumen eklig verstaucht hatte, erkundigte sich zwischen zwei Bissen vorsichtig: "Arbeit?"

Frau Schulze Westrup seufzte mitfühlend. “Leider, leider auch Arbeit. Zwanzig ausgehungerte junge Damen voll Kuchen zu stopfen ...” Vier Ohren spitzten sich, vier Augen funkelten mit einemmal. “Nein, so viel Torten kann ich nicht alleine backen!”

Den von Mutter für das gute Zeugnis versprochenen Kaffeeklatsch hatte man über dem Üben ganz vergessen. Die Schulzin flüchtete, nachdem sie in den Wirbel der Fragen und Vorschläge ein klein wenig Ordnung gebracht hatte: “Zwanzig Mädchen - acht Obsttorten, zwei Kuchen, etwas Gebäck, Eis - meinethalben abends Kartoffelsalat und Bratwurst - Beginn zwei Uhr, Schluß um neun - am besten gleich nächsten Sonntag - schreibt die Einladung bald, damit Willem sie morgen früh mitnehmen kann, wenn er zum Schmied reitet - im übrigen macht, was ihr wollt!” Und lächelte auf dem Weg zur Küche: die waren beschäftigt.

14

Auf so einem alten Hof erzählt jedes Zimmer eine Geschichte für sich, dachte Uschi; wie viele Füße wohl nur allein schon über diesen Fußboden gelaufen waren, daß er jetzt so krumm und buckelig war und die Astknorpel wie blankpolierte Knöpfe aus dem abgetretenen Holz hervorstachen. Prüfend fuhr sie mit den bloßen Zehen drüber hin: Da holte man sich nicht mal mehr Splitter in die Füße, so glatt war der Boden. Aber Huberta könnte endlich mit den Schürzen kommen, damit die Backerei anfinge, dachte sie weiter. Wenn man bei dieser Hitze nichts tut, schläft man unweigerlich auf der Stelle ein. Sie seufzte. Schlafen - man müßte ein Murmeltier sein und mal einen ganzen Winter durchschlafen. Aber das hier war ein verflixt feines Plätzchen, richtig romantisch.

Uschi stand während dieser Überlegungen auf der Schwelle zur alten Küche - früher einmal einer der Haupträume des Hofes, heute lediglich ein Anhängsel der blitzend gekachelten neuen Küche. Hier putzte Trina das Gemüse, hier wurden in der Einmachzeit Äpfel und Birnen geschält, gewaschen und zerlegt, hier stopfte Trüken die vielen zerrissenen Socken, und hierher war nun das Vormittags-Hauptquartier der Bande verlegt worden. Huberta kam und kam mal wieder nicht - wo die bloß die paar Schürzen herholte?

Aber als sie einen Augenblick später wirklich kam, fand sie ihre bequeme Freundin äußerst angestrengt beschäftigt: Uschi hüpfte wie ein Gummiball 'rauf und

’runter und versuchte mit ihrem ganzen Körpergewicht den schweren Schwengel der Pumpe am Fenster so kräftig nach unten zu ziehen, daß auch einmal ein richtiger Strahl aus dem Messingrohr in das graue Sandsteinbecken schösse. Bis jetzt tröpfelte es nämlich nur spöttisch. Huberta kicherte, woraufhin Uschi sich verzweifelt umwandte: “Du, kann man hier nicht pumpen?”

“Pumpen?” klang es grinsend zurück. “Ich dachte, du wolltest eine Entfettungskur machen. Pumpen geht ganz einfach”, und mit wenigen regelmäßigen Stößen brachte sie das alte Ungetüm zum Fließen und Uschi zum Augenaufreißen: “Mensch, wie machst du das?”

“Ist angeboren”, ertönte es hoheitsvoll. Erst nach einem Rippenstoß kam eine vernünftige Erklärung: “Ja, weißt du, der Saugkolben da drinnen muß das Wasser aus der Erde ansaugen, und wenn man die Pumpe nicht regelmäßig braucht, dann sammelt sich Luft im Rohr, und die muß erst ’rausgepumpt werden. Beim nächsten oder übernächsten Schlag wär bei dir auch Wasser geflossen - nur hast du dich natürlich viel zu sehr angestrengt. Je gleichmäßiger du pumpst, um so eher klappt es.”

“Sechs, sieben, acht - Trüken, sind acht Eier genug für den Rodonkuchen?”

Die beiden Bäckerinnen knieten in mehlbestaubten blauen Umhängeschürzen auf der Bank und rührten abwechselnd aus Leibeskräften. Der Gewürzkuchen war schon fertig. Das war ziemlich einfach gewesen, aber jetzt mußten Butter und Eier schaumig gerührt werden, was ziemlich anstrengte.

“Mensch, Huberta”, pustete sie, “wenn man sich vorstellt, daß das in zehn Minuten aufgegessen ist ...” Sie wurde beinahe gerührt über ihren eigenen Opfermut. Sie hatte es aber auch wirklich am schwersten, denn während ihre Hände Eier aufschlugen und Zucker abwogen, brütete das findige Köpfchen ununterbrochen über einer neuen Idee. Es war im Großen Rat beschlossen worden, dieses Fest zu einer einmaligen Angelegenheit zu machen - aber wie? Ein Kaffeeklatsch war seit altersher ein Kaffeeklatsch: viel zu futtern, was möglichst Gutes zu trinken - bei ganz großzügigen Eltern Erdbeerbowle - und dazwischen Versteckspielen und Pfänderauslösen. Felix hatte am Morgen die Zumutung, bei solchem "Weiberkram" mitzutun, verächtlich von sich gewiesen. Selbst ein zarter Hinweis auf das beschworene Zusammenhalten zog diesmal nicht. Sie hatte nicht allzusehr gedrängt, denn sie fand es so auch langweilig.

Felix fand eine zwar stur arbeitende, aber lustlose Gesellschaft vor. Mit fröhlichem "Kinder, ich hab' eine tolle Geschichte gelesen", versuchte er sie wenigstens etwas aufzumöbeln. Er schwang sich auf den würfelförmigen alten Hauklotz neben der Pumpe, auf dem während der winterlichen Schlachtungen Schwein und Rind und Kalb zerteilt wurden, und legte gleich los: "Von einem Araber, Huberta - Stammesgenosse von Muschik. Hatte einen tollen Namen: Godolphin Arabian, das ist englisch. Zuerst war er nach Frankreich gekommen, wo sie ihn nicht brauchen konnten, aber in England leckten sie sich dann alle Finger nach ihm. Soll ein ganz berühmter Zuchthengst geworden sein. Jeder dritte Vollblüter stammt heute von ihm ab."

"Was ist das - Vollblüter?" wollte Uschi wissen.

Felix war in seinem Fahrwasser. "Vollblüter nennt man die Pferde, die einen so langen Stammbaum haben, daß sie ihre Ahnen bis um 1700 'rum zurückverfolgen können. Um die Zeit haben nämlich die Stuartkönige

Jakob I. und II. - Enkel oder Neffen von der Maria Stuart -, Pferdenarren, zum erstenmal dreiundvierzig ihrer besten Stuten fein säuberlich aufgeschrieben. Aussehen, Alter, Abstammung, soweit man sie wußte, und Namen. Alle zusammen nannte man sie die 'Royal Mares', die königlichen Stuten. Dann haben sie orientalische Hengste eingeführt, die den englischen Seeleuten und Offizieren von ihren Handelsfahrten und Kolonialkriegen her als schnell, zäh und ausdauernd bekannt waren. Mit den Landstuten zusammen züchteten sie nun die schnellsten Pferde der damaligen Welt und ließen sie in Rennen zusammen laufen. Ganz genau wurde die Abstammung jedes einzelnen der kostbaren Rennpferde weiter notiert. Heute hat jeder Vollblüter über zweihundertfünfzig Jahre hin einen lückenlosen Stammbaum. Die Engländer waren also ganz wild auf arabische und berberische Pferde, als auf dem Festland noch die schweren Andalusier und Neapolitaner beliebt waren, Dressurpferde, die nicht schnell zu sein brauchten, aber die Beine graziös und majestätisch voreinandersetzen mußten - zum Takt der Musik, und sich dabei auf den Hinterbeinen aufrichteten und kunstvolle tänzerische Sprünge vollführten. Den verweichlichten Fürstenhöfen Frankreichs, Deutschlands und Italiens kam es eben mehr auf den Prunk an als auf den Sport."

"Ja, und was der Muschik jetzt übt, das Springen mein' ich, was ist denn das?"

"Das ist wieder was anderes", erläuterte Felix. "Beim Rennen geht's um die größte Schnelligkeit, bei der Dressur um die schönsten Gänge, den vollkommensten Gehorsam, und beim Springen eben ums höchste oder weiteste Springen über die aufgebauten Hindernisse."

"Aha, ist mir klar. Aber wieso ist denn die Geschichte von dem Araber nun so ungeheuer toll?"

“Stellt euch doch nur mal vor: jedes dritte Rennpferd der Welt stammt von ihm ab! Und es gibt doch Hunderttausende!”

“Gott ja, einer muß es ja schließlich sein - daß das so wunderbar ist, find’ ich gar nicht so wunderbar.”

Jetzt mischte sich Huberta ein, fuchsteufelswild darüber, daß jemand einen wenn auch noch so entfernten Verwandten ihres Muschik verächtlich machte. “Aber er war ein Araber, und das allein ist schon herrlich. Aus Arabien mußten die sich ihre Pferde holen, um ihre eigenen zu verbessern - wenn das nicht toll ist! Die Araber sind eben die besten Pferde der Welt. Muschik wird’s euch beim Springen schon beweisen. Viel gelernt hat er ja noch nicht, aber wenn Vater den ersten Preis macht und Felix den zweiten, dann kriegt er bestimmt den dritten!”

“Er schon, aber er macht ja nicht allein mit”, meinte Uschi anzüglich. Das freilich war zuviel. Wütend fuhr die an ihrer schwächsten Stelle getroffene Araberfreundin hoch, ließ Kuchen Kuchen sein und fegte, gefolgt von ihrem Lehrer und verständnisvollen Freund, nach draußen.

Total perplex schüttelte Uschi den Kopf: “Ja, bin ich nun verrückt, oder ist sie es?”

Umständlich füllte sie den fertig gerührten Teig in die gefettete Form, räumte - trotz ihrer Wut über die beiden Davongelaufenen - die alte Küche säuberlich auf, wusch sich an der Pumpe die Hände und entdeckte dann das Buch, das Felix achtlos auf dem Hauklotz hatte liegen lassen. Zehn Minuten später waren Welt und Umwelt vergessen. Den braunen Kopf in die Fäuste vergraben, den Mund vor Spannung halboffen und mit den Augen die Seiten fast verschlingend, sank Uschi immer tiefer in die krause Welt des achtzehnten Jahrhunderts und verfolgte den Schicksalsweg eines edlen Pferdes, das durch Not und Elend hindurch am Ende doch zu strahlendem Ruhm gelangte.

Ganz benommen seufzte sie zwischendurch: “Toll ist gar kein Ausdruck - einfach hinreißend!”

15

Uschi war den geschlagenen Nachmittag unauffindbar. Erst als Felix nach dem abendlichen Üben sein Pfred zum Abfüttern in den Stall brachte und Huberta Muschik versorgte, kugelte sie herbei, verneigte sich tiefernst vor den beiden Verblüfften und verkündete mit Grabesmine: "Für jedes Gerstenkorn, das du deinem Pferd gibst, erläßt Allah dir eine Sünde, spricht der Prophet!" und erkundigte sich anschließend völlig normal: "Wie hat's geklappt?"

"Du hast was verpaßt", sprudelte Huberta los, wie immer schnell begeistert. "Felix war heute noch besser als Vater. Freya ist herrlich gesprungen, sogar über das Tor, vor dem sie gestern noch zurückschreckte", und ihr Freund fiel ein: "Tatsächlich, so weich und elastisch war sie noch nie. Das langweilige Von-ganz-unten-anfangen" - ein Seitenblick traf die errötende Konkurenz - "macht sich eben doch bezahlt. Sie hat Vertrauen zu sich selbst, kriegt auch allmählich Spaß daran und taxiert recht gut. Man merkt richtig, wie die Sprünge vor dem Hindernis kleiner und gespannter werden und wie sie sich ausrechnet, wann sie abspringen muß. Manchmal ist sie noch 'ne Kleinigkeit zu vorsichtig, aber ich denke, das legt sich. Onkel Huberts Hermit jedenfalls ist noch langsamer, dafür natürlich todsicher. Er hat bis jetzt noch nicht die kleinste Stange abgeworfen. Gleich von Anfang zieht er los wie eine Maschine, bierruhig. Beim Springen immer schon die Augen auf das nächste Hindernis gerichtet und die Hinterbeine nicht höher nehmend, als gerade unbedingt notwendig ist. Man meint jedesmal, jetzt wirft er ab, aber dann geht's haarscharf drüber weg. Ist eben ein eingefuchster alter Turnierhase, der seine Kräfte fein spart. Dagegen anzukommen - verflixt, das wird schwer sein."

"Ja, aber denk doch an den Sattel", drängte Huberta. "Stell dir vor, du gewinnst den ersten Preis und kriegst den Sattel! Dann hast du endlich einen eigenen und mußt nicht immer das olle Ding von deinem Vater gebrauchen."

Felix seufzte. Der Sattel war sein einziger Gedanke bei Tag und bei Nacht - wenn er den gewinnen könnte! Einen eigenen Sattel haben, einen ganz glatten, nagelneuen, aus knarrendem, jankendem Schweinsleder - einen, der noch richtig nach Leder roch, den man sich als Junge eroberte und der dann auf tausend Ritten mit einem selbst alt wurde. Teufel ja, das müßte gelingen!

Er hatte ihn sich angesehen. Seit einigen Tagen standen im Sportladen am Markt die Preise fürs Turnier ausgestellt. Herrliche Sachen: Peitschen, Kopfstücke, Stallhalfter, eine Bronzeplastik von zwei Fohlen, ein paar Pferdebilder natürlich, eine Wagenlampe mit Dynamoantrieb - ganz modern, Fotoapparate, na ja, und dann eben das Glanzstück - der Sattel. Federleicht sah er aus, und jetzt stellte er sich beim Üben immer vor, statt des schweren Bocksattels von Vater trüge Freya den, und schon vom bloßen Drandenken klappte die Springerei besser. Mit dem Sattel würde er sich bei jedem Turnier Preise holen, soviel stand eisern fest. Wenn nur der Schulze mit seinem Hermit nicht wäre. Der hatte in seinem Leben schon so viele Springen gewonnen, und eigentlich schien er selbst auch nicht daran zu zweifeln, daß er's diesmal wieder schaffte. Komisch, da würden doch sicher an die dreißig Pferde starten, aber jeder auf dem Hof - und viele im Dorf auch - war überzeugt, daß der Schulze nicht zu schlagen war. Trotzdem - Sport war nie eine todsichere Sache. Da gab's Zufälle ... Wenn nun Freya nur eine halbe Minute schneller war und auch nichts abwarf, dann - dann gehörte der Sattel ihm! Wenn ...

"Nun laß den Sattel - so lange sollst du ja wieder nicht dran denken - und sag was. Hast du überhaupt gehört, was Uschi dich gefragt hat?"

Huberta schubste ihn nervös. Zum einen war sie noch zappelig vom Zusehen vorhin und dann schon wieder gespannt durch das, was sie gerade gehört hatte. "Uschi sagt, wir wollen uns nach dem Abendessen alle in der Laube treffen, Trüken auch, und du sollst noch nicht wegreiten. Sie will uns was erzählen, und sie hat eine Idee, sagt sie."

"Prima Idee", bestätigte Uschi.

Der Platz vor dem Stall hatte sich währenddessen mit Menschen und Pferden gefüllt. Schwere, dampfende, rostrote Tiere drängten sich um die Tränkbottiche, ab und zu stampften ein paar ungeduldig mit den eisenbeschlagenen Hufen aufs Kopfsteinpflaster, um die frechen Fliegen abzuwehren. Die Geschirre hingen ihnen schief auf den verschwitzten Leibern. Noch während sie, trotz ihres Durstes, bedächtig soffen, streiften die Knechte ihnen Kummet und Schwanzriemen ab und schwangen sich, mehr oder weniger geschmeidig, auf die nackten Rücken. Für ein paar Pferde waren keine Reiter da. Auf eines sprang Felix im letzten Moment, ergriff ein weiteres beim Zügel, ein Jungknecht tat's ihm nach, und dann donnerte die Kavalkade im Galopp den Sandweg zum Flüßchen hinab. Für Tiere und Menschen war das in den heißen Sommermonaten der schönste Augenblick des Tages. Prustend, die Nüstern gebläht, trabten die Pferde in die seichte Schwemme. Einige wälzten sich voller

Wohlbehagen, andere klatschten mit den breiten Hufen wieder und wieder aufs Wasser, daß es rundum hoch aufspritzte. Das vergnügte Kreischen der Burschen drang bis zum Hof hinüber.

Uschi war, wie jedesmal in den Tagen ihres Hierseins, vom Anblick der Kolosse, denen die Adern vom Ziehen in dicken Strängen unter der schweißnassen Haut lagen, zutiefst beeindruckt.

Auch diesmal hatte sie so selbstvergessen dem abendlichen Schauspiel zugesehen, daß Huberta ihre Frage wiederholen mußte: "Wo hast du denn die ganze Zeit über gesteckt?"

"Och, Felix hatte sein Buch vergessen, da hab' ich mal selbst nachgelesen, was an seiner Geschichte dran war, und dann hab' ich im Bücherschrank gekramt und verschiedenes gefunden. Ja, was ich noch sagen wollte - Araber sind ja was Tolles!" fügte sie nachdenklich und für Huberta gänzlich unerwartet hinzu.

"Liebe Bundesbrüder!"

Bei jedem offiziellen Treffen achtete die Meisterin auf strengste Wahrung der Formen. Diesmal hatte sie sie allerdings so weit gelockert, daß sie den Tagungsort vom Heuboden in die Gartenlaube verlegte. Der Abend roch süß nach Phlox und Rosen; der Versuchung, in einen Liegestuhl gerollt, die milde Kühle der Sommernacht auf sich zukommen zu lassen, hatte selbst die korrekte Uschi nicht widerstehen können. Die anderen saßen auf der Laubenbank und waren gespannt wie Flitzbogen.

"Teure Freunde", ertönte die Stimme aus der Tiefe des Liegestuhles weiter. "Der Zweck unseres jetzigen Treffens ist kein geringerer als der, euch etwas mitzuteilen, das ich selbst erst heute nachmittag entdeckt habe. Zugleich ist mir eine Idee gekommen.

Als ich vor nunmehr über zwei Wochen unseren Bund ins Leben rief, wußte ich von Pferden nur, daß sie vier Beine und einen Schwanz haben. Inzwischen lernte ich, daß sie springen und rennen und mächtig arbeiten können. Heute nachmittag aber entdeckte ich, daß sie außerdem wunderbare Wesen sind. Nicht nur, weil von einem von ihnen ein Drittel aller Vollblutpferde abstammt", ein vernichtender Blick traf Felix, "sondern weil sie ein edles Herz voll Stolz und Sehnsucht, Treue und Liebe haben!"

Die Zuhörer schwiegen sichtlich beeindruckt, während Uschi kurze Zeit in den Papieren auf ihrem Schoß kramte und dann, halb lesend, halb erzählend, begann: "Glühende Pfeile schoß die Sonne auf Afrikas nördliche Küsten. Wie ausgestorben lagen die großen Städte da, riesigen Maulwurfshügeln gleich die tausend Hütten aus Lehm. Da schritt durch den Marmorpalast des Königs zu Tunis Faidillah el Haded, der greise Emir von Nedj, trat hin vor Omar, den Gewaltigen, und sprach: 'Großherr! Mächtiger Bey von Marokko, Sohn des Kalifen und Nachkomme Mohammeds, des Propheten! Die Geschenke für Deinen königlichen Freund, den Herrscher von Frankreich, sind, Deinem Willen gemäß, aus den Schatzkammern des Reiches zusammengeholt und von flinken Nubiersklaven zu sieben Kamelladungen verpackt. Wie Du befahlst, enthält eine Ladung köstliches Geschmeide, eine andere silbernes Geschirr, die dritte Zier- und Kampfdegen aus den Werkstätten von Damaskus, zwei weitere sind mit zartfarbenen Stoffen aus den unvergleichlichen Webereien Kaschmirs gefüllt, und die restlichen bestehen aus je drei Teppichrollen der berühmtesten Knüpfereien des Orients.'

Der Sultan nickte huldvoll: 'So stecht denn, nachdem der Muezzin von der Spitze des Minaretts den frühesten

Morgengruß an Allah verkündet hat, in See und reist nach Paris, dem König von Frankreich Gruß und Geschenke zu überbringen. Sieben Jahre schon ist kein Tropfen Blut mehr zwischen den Angehörigen seines und meines Landes geflossen - möge nun der Friede feierlich besprochen und durch die Überreichung der bescheidenen Gaben besiegelt werden.' Ein leichtes Heben der diamantenfunkelnden Hand - der Emir war in Gnaden entlassen.

Aber, was war das? Er zögerte? Er, der im Dienste des Padischahs ergraute, der den fürchterlichen Zorn seines Herrn kannte, wagte es, zu bleiben, wenn der Sultan ihn entließ?"

Uschis Stimme, zuerst bunt und freudig, war zu einem bangen Raunen geworden. Obwohl die Erzählende sich kaum aus ihrer bequemen Liegestellung rührte, beschwor sie durch das bloße Auf und Ab des Tonfalles die Bilder in starker Lebendigkeit: Alle sahen den Fürstenpalast im heißen Marokko, den riesigen Muschelsaal mit dem Thronsitz des Herrschers, dem stumme Mohrensklaven mit Palmwedeln Kühlung fächelten, und den alten Wesir, der einen brennenden Wunsch auf dem Herzen hatte.

" 'Sprich!' kam ein knapper Befehl. Spürte der Bey, wie wichtig dem Alten das Verlangen sein mußte, das ihn seinen Kopf riskieren ließ?

'Großherr!' hub der Emir an und kreuzte die Hände über der Brust zum Zeichen seiner tiefen Ergebenheit, 'wie das Licht der Sonne leuchtet Deine Gnade über mir. Du hast huldvoll geruht, mich Armseligen zum Führer Deiner Gesandtschaft zu ernennen, zürne nun Deinem Knechte nicht, wenn er es wagt, Deine Großmut um eine weitere Gabe anzuflehen. - Bedenke, Herr: Der König von Frankreich verhandelt nicht mit einem bloßen Wüstenscheich, nicht mit einem Kleinfürsten aus den Klüften des Atlasgebirges, sondern mit dem mächtigsten Herrn in ganz Nordafrika - Erhabener, Deine Gaben sind zu gering!' Und als der Sultan zornig auffuhr, hob er mutig die Stimme und sprach schnell, mit den Händen die Worte gestenreich unterstützend: 'Herr, Deine Schatzkammern bersten von funkelnden Steinen - was sind sie anderes als glitzernder Staub? Deine Arsenale sind bis unter die Sparren gefüllt mit biegsamen Klingen - wozu sonst taugen sie als zu rosten? Die flauschige Wolle aus Kaschmir - schmutzig wird sie, die Teppiche aus Buchara - sie zerschleißen. Erde und Menschenwerk! Herr, nur ein Geschenk ist würdig Deiner erhabenen Größe, nur das Beste, was Deine Lande zu bieten haben, das Herrlichste, Unvergänglichste ist gut genug, als Unterpfand des Friedens zu dienen!'

Wieder sprang der Sultan auf, aber nun strahlten seine Augen wie die des Emirs, nun waren auch seine Wange gerötet wie die des anderen. 'Geh hin', rief er in plötzlichem Überschwang. 'Alter, Getreuer - suche unter den Nachkommen der fünf Stuten des Propheten, unter den Dschulfé, Koheily, Manecki, Sacklawy und Tusyé, und den hoffnungsvollsten Sproß dieser uralten Ströme edelsten Blutes bringe meinem Freunde auf dem Throne Frankreichs als aufrichtigen Beweis meines guten Wollens. Oh, du hast recht, Faidillah el Haded - nichts Köstlicheres gibt es in meinen Reichen als die 'Trinker der Winde'!' Und mit lauter, vor innerster Begeisterung zitternder Stimme sprach er die jedem Wüstensohn heiligen Worte des Propheten: 'Als Allah das Pferd schuf, rief er ihm zu: Dich habe ich gemacht ohnegleichen. Alle Schätze der Erde liegen zwischen deinen Augen. Du wirst meine Feinde werfen unter deine Hufe, meine Freunde aber tragen auf deinem Rücken. Dieser soll der

Sitz sein, von dem Gebete zu mir emporsteigen. Auf der ganzen Erde sollst du glücklich sein und vorgezogen werden allen übrigen Geschöpfen. Denn dir soll die Liebe werden des Herrn dieser Erde. Du sollst fliegen ohne Flügel und siegen ohne Schwert!' Und er drängte: 'Geh, Faidillah, suche den schönsten Hengst aus. Möge der Segen des Allmächtigen auf deiner Reise ruhen!'"

In der Laube war nur das schwere Atmen der Lauschenden zu vernehmen, als Uschi schwieg. Die Dunkelheit kam jetzt so geschwind, daß sie ihre Notizen nicht mehr lesen konnte. Ohne Aufforderung zündete Felix das von Trüken mitgebrachte Windlicht an, um das augenblicks eine Schar summender Insekten wimmelte.

Dann fuhr Uschi in ihrer Erzählung erneut fort: "In sorgsamster Obhut war der junge Hengst aufgewachsen, zärtlich geliebt von allen, angefangen von Abbul Pascha, dem Gestütsherrn, bis hinab zu Ali, dem kleinen nußbraunen Sohn seines nubischen Wärters. Koseworte umschwirrten ihn, alle Hände reichten ihm süße Datteln, streichelten sein seidiggraues Fell, wenn er froh wiehernd Allahs neuen Tag begrüßte. Liebe war um ihn, und der stolze Hengst liebte zutraulich alle wieder. Und so zauderte er nun, da er vor das Schiff geführt wurde, das mit knatternden, schwellenden Segeln auf den Wogen schaukelte, keinen Augenblick, seinen Freunden über den schwankenden Steg auf das fremde Ungetüm zu folgen. Roch es auch ganz anders als Wiese, Sand, Heu und braune Menschen, so ging doch Ali vor ihm, Ali, der nach alledem roch, und sein Herz lernte die Furcht gar nicht erst kennen. Dreimal jeden Tag während der Überfahrt und auf der langen Reise auf dem Festland nach Paris erkundigte sich Faidillah el Haded persönlich nach seinem kostbarsten Schatz, und immer wieder leuchtete sein Kennerauge, wenn es genießerisch die trockenen, glasklaren Linien der Beine entlangstrich, über die sehnige Kraft der Kruppe, den kurzen Rücken und die mächtige Kurve des Halses bis hin zum feingemeißelten Kopf mit den strahlenden Augen. Zu Füßen seines vergötterten Lieblings kauernd, fühlte Ali jeden bewundernden Blick auf den Hengst, wie wenn er ihm selbst gälte. War es da notwendig gewesen, daß er dem Emir vor der Abreise bei Allah und dem Propheten hatte schwören müssen, im fremden Land den Hengst nicht zu verlassen? Er war nur ein kaffeebrauner Nubierknirps, aber hatte er deshalb etwa kein Herz, das nur einen einzigen Freund kannte, keinen Verstand, der dessen Wert erfaßte? Wußte er den Stammbaum, den der Hengst, auf Elfenbeinblättchen geschrieben, im Seidenbeutel um den Hals trug, etwa nicht auswendig herzusagen? Entstammte er nicht einer Familie, die nur die Sorge um das Wohl der gazellenfüßigen Renner kannte? Sein Leben gehörte dem Hengst, wie das seiner Vorfahren dessen Ahnen."

Schon seit geraumer Zeit hatte sich die Zuschauerschar vermehrt. Der Schulze war mit seiner Frau auf der Suche nach den Kindern an der Laube vorbeigekommen, und nach kurzem Hinhorchen hatten sich beide still mit auf die Bank gesetzt. Uschi war von ihrem Erlebnis so begeistert, daß sie sich am liebsten noch mehr Zuhörer gewünscht hätte, damit alle die wunderbare Geschichte hörten.

"König Ludwig der Fünfzehnte war von Paris in sein Sommerschloß Versailles übergesiedelt und feierte mit den fröhlichen Damen und Herren seines Hofes gerade ein lustiges Fest, als ihm der diensttuende Kammerherr, etwas verlegen hinter der weißbehandschuhten Rechten hüstelnd, meldete: 'Sire! Eine Gesandtschaft des Beys von Marokko.' 'Soll der Teufel holen!' war die gelangweilte Antwort, und den Goldbecher hebend, trank der Monarch lächelnd einer errötenden Schönen zu: 'Auf Ihr Wohl, Madame!'

Zwei Stunden später, als die Wogen des Festes bereits hoch und höher schäumten, trat, von dem geängstigten Kammerherrn benachrichtigt, der Minister selbst auf den König zu: 'Pardon, Sire, die marokkanische Gesandtschaft! Wir dürfen den Bey unsere Geringschätzung nicht spüren lassen. Wenn Eure Majestät nur einen Augenblick - im Interesse der Polititk ...' 'Meinetwegen', der König lachte schallend, 'Mesdames et Messieurs - besehen wir uns die Wilden einmal!' Hastiger Aufbruch, Gläser wurden angestoßen, zerschellten klirrend auf dem Boden, die Atlasröcke der Damen rauschten, lachend, schwatzend, ein wenig benommen schon vom Wein folgten alle dem König auf die große Terrasse. Drunten, am Fuße der breiten Freitreppe, saßen mit untergeschlagenen Beinen, stumm und würdevoll, in ihre weißen Burnusse gewickelt, auf schnell ausgerollten Teppichen schon seit Stunden die Würdenträger Omars, des Herrschers über ganz Nordafrika. Ohne eine Miene zu verziehen, erhob sich nun Emir Faidillah el Haded, verbeugte sich und überbrachte in wohlgesetzten Worten die Friedenbotschaft seines Herrn. Dann übergab er die Geschenke - sieben Kamelladungen voll, die die Augen der Höflinge lüstern funkeln machten, und hieß Ali den Hengst an die Rampe führen.

Entsetzt aber fuhr da Ludwig zurück, konnte sich kaum zu gestammeltem Dank aufraffen: welch ein Scheusal hatte man ihm hergeschleppt! Oh, diese Barbaren! Wahrlich, ein Barbarenpferd! Nie würden diese stiftdünnen Beinchen kraftvoll und elegant im erhabenen Spanischen Schritt gehen, nie dieser riesige Hals sich korrekt hochzäumen lassen, und wer mochte sich auf diesem klapprigen Schaukelpferdchen neben den stattlichen, üppigen Andalusiern des Marstalles sehen lassen? Ein Wink des Monarchen - höflich wurde den braunen Gästen eine Zimmerflucht angewiesen, dann brach auf der Terrasse das unbändigste, fassungsloseste Gelächter aus. 'Ein Witz', prustete es, 'das Getue dieser Wüstenhelden - und das Gesicht des Königs', kicherte es, Absätze stöckelten übers Parkett, ferner klangen die silbernen Tonkaskaden aus zarten Kehlen. 'In den Arbeitsstall mit dem Schinder', eine herrische Stimme gab den Befehl, eine harte Faust umschloß Alis Genick, 'und du marschierst in die Küche!'"

Jetzt war es stockdunkle Nacht geworden. Um das Windlicht schwirrten immer dichter verliebte Falter und Motten, mit unhörbarem Flügelschlag strich hin und wieder eine Fledermaus über die Köpfe der Sitzenden. Trüken, die um diese Zeit längst im Bett zu liegen pflegte, gähnte verstohlen hinter der vorgehaltenen Hand, wäre aber um die Welt nicht aufgestanden, ohne erfahren zu haben: Was denn nun aus dem Pferd, dem sie den Neger genommen hatten, weiterhin wurde.

"Ali hatte harten Küchendienst. Tagsüber mußte er Töpfe und Pfannen schleppen, an den mächtigen Herden die Blasebälge treten und in Schüsseln rühren, die beinahe größer waren als er selbst. Abends aber, wenn er hundemüde war von der ungewohnten Arbeit und alle Knochen ihn schmerzten von den vielen Püffen und Stößen des Oberkochs, wurde er drollig herausgeputzt und in Riesentorten gesetzt. Wurde dann an der Festtafel der Kuchen angeschnitten, mußte er grinsend herausspringen und unermüdlich Purzelbäume schlagen zur Unterhaltung der Gäste. Den Hengst aber, seinen Hengst - den sah er nicht mehr. Und wie gut war es, daß er ihn nicht zu sehen bekam! Während er überzeugt war, daß es seinem angebeteten Freunde im Marstall des Königs herrlich erginge und er sich nur vor Sehnsucht verzehrte, war der Hengst von Stufe zu Stufe hinabgesunken. Zuerst hatte man ihn vor einen Postwagen spannen wollen, doch der edle Wüstensohn, der nie im Leben einen Lederriemen am Körper gespürt, wehrte sich entsetzt, woraufhin er erbärmlich geschlagen wurde. Beim erstenmal war er wie gelähmt stockstill stehengeblieben, fassungslos hatte er die Schläge auf sich niedersausen lassen - einfach weil er nicht wußte, wie ihm geschah. Dann hatten ihn rohe Fäuste wieder an die Deichsel gezerrt, und wieder wehrte er sich, und wieder sausten die Schläge, aber nun nahm er sie nicht mehr hin. Sein Stolz erwachte: die stärksten Riemen zerriß er wie Schnüre, schlug mit den Hinterbeinen aus, biß wütend jeden Näherkommenden, gebärdete sich wie ein Teufel. Süße Datteln, streichelnde Hände - blutiger Schorf bedeckte nun seinen Körper, Feinde waren die Menschen; Heimat, Wüste, Sand, der starke, vertraute Geruch seiner schwarzen Wärter - fort! Aber er ließ sich nicht ins verhaßte Joch zwingen, sein ganzes Blut begehrte dagegen auf, und so schlug er und wurde geschlagen, fraß nicht, magerte erbärmlich ab, haßte alle und wurde gehaßt. Der König hatte ihn verschmäht, das gab jedem Rohling einen Freibrief für seine grausamen Späße. Schließlich wanderte er von einer Hand in die andere, vom Poststall vor die Jauchekarre und den Abfallwagen. Und da sah ihn eines Tages vom Küchenfenster aus Ali und wollte in schrillem Entsetzen seinen Augen nicht trauen und konnte nicht einmal rufen, weil ihm der Jammer die Kehle würgte, und dann riß ihn irgendeiner vom Fenster weg. Aber das Bild war seiner Seele eingebrannt. Nun verzehrte der Kummer auch ihn, gleichgültig wurde er gegen Schläge und Püffe, fieberhaft arbeitete sein Hirn: hatte er nicht geschworen bei Allah und dem Propheten? Er sann und sann, versuchte seinen Peinigern zu entschlüpfen, immer wieder, bis es ihm gelang. Nun rannte er spornstreichs in alle Ställe, sah in höhnisch verzerrte Gesichter: 'Der Hengst? Der Satan? Das Scheusal? Hier ist er nicht mehr - soll ihn das höllische Feuer verschlucken, je eher, desto besser!'

Dann hatte irgendeiner doch Mitleid, gab ihm einen Fingerzeig: in der Stadt zieht er einen Wasserkarren. Ali fand ein struppiges, dickbäuchiges Pony vor, neben ihm einen lebhaft fuchtelnden Südfranzosen: 'Parbleu, der Hengst? Konnte fast nicht mehr gehen, aber einen Wagen hat er mir doch noch entzweigeschlagen, der Verbrecher, der elende. Ziehen wollte er nicht, dreimal tags fiel er hin - nun, da hat ihn ein verrückter Engländer gesehen, einer von diesen frömmelnden Quäkern, die behaupten, auch Tiere hätten Seelen. Smith hieß er, der kaufte mir die Seele dieses Barbarenpferdes für ganze fünfzehn Goldmünzen ab', und zwinkerte mit den pfiffigen Augen unter beweglichen Brauen, 'wert war sie nicht einen!'

'Und wo ist er jetzt?' Alis Augen starrten aus dem schmalgewordenen Gesicht verzehrend bang auf den Franzosen. 'Weiß ich's? Beim Schinder. Tot vermutlich. Der Engländer war aus London. Lauf hin und frag ihn selbst!'

Ja, wie Ali sich nach England durchbettelte und mit wunden Füßen, zerschunden, von Angst, Sorge und Hunger geschüttelt, ankam, wie er im großen London Mr. Smith suchte - tausend gab's, aber endlich war Allah ihm gnädig und ließ ihn den richtigen finden -, wie Mr. Smith ihm sagte, er habe den Hengst längst verkauft, und es sei fast nichts mehr mit ihm los gewesen, kaum habe er noch gefressen, nur trübe vor sich hin gestarrt und einen hoffnungslos gebrochenen Eindruck gemacht - das alles wäre noch eine lange Geschichte, aber es ist schon spät. Nur das letzte Kapitel muß ich noch schnell erzählen: Wie Ali endlich auch Lord Godolphin fand, der das Pferd gekauft hatte und noch besaß.

Zwei Tage strich er um das Schloß herum, ohne den Hengst oder den Lord zu erblicken. Nahe heranzukommen oder gar bis ins Haus selber vorzudringen, wagte er nicht, abgerissen und zerlumpt, wie er war. Wie leicht hätte man ihn als Landstreicher einsperren können. Da aber war ihm am Abend des zweiten Tages das Glück hold. Aus dem Tor am Ende der langen Allee kamen in flottem Trab drei Reiter, denen der Mohr sich verzweifelt entgegenwarf. Das Pferd des einen, eine wunderbar edle Stute, scheute, so daß der Reiter sich kaum im Sattel zu halten vermochte. 'Fort mit dir', tobte er, 'was willst du verdammter Nigger? Hab' ich nicht schon genug Ärger mit der afrikanischen Brut?' Und an seine Begleiter gewandt, fuhr er entschlossenen Tones fort: 'Heute hat es sich entschieden - der Krüppel kommt zum Schinder. Sah ja von vornherein elend genug aus, aber Araber sind in der Zucht heutzutage große Mode und teuer, wegen des langen Seewegs. Da dacht' ich eben, versuch's mit diesem, billig war er ja. Doch ich bin's leid, unnütze Fresser zu halten - aha, sehen Sie, meine Herren, da hinten der Groom holt ihn aus dem Paddock, sein letztes Stündlein hat geschlagen. Ein elender ...' Weiter kam er nicht. Ganz am Ende der beinahe endlosen Allee hatte Ali einen Mann und ein Pferd auftauchen sehen - ein Pferd - oh, ein Pferd! Zu erkennen war es noch nicht, aber in Alis schwarzem, magerem Brustkasten hämmerte ein Herz wie irr gegen die schmächtigen Rippen. Blitzschnell fuhren die Finger in den Mund - ein Pfiff, gellend, und noch einer. Die Herren wandten sich in den Sätteln entsetzt zurück und sahen, wie ganz hinten ein kurzer Tumult entstand, hörten noch einen dieser schrillen Pfiffe, und dann - weiteten sich ihre Augen in kennerischem Entzücken! Was da wie von einer Sehne abgeschnellt fast herbeigeflogen kam, war ein Pferdewunder, ganz schlicht ein Pferdewunder! Soeben noch ein todgeweihter Klepper und nun ein Renner, dessen Hufe im rasenden Lauf den Boden fast nicht mehr zu berühren schienen! Schneller jedoch, als sie dies alles zu Ende denken konnten, war er herangebraust, stand wie vom Blitz getroffen still und legte dann mit einem einzigen tiefen Schnauben seinen Kopf an die Schulter des zerlumpten Negerbuben, der schluchzend die Hände um ihn schlang. Selbst dem kühlen Engländer wurde da die Kehle rauh. 'Schaff ihn in den Stall zurück - und laß dir selbst in der Küche was zu essen geben. In einer Stunde Rapport bei mir.'

Als aber Ali, immer noch tränenüberströmt, sich mit seinem endlich gefundenen Hengst fortbegeben wollte, geschah etwas so Sonderbares, daß es wie das zweite Wunder dieses Tages anmutete. Roxana nämlich, die edle Stute Lord Godolphins, war nicht durch Güte noch durch Sporen zum Vorwärtsgehen zu bewegen. Sie wieherte sehnsüchtig, und leise klang ein zärtliches Wiehern zurück. Sie hatte sich in den häßlichen Hengst ganz richtig verliebt! Lange sträubte sich der Lord. Roxana war seine beste Stute, die große Hoffnung seines noch jungen Gestüts, aber sie ließ keinen anderen Hengst mehr in ihre Nähe. Zweifelnd hörte Lord Godolphin die Geschichte, die Ali ihm erzählte, betrachtete dann wieder und wieder den Hengst, der unter den Händen seines Nubierwärters zu kraftvoller Schönheit gedieh - und gab nach Wochen der seltsamen Liebe seufzend nach. Das Ergebnis überstieg seine kühnsten Erwartungen. Roxanas Sohn wurde das beste Rennpferd seiner Zeit, der Hengst aber, nach seinem Besitzer Godolphin Arabian genannt, war mit einem Schlag ein gesuchtes Vaterpferd geworden. Seine Kinder und Enkel gewannen die bedeutendsten Rennen. Jedes dritte Vollblutpferd der Welt stammt von ihm ab. Mit goldenen Lettern ist sein Name in der Geschichte der Pferdezucht aufgezeichnet. Neunundzwanzig Jahre alt starb er 1753, geliebt und betrauert nicht nur von Ali, sondern von allen, die ihn in den fünfundzwanzig Jahren seines Lebens in England kennengelernt hatten."

Aufatmend schloß Uschi ihre Geschichte. Dann wandte sie sich an Felix und sagte leise und ein bißchen verlegen: "Du mußt nicht meinen, ich fände das, was du uns heute morgen von Vollblütern und so erzählt hast, nicht fabelhaft, bloß - daß Tiere so sein können, das hab' ich noch nicht gewußt. Ihr wißt das vielleicht alles schon, da ihr immer mitten zwischen ihnen lebt, und habt euch vielleicht gelangweilt, aber zu denken, daß so ein stolzes Pferd richtig lieb und glücklich ist und dann so furchtbar enttäuscht wird und vor Sehnsucht fast stirbt und dann den Pfiff sofort wiedererkennt und auf der Stelle alles vergißt ..."

"Darüber lacht bestimmt niemand", ertönte Schulze Westrups Stimme aus dem Dunkel der Laube. "Uns alten Pferdezüchtern ist so was gar nicht zweifelhaft, aber daß ein Stadtkind wie du davon berührt wird, das - verdammt, das freut mich! Nur eines darfst du nicht übersehen: Der stolze Godolphin sträubte sich nicht gegen die Arbeit und gegen das Ziehen; was er nicht ertrug, das war die Rohheit der Menschen. Für seinen geliebten Ali hätte er den schwersten Karren aus dem Dreck gezogen, wenn es ihm nur langsam beigebracht worden wäre. - Du hast die Geschichte ganz wunderschön erzählt, so schön, wie ich sie noch nie gehört habe. Bekannt ist sie mir natürlich, sie ist ja berühmt. Aber wo hast du das nur her?"

"Och, ein Teil stand in dem Buch von Felix, und dann stand noch Verschiedenes in den Büchern in Ihrer Bibliothek, ja, und den Rest hab' ich mir so gedacht. Man kann es sich ja so genau vorstellen, das ist keine Kunst."

"Und die Idee?" drängte Huberta.

"Ich bin dafür, die Sitzung auf morgen zu vertagen", ließ sich die Stimme der Schulzin vernehmen, und im allgemeinen fröhlichen Aufbruch spürte Uschi, wie ihr eine kühle, leichte Hand über den Kopf und die brennenden Wangen strich.

Eine halbe Stunde später waren alle Lichter auf dem Westruphof erloschen. Während Felix durch die Nacht nach Hause trabte, flüsterte ein Pummelchen seiner Freundin schlaftrunken zu: "Du, Huberta, deine Eltern, das sind die feinsten Eltern der Welt!"

16

“Klar, daß du noch müde bist von gestern abend, Huberta, aber so geht’s einfach nicht!”

Felix gähnte selbst, riß sich jedoch gleich darauf zusammen und tadelte weiter: “Wenn du keine Geduld lernst, wird es nichts mit dem Turnier. Halt doch die Hände ruhiger, und zappele nicht mit den Beinen. Natürlich ist das nicht leicht, aber deswegen üben wir’s ja auch. Du bist viel zu ehrgeizig. Ehrgeiz ist ja was Schönes, aber nur, wenn es Sinn hat. Einen Meter achtzig hoch zu springen, wenn man noch nicht fünfzig Zentimeter springen kann, ist Quatsch. Freu dich doch, daß der Muschik so viel angeborenes Talent hat, und vermies es ihm nicht!”

Huberta maulte. Sollten sie sie doch endlich allein üben lassen - sie würde das schon hinkriegen. Immer und ewig diese Hoppelhindernisse, daran hatte sie keinen Spaß. Und wenn sie wirklich stürzte, wen ging das schon was an? Doch nur sie selbst. Also. Seit dem blöden Turnierplan kam man mit niemand mehr aus. Und überhaupt, wer sagte denn, daß sie unbedingt gewinnen mußte? Wenn sie schon heil über den Parcours kam und einen hübschen vierten oder fünften Platz machte, das war ihr genug. Bloß die dummen Gesichter von den Zuschauern säh sie ja zu gern - daß da ein Mädchen sprang, und das Mädchen war sie! Gewinnen konnte sie schon später noch mal, denn wenn es klappte, würde Vater in Zukunft nichts dagegen haben. Die anderen alle nahmen das so furchtbar wichtig und quatschten dauernd von Zusammennehmen und Geduld haben. Wenn sie es sich so anstrengend vorgestellt hätte, würde sie von vornherein nicht mitgemacht haben, dachte sie.

Während sie später das Pferd abfütterte, sagte Uschi nachdenklich: “Weißt du, Felix, mit Huberta, das macht keinen Spaß mehr. Ewig schlechte Laune. Ich glaub’, die möchte am liebsten nur immer so ’rumspielen mit ihrem Pferd. In der Schule hat sie nur von Pferden geträumt, und nun, wo sie eins hat ...”

“Möchte sie weiterträumen”, ergänzte Felix, “aber nach der ersten Begeisterung nicht mehr arbeiten. Die muß erst noch lernen durchzuhalten. Es dauert ihr schon viel zu lange, bis sie vor allen Leuten angeben kann. Manchmal mein’ ich, man müßte ihr mal in aller Ruhe den Hintern verhauen und sie dann gemütlich wieder auf die Beine stellen und sagen: ‘So, mein Fräulein, das wiederholen wir jetzt täglich so lange, bis sich auf Ihrem Allerwertesten eine so dicke Hornhaut gebildet hat, daß Sie ruhig im Sattel sitzen bleiben!’”

Uschi lachte: “Ein Glück, daß es mit der schlechten Laune nie lange anhält. Sie ist ja im Grund doch ein prima Kerl.”

“Was gerade du mir sagen mußt!” grinste Felix.

“Meine Idee nämlich, die hängt mit dem Kaffeeklatsch zusammen”, erläuterte Uschi einige Stunden später beim Eiersammeln im Hühnerstall. Eiersammeln war eine der meistgeliebten Pflichten. Hühner rochen zwar nicht gut, fand die geruchsempfindliche Meisterin, aber in die warmen Nester zu fassen und ein glattes, rundes Ei nach dem anderen herauszuholen - das war wieder hübsch.

“Ja, also, was ich sagen wollte”, begann die Meisterin etwas zögernd, “ich hab’ mir gedacht, wir machen nicht nur so einen Kaffeeklatsch, sondern spielen die Geschichte.”

“Versteh’ ich nicht. Vielleicht Theater oder lebende

Bilder? Das ist bestimmt langweilig. Und welche Geschichte?"

"Die von gestern abend. Aber natürlich nicht Theater. Oder, sagen wir mal: Theater ohne Zuschauer und ohne Üben. Alle spielen mit. Das ist was ganz Neues, noch nie dagewesen. Ich hab' mir das so gedacht: Wenn die anderen, die aus der Stadt, erscheinen, dann führen wir sie zuerst auf die Tenne, die ist ja jetzt leer. Dort können sie sich zu beiden Seiten auf die Futtertröge der Kühe setzen, und Felix und du, ihr spielt die Szene in Marokko. Da kann nun leider sonst keiner mitspielen. Höchstens ein paar zum Fächeln. Mal sehen. Felix ist jedenfalls der Bey, und du bist der Emir. Natürlich müßt ihr euch verkleiden. Ich bin ein Herold, der zwischendurch das erzählt, was man nicht spielen kann. Den Kaffeetisch decken wir vorher schon französisch, dabei muß uns deine Mutter helfen. Hochvornehm, weißt du, so mit Krepprüschen und so 'nem Kram. Dann ist Felix der König von Frankreich und die anderen seine Gäste. Das geht blendend."

Huberta war Feuer und Flamme. Sie rannte gleich los und holte Felix herbei. Unterwegs setzte sie ihm den ersten Teil auseinander und fuhr dann hingerissen fort: "Ich bin wieder der Emir und halte eine schwungvolle Rede, darauf kannst du dich verlassen, und Muschik ist der Hengst."

Jetzt wurde auch Felix lebendig: "Dann machen wir aus Muddel den Mohren Ali, und nachher bin ich der Lord Godolphin, und die anderen ..."

"Dann ist Abendbrotzeit, und wir müssen eben in England noch ein Fest bei dem Lord machen, und die anderen sind deine Gäste und sehen den Hengst mit angaloppieren, wenn Ali pfeift."

"Aber der kommt doch nicht auf Pfeifen", gab Huberta zu bedenken.

Das stimmte natürlich. Doch alle waren nun in Schwung geraten, und Felix fand die Lösung: "Dann sagen wir einfach, der Mann, der ihn zum Schinder bringen sollte, hatte sich draufgesetzt; und du setzt dich drauf, und wenn Ali pfeift, kommst du 'rangebraust wie der Wind."

"Worauf du dich verlassen kannst!"

Nach einer Viertelstunde weiteren Überlegens waren sich alle einig, daß es ein tolles Fest werden würde - und daß Felix mitmachte, war gar keine Frage mehr. Uschi strahlte wie ein frischgewaschener Aprilmorgen - ihre Ehre war auf der ganzen Linie gerettet!

Die Kostümfrage verursachte erneutes Kopfzerbrechen.

"Wenn wir noch mal einen Bund gründen, müssen wir eine Kostümverleih-Anstalt mit aufnehmen - für alle Fälle", spottete Felix.

"Haben wir schon", meinte Huberta zuversichtlich und sauste fort.

In der Küche starrte Trüken auf die Messingknöpfe an der Backofentür und dachte angestrengt nach. Huberta stand gespannt vor ihr, die anderen lümmelten sich in der Tür 'rum.

"Soso - alte Kleider sagst du - ja, dann laß mich mal überlegen ... Eines ist noch im Schrank im Zimmer oben, aber für zwanzig Mann, und dann was Buntes - nein, das ist es nun wieder nicht."

Die Bande grinste sich an. Trüken hatte sie prachtvoll mißverstanden. Sie wollten ja bloß für sich drei und für Muddel was haben, aber wenn die es fertigbrachte, alle zwanzig zu verkleiden - das wäre natürlich herrlich. Alle hielten den Atem an, um Trükens Überlegungen nicht zu stören.

“Ja, denn”, sinnierte die Alte inzwischen und seufzte kopfschüttelnd, “was ihr aber auch immer für Ideen habt - alles was recht ist, die Geschichte gestern abend, die war fein. Da kann man noch lange daran denken.”

Plötzlich überzog ein pfiffiges Strahlen ihr Runzelgesicht. Die Stimme senkend, flüsterte sie geheimnisvoll: “Kommt mal mit, aber macht keinen Krach; eure Eltern haben sich zum Mittagsschlaf hingelegt.”

Auf Zehenspitzen folgte ihr die Bande. Der Trockenspeicher mit seinen verschlungenen Drähten machte einen ganz zugestaubten Eindruck, und man mochte am liebsten nicht atmen. Es roch nach Teer und Dachpappe. Hin und wieder knackte es im Gebälk. Ohne sich um diese ihr seit einem Menschenleben vertrauten Geräusche und Gerüche zu kümmern, ging Trüken resolut, doch erstaunlich geräuschlos voran.

Unter der Fensterluke an der Schrägseite stand ziemlich allein eine schwerfällige, altertümliche, keineswegs jedoch brüchig wirkende Truhe, auf die Trüken nun zielbewußt lossteuerte. Mit ihrer Schürze wischte sie den Staub vom Deckel, und im Licht der Bodenluke sahen die Kinder die verschnörkelt geschnitzte Jahreszahl “1712” unter der weißen Staubschicht hervorkommen. Vorn im eisenbeschlagenen Schloß steckte ein halb verrosteter Schlüssel, den Felix nur unter Aufbietung aller Kräfte dazu brachte, sich knarrend zu drehen. Als sie mit vereinter Anstrengung den schweren Eichendeckel zurückschlugen, quoll ihnen zunächst eine Wolke süßlichen Kampfergeruchs entgegen. Die Bande fuhr hustend zurück, kam aber schleunigst neugierig wieder näher: da schimmerte es rot und grün und braun, Schnüre blitzten, Pelz breitete sich aus, eine Stiefelspitze lugte hervor - vier Händepaare schossen gleichzeitig nach vorn und wühlten sich tief in die Köstlichkeiten ein.

“Packt vorsichtig aus, und bringt es in die Sonne, hier oben hustet ihr euch ja tot.”

Nach etlichen Raubzügen war die Truhe nur mehr ein gähnendes Loch. Unten aber, neben der Teppichstange, schwoll der Haufen gewaltig an. Ganz zum Schluß schleppte Uschi triumphierend noch einen riesigen Plüschvorhang herbei, den sie unter dem Troddelsofa entdeckt hatte. Trotz glühender Mittagshitze wickelten sich die Mädchen bis an den Hals in alte Schürzen, banden sich Kopftücher um und begannen im Schweiß ihres Angesichtes dem generationenalten Staub und Trükens Kampfergeist zu Leibe zu rücken. Nach einiger Zeit wechselte Felix sie ab, doch fehlte ihm das notwendige Zartgefühl für so kostbare Kleidungsstücke. Als er ein stattliches, blautaftenes Fischbeinkorsett mit einem Schlag auseinanderhieb, sagte Uschi nur ein Wort: “Schluß!”

Erst beim Sortieren war er wieder maßgebend beteiligt. Im kärglichen Schatten einer Wallhecke sitzend, prüften die drei jedes einzelne der vor ihnen ausgebreiteten Stücke auf seine Verwendungsfähigkeit, während Muddel in stummer Verzweiflung über den Boden rollte und sich mühte, aus einem riesigen Schlappstiefel herauszugelangen, in den er leichtsinnigerweise mit beiden Füßen zugleich hineingestiegen war. Fips fand die Situation furchtbar komisch und benahm sich entsprechend.

Uschi hatte inzwischen was für ihre Zwecke Passenderes gefunden: “Hier - aus diesem Seidenschal mit den langen Fransen können wir einen Turban wickeln.”

“O ja, für mich, nicht?”

“Nee, den größten Turban muß natürlich der Bey haben. Der ist als mächtiger Herrscher auch am prächtigsten angezogen. Gib mir doch mal das Grüne dahinten. Felix, Sohn des Kalifen und Nachkomme Mohammeds, des Propheten - was hältst du davon?”

Der war entzückt und verschwand gleich mit Kopf und Armen in dem leuchtendgrünen Husarenrock mit silbernen Schnüren und Quasten. Hinten 'rum war er ja noch eine Kleinigkeit zu weit, aber sonst - sogar die Ärmel hatten gerade die richtige Länge. "Jetzt bräuchte ich noch eine weiße Pumphose und was Gelbes um den Bauch und einen Degen."

"Degen hat Vater in seinem Zimmer an der Wand hängen, aber ich finde, ein richtiges wildes Schwert wäre noch besser. Kannst du nicht eins aus Pappe machen und mit Silberbronze anstreichen?"

"Hm, mal sehen. Was haben wir denn für dich da? Verflixt und zugenäht, das sind ja fast alles Frauenkleider. Fünfzehn Prinzessinnen könnten wir damit glatt ausstaffieren, aber nicht einen Emir. Lauter Röcke mit Rüschen und gestickt und Mieder, oder wie die Dinger heißen."

"Halt mal gefälligst den Schnabel, ja? Und beleidige nicht deinen eigenen Hofstaat - den ziehen wir nämlich mit den alten Klamotten piekfein an, daß du es nur weißt! Jeder kriegt ein Gummiband um die Taille, was zu lang ist, wird hochgezogen, und wenn's in der Mitte ein bißchen dick wird, schadet es auch nicht, das war ja damals sowieso modern." Uschi sortierte unerschüttert weiter. "Da hab' ich doch eben noch was Rotes gesehen - ah, hier. Seht mal: ein Mantel, der muß mal einem Reitergeneral gehört haben - gar nicht gewußt, daß ihr so was Feines in der Familie habt -, ist sogar mit Fell gefüttert. Die Mottenlöcher sind kaum zu sehen. Du, Felix, den kannst du als König von Frankreich anziehen. Wenn er zu lang ist, schlägst du ihn am Hals um, dann haben wir sogar oben herum einen Pelzkragen. Beinah Hermelin. Den meisten Kummer macht mir noch der Emir."

Sie versank in Brüten; plötzlich lichteten sich die verdüsterten Züge: "Burnus - wartet mal -, das ist doch so ein weiter weißer Umhang, in den man sich von oben bis unten 'reinwickelt. Da nehmen wir einfach ein Bettuch, und über den Kopf mußt du was Schleierartiges haben mit einem breiten Diadem drum, und natürlich wirst du hellbraun angemalt."

Huberta war pikiert. Bloß ein Bettuch? Sah nach nichts aus, und natürlich suchten sich die anderen mal wieder das Beste 'raus. Sosehr sie aber auch wühlte, es war wirklich nichts für sie drin. Endlich fand sie einen giftgrün und flammendgelb gestreiften Seidenrock sowie einen perlenbesetzten schwarzen Schleier. Nach heftiger Debatte, während derer auf keiner Seite mit kräftigen Schmeicheleien gespart wurde, eroberte sie sich beides und sonnte sich fortan in dem Gedanken, einen zwar etwas ungewöhnlichen, aber sehr dekorativen Emir abzugeben. Im übrigen: gesehen hatte ja noch keiner von den Gästen einen. Sollten sie eben meinen, es müßte so sein!

Uschi selbst entschied sich nach qualvollem Kampf zwischen Bequemlichkeit und der Pflicht für letzteres. Mit anderen Worten: Am liebsten hätte sie sich ebenfalls nur ein leichtes Bettuch umgehängt, aber da sie als Herold sowohl für die Szenen in Marokko, wie für die in England und Frankreich passend angezogen sein und außerdem während ihrer Erzählungen nach was aussehen mußte, um die Zuhörer nicht zu langweilen, entschloß sie sich, in das mittelalterliche Lederwams zu kriechen, eine gelbtuchene Reithose aus Urgroßvater Jodokus' Zeiten anzuziehen und bis über die Knie in den Schlappstiefeln zu versinken.

Als sie fertig war, wälzte sich der Rest im Gras: es sah einfach zum Brüllen aus!

17

Bis zum Fest blieben nur noch drei Tage. Morgens in aller Herrgottsfrühe üben, dann in der Küche helfen, nachmittags Kleider umändern und Rollen einstudieren, abends Vater und Felix zusehen, Rasen sprengen, Blumen gießen und dann so schnell wie möglich ins Bett, damit man um vier wieder 'raus konnte. Die Zeit raste nur so, wie immer, wenn man dringend jede Stunde verdoppelt haben müßte.

Der ganze Haushalt war mit aufgeregt. Trüken half schneidern und bügelte unentwegt ganze Wagenladungen voll langer Leinennachthemden von Anno Tobak, in die der Hofstaat des Sultans von Marokko gesteckt werden sollte - eine neue Idee der findigen Meisterin. Der Schulze beriet Felix bei der Waffenwahl: für den Sultan ein Schwert, als König einen Degen, als Engländer einen schweren Hirschfänger. Außerdem lieh er ihm seinen roten Jagdrock mit den weißen Hosen und der schwarzen Samtkappe, damit er einen recht schönen Lord abgäbe. Und die Schulzin? Nun, die lächelte zwar ein bißchen über die anderen und noch ein wenig mehr über sich selbst, aber dann setzte sie sich hin und verarbeitete zehn Meter buntes Kreppapier zu herrlichen Rosen, die sämtliche Festtafeln zu wahren Gedichten machen würden.

Zwischendurch mußte Muddel für seine Rolle als Mohr Ali instruiert werden. Es war eine heiße Arbeit.

"Du, Muddel, du sollst auch mitspielen. Du wirst ein Mohrenknabe."

"Au fein, schwarz und ganz nackig?"

Huberta hatte ihm voriges Jahr eine Negerpuppe aus

Gummi geschenkt, die er zwar, zusammen mit Fips, inzwischen zu einer durchlöchert-knautschigen schwarzen Masse verarbeitet, jedoch immer noch als einziges Vorbild in dieser Richtung vor Augen hatte.

“Also, nun paß mal auf: Du kriegst einen feinen Turban auf den Kopf, wirst schwarz angemalt, ziehst meine rote Bluse und ein paar Pluderhosen an, und du sollst sehen, das wird todschick.”

Aber Muddel wollte nicht todschick, sondern ein nackiger Neger sein!

Noch größer waren die Schwierigkeiten, als ihm klargemacht wurde, was er zu tun haben würde.

“Zuerst mußt du dich vor Muschik hinsetzen und ganz still sitzen bleiben und dabei lachen.”

“Warum?”

“Das ist doch egal. Dann mußt du ihn am Zügel festhalten und zu Felix bringen, der ist ein König. Das ist alles furchtbar einfach. Ja, und dann mußt du weinen, wenn du ihn verloren hast.”

“Verlier’ ich nicht!” wies Muddel diese Zumutung empört zurück.

“Ach, Schockschwerenot, aber er ist eben verloren!”

“Warum?”

“Nun ja, er ist weg, weggelaufen, vielleicht ist er sogar tot.”

Huberta versuchte, ihn auf diese Weise zu rühren, aber er sah sie nur einen Augenblick lang verdutzt an, rannte spornstreichs davon und war im Nu wieder da, keuchend: “Ist noch im Stall!”

Die anderen lachten, Huberta aber verlor endgültig die Geduld, gab ihm knallend eine Ohrfeige und schrie, mit dem Fuß aufstampfend: “Sofort weinst du jetzt, sofort!”

Muddel ließ den Kopf mit den langen Locken und der

brennendroten Backe hängen und schluckte gewaltig. Die kleinen Fäuste krampfhaft ballend, biß er sich gleichzeitig auf die Lippen, bis sie beinahe bluteten, warf dann mit einem Ruck den Kopf wieder hoch und sagte stoßweise und mit zornsprühenden, wenngleich verdächtig feuchten Augen: "Männer weinen nicht!" Und trollte wütend mit Fips davon.

Frau Schulze Westrup raffte wortlos ihre Arbeit zusammen und ging ihm nach. Ein paarmal hörten sie ihre heitere, gelassene Stimme aus dem Wohnzimmer herübertönen, dazwischen Muddels munteres Stimmchen. Huberta fühlte sich alles andere als wohl. Unruhig machte sie sich, möglichst weit fort von den Bundesbrüdern, auf der Terrasse zu schaffen, bis sie nach einer Viertelstunde ebenfalls im Wohnzimmer verschwand.

Beim Abendbrot gab es keinen, der von seiner Rolle begeisterter war als Ali, der Mohr - bloß von der Notwendigkeit des Weinens hatte auch Mutter ihn nicht überzeugen können.

Uschi arbeitete eine Rede aus, die der Emir Huberta vor König Felix halten sollte. Der zukünftige Emir selbst wühlte indessen geheimnisvoll schweigend in Vaters Büchern herum, und Felix säbelte etliche Pappstücke zu einem Riesenkuchen zurecht. Er hatte sich als Krönung des Festes die Szene mit dem Mohren in der Torte ausgedacht.

"Du, Uschi", erkundigte er sich nun betont sachlich, "wieviel Schokolade brauchen wir wohl, um das Ding da ganz echt anzustreichen?"

"So ein gutes Pfund", grinste sie.

"Ja, Muddel, dann lauf mal in die Küche und sag Trüken, wir brauchten eine Schüssel mit heißem Wasser und ein Pfund Kochschokolade, um den Pappkuchen anzumalen. Hast du verstanden?"

Muddel verstand deutlich “Schokolade” und sauste ab. Trüken machte zwar kein sehr begeistertes Gesicht, doch passierte in diesen Tagen so viel Unbegreifliches, daß ihr der Kopf schwirrte. Nach kurzem Zögern rückte sie das Verlangte heraus. Sobald der Bote zurück war - Schokolade in der Bauchtasche, die überschwappende Schüssel vorsichtig balancierend -, bat Felix: “Huberta, möchtest du nicht beim Anstreichen helfen?”

“Keine Zeit!” tönte es zwischen den Bücherstapeln hervor.

“Auch nicht, wenn ich dich kniefällig bitte?”

Ein blonder Haarschopf schob sich mißtrauisch prüfend vor. Huberta traute der Sache noch nicht ganz. Aber plötzlich schoß sie von ihren Büchern hoch, und zwei Minuten später bissen die vier Banditen in je ein Viertelpfund krachendharte Kochschokolade. Mit der freien Hand rührte Felix indessen die mitgebrachte braune Farbe an.

18

Sonntagmorgen wehte eine ganz zarte Brise. Am Himmel standen hunderttausend Schäfchenwolken, die für den Tag Kühlung versprachen. Gleich nach der Kirchfahrt begannen die Vorbereitungen wie Tischdekken, Kostüme zurechtlegen, Torten garnieren, die in der Früh gepflückten Blumen in Vasen ordnen. Huberta zappelte vor Aufregung so schrecklich, daß sie schließlich von Mutter, Trüken und Uschi im Chor hinausgejagt wurde. "Verschwinde du nur in den Stall und mach Muschik für den heutigen Nachmittag schön.

Muddel kann dir helfen, der steht auch nur im Weg."

Der Schimmel war in den vergangenen Tagen schon in jeder freien Minute geputzt und gestriegelt worden. Er soll einfach blendend aussehen, dachte seine eitle Besitzerin, die anderen haben ihn ja alle noch nie gesehen. Mit geschickten Händen löste sie die Bastfäden, mit denen Felix gestern abend die gewaschene Mähne in lauter winzige Zöpfchen geflochten hatte. Als sie sie jetzt mit der Wurzelbürste bearbeitete, fiel sie in anmutigen Wellen über den Hals. Sah richtig festlich aus. Und nach dem Putzen, ganz zum Schluß, würde sie leicht mit einem öligen Lappen über das Fell fahren, dann sah es nachher aus wie poliert.

"Ach Muschik, denk dir, dreißig Leute mindestens bewundern dich heute nachmittag" - Muschik hörte wie immer aufmerksam zu -, "Mutter hat auch noch Tante Aloysia eingeladen und Fräulein Dölling, weil's ja jetzt doch in einem Aufwasch geht, und der Herr Pastor kommt später sicher auch, damit Vater jemand hat, der ein Glas Wein mit ihm trinkt, wenn es mal wieder drei

Meilen gegen den Wind nach Kaffee riecht, was er ja nicht ausstehen kann. Und denk doch nur: die schauen uns alle zu! Einen zackigen Galopp werden wir denen hinlegen, was? Na, die aus der Stadt sollen mal sehen, was eine Harke ist. Und Uschi und Felix erst recht. Was die immer haben mit ihrem vorsichtig sein und nur ja nicht stürzen, und daß bloß niemand was passiert. Meine Rede, die ich als Emir halte, ist ganz große Klasse. Ein Glück, daß Vater so viele alte Pferdebücher hat, da kann man das meiste abschreiben. - Ach Muschik, Muschik, Muschik, ich bin ja so froh, daß ich dich habe!"

Noch ehe Willem die Füchse richtig zum Stehen gebracht hatte, sprangen die ersten der Gäste bereits aus dem Wagen, in dem sie wie ein Haufen Ameisen in-, auf- und übereinander gesessen hatten. Sie waren durch die lustige, dreiviertelstündige Fahrt von der Stadt bis hierher schon in fröhlichste Stimmung geraten, und die frischgebügelten, geblümten Sonntagskleider aus Organdy, Seidenleinen und Musselin hatten ihren strahlenden Glanz längst verloren. Die Insassen des zweiten Wagens, den der Schulze selbst fuhr - Fräulein Dölling, Frau Oberamtmann Kottrup und drei weitere Damen -, hörten, wie das muntere Schwätzen vor ihnen plötzlich aussetzte und dann, nach einem Augenblick verblüffter Stille, mit doppelter Lautstärke wieder begann. Neugierig kamen sie langsam näher, um ebenso erst mal nach Luft zu schnappen.

Mitten auf dem sonnenglühenden Hofplatz stand nämlich, in einsam ragender Breite, gewichtig dreinschauend: Uschi, der Herold! Zu Lederkoller und Stulpenstiefeln hatten sich noch ein gewaltiger Schlapphut sowie ein martialischer Schnurrbart gesellt. Die Rechte war in die Hüfte gestemmt, die Linke hielt einen Fahnenschaft, der statt des Wimpels ein Schild trug:

GODOLPHIN ARABIAN

Die Geschichte eines edlen Pferdes

Es war ein wundervolles Schild, dessen Anfertigung Felix fast einen ganzen Nachmittag gekostet hatte. Und Trina hatte anschließend fast den ganzen nächsten Vormittag gebraucht, um die Farbkleckse in der alten Küche wegzuschrubben. Aber es machte sich hervorragend: auf gelber Pappe ineinanderverschlungene rote und grüne Buchstaben, drumherum ein brauner Zackenrand.

Der Herold gab auf keine der verblüfften, lachenden neugierigen Fragen eine Antwort. Statt dessen aber drehte er nach geraumer Weile das Schild um, und die Betrachter lasen in steigender Verwunderung:

MITWIRKENDE:

Omar der Gewaltige	Bey von Marokko
Faidillah el Haded	Emir von Nedj
Ali	Nubiersklave
Ludwig XV.	König von Frankreich
Godolphin	Lord of England
	Herold
	ein Groom

Marokkaner, Damen und Herren der französischen und englischen Gesellschaft

Nach abermals geraumer Zeit drehte der Herold sich selbst um und winkte, noch immer schweigend, den Gästen, ihm zu folgen. Jetzt zappelten natürlich alle vor Aufregung, und selbstverständlich schlossen sich auch die Erwachsenen dem seltsamen Zug an, der sich auf die Tenne zu bewegte. Auf den Futtertrögen rechts und links lagen, fein säuberlich aneinandergereiht, zwanzig Nachthemden aus Großmutters Jugendzeit nebst zwanzig von Trüken aus den unergründlichen Tiefen ihrer Leinenschränke hervorgekramten Sanitastüchern. Schweigend bedeutete der Herold den Gästen, sich schleunigst ihrer Festtagsgewänder zu entledigen und besagte Hemden anzuziehen. Das wurde auch ohne Worte verstanden, und unter Geschrei verwandelte sich die Schar in würdige Muselmänner mit langwallenden Burnussen und schleierverhüllten Häuptern, die sich auf stummes Geheiß am oberen Ende der Tenne auf einer hufeisenförmigen Matratzenbank niederließen. In ihrer Mitte erhob sich, phantastisch überdacht von der rotgoldenen Plüschportiere, der Thronsitz des Sultans.

Jetzt endlich geruhte der Herold zum erstenmal den Mund aufzutun. In wohltönender Rede klärte er die Versammlung darüber auf, daß sie sich zur Zeit im Audienzsaal des Sultans von Marokko befinde, in dem der Herrscher gerade eine staatswichtige Angelegenheit zu erledigen gedächte: die Verabschiedung der Gesandtschaft an den König von Frankreich.

Und dann traten Bey und Emir unter bewunderndem "Ah" der Zuschauer ein. Gelassen ließ der Fürst sich, mit untergeschlagenen Beinen, auf seinen Thron nieder - strahlend vom Kopf bis zu den Zehen! Den Seidenturban hielt vorn eine Granatbrosche von Trüken zusammen, in die, malerisch mit den Fransen verknüpft, zwei Hahnenschwanz- und drei grün gefärbte Hühnerfedern gesteckt waren. Die Schnüre am grünen Husarenrock blitzten, quer über den Knien lag der Türkensäbel - griffbereit! Knöchellange, weißseidene Pumphosen - Felix' Mutter hatte sie mal auf einem Kostümball getragen - vervollständigten die Pracht. Dagegen sah der Emir mit dem Bettuchburnus über dem gestreiften Rock und dem schwarzen Spitzenschleier zwar sehr würdig, aber doch ein wenig schlicht aus. Die Glut seiner Beredsamkeit freilich machte das mehr als wett. Aus dem knappen Dialog der Erzählung hatten die Bundesbrüder einen blumenreichen Wortschwall gemacht, der sich knatternd entlud. Hin und wieder sprang der Sultan kreischend auf, fuchtelte mit dem Säbel herum, der Emir warf sich zu Boden, schließlich fielen sie sich freudetrunken in die Arme, und die erste Szene war zu Ende.

Als Zuschauer hatten sich alle Hofbewohner und selbstverständlich die auswärtigen Gäste eingefunden, was der Sache erst den richtigen Schwung verlieh. In der anschließenden Pause ließ sich der Herold huldvoll herbei, den Sinn des Ganzen etwas ausführlicher zu erklären. Während sich die Zaungäste ins Haus begaben, zogen sich die anderen um für die Festtafel in Versailles. Trüken hatte so hingerissen zugesehen, daß sie beinahe ihre Pflichten vergessen hätte. Mit flatternden Rockschößen fegte sie in die Küche zurück.

Am Kaffeetisch mit den Kreppgirlanden führte der König den Vorsitz. Er trug einen schwarzen Waffenrock von den Totenkopfhusaren, weiße Krepprüschen am Hals und an den Ärmeln, die seidene Sultanshose diesmal in glänzende Stiefel gesteckt, den roten Mantel mit dem umgeschlagenen Pelzkragen und - zum ungeheuren Jubel seiner Hofgesellschaft - eine langwallende Perücke. Sie war ganz zum Schluß noch aus der fast leeren Truhe zutage gefördert und von Trüken inzwischen zu beinahe früherem Glanz aufgearbeitet worden. Da, wo in der Mitte ein Mottenloch war, saß eine Krone aus Goldpapier. An der Seite rasselte der Degen, mit dem seine französische Majestät bei jeder passenden und unpassenden Gelegenheit elegant spielte. Der Hofstaat machte sich in den diversen Kleidungsstücken aus drei Jahrhunderten ebenfalls blendend, schwitzte zum Gotterbarmen und war im übrigen sehr gespannt, wie es weitergehen würde.

Gerade hatte Trina allen die erste Tasse Kakao eingeschenkt, als der Herold mit schallender Stimme verkündete: “Die Gesandtschaft des Beys von Marokko, Sire!” Und als sich nun die Gesellschaft auf einen Wink des Monarchen hin erhob und Seiner Majestät an die Brüstung der Terrasse folgte, bot sich ihren Augen ein prächtiges Schauspiel dar:

Auf einem kleinen Teppich saß mit untergeschlagenen Beinen der Emir Faidillah el Haded, hinter ihm aber stand, von einem süßen dicken Mohrenjungen gehalten, ein lebendiges graues Pferd. Außer dem schmalen Kopfstück war es ganz nackt. Uschi hatte entschieden, daß der edlen Schönheit eines Wüstensohnes keine Bänder in Mähne oder Schweif stünden. Jetzt glänzte sein seidiges Fell in der Nachmittagssonne, und ganz verzaubert starrten die Kinder auf das, was unten weiter vor sich ging.

Zunächst verneigte sich der Emir, der sich würdevoll erhoben hatte, mit gekreuzten Armen vor dem König und überbrachte seine Botschaft. Die Geschenke, so führte er aus, seien in den zwei Körben neben ihm. Dann überreichte ihm der Mohr ein zusammengerolltes Papier, das Faidillah umständlich öffnete. Mit heller Stimme - entschieden zu hell für einen alten Mann, dachte Huberta verzweifelt - las der Emir sodann die wundervolle Rede vor, die das Glanzstück seines Auftretens bildete.

“Sire”, begann er, “erhabene Majestät, königlicher Bruder meines angebeteten Herrn! Freudig schlägt das Herz des Sultans Dir entgegen, Beherrscher des Abendlandes, Friedensfürst! Gold und Geschmeide sendet er Dir, Waffen und köstliche Tuche aus den Werkstätten Afrikas und des Vorderen Orients. Nimm sie als bescheidenes Zeichen seiner unwandelbaren Zuneigung - nur als allerbescheidenste Gaben wagt er sie Dir anzubieten, dessen Schatzkammern ja bersten von funkelnden Köstlichkeiten. Traurig war das Herz des Sultans, Erlauchter, untröstlich, Dir nichts Besseres senden zu können. Da aber erleuchtete Allah seine Seele, und frohlockend entsann er sich Deiner Liebe zu des Allmächtigen schönsten Geschöpfen. Und er gebot mir, den edelsten Sproß aus dem Blute einer der fünf Stuten des Propheten Dir zuzuführen - Herr, Stern und Stolz Deines Volkes: dort steht er!”

Noch ehe der entsetzte Herold seiner Schar oben mitteilen konnte, daß sie jetzt lachen und verächtlich tun müsse, waren alle beifallklatschend hinuntergelaufen und bewunderten Muschik so stürmisch, daß der zur Vorsicht mal die Ohren zurücklegte und ein Hinterbein hob. Dem Emir lief von der Anstrengung und vor Stolz die braune Farbe auf den weißen Bettuchburnus, aber das machte gar nichts. Als sich die Gesellschaft, Faidillah an der Spitze, endlich vor dem kalt gewordenen Kakao niederließ, waren sich alle einig, eine so feine Rede noch nie gehört zu haben.

Während der Mahlzeit erläuterte der Herold die weiteren Geschicke des Hengstes und seines Mohrenwärters Ali. Die drei Eingeweihten sahen sich verschmitzt an: jetzt kam die Überraschung mit dem Kuchen. Sie kam auch, nur in etwas abgewandelter Form.

Unter eine alte Schuppentür hatte Felix am Vortag

zwei lange Tragestangen genagelt und das Ganze oben mit Kreppapier beklebt. In ihre Mitte setzte Trüken in der Küche den grinsenden Alimuddel, stülpte den pappenen Kuchen darüber und stellte zur Verzierung vorn auf die Platte eine Erdbeertorte, hinten zwei Teller mit Windbeuteln. Trina und Willem konnten sodann die Herrlichkeit auf die Schultern nehmen, und die Überraschung war fertig!

Angezogen von den tausend guten Düften kam Fips auf der Suche nach seinem Freund gerade noch rechtzeitig in die Küche, um ihn vor seinen runden Hundeaugen unter irgendeinem Ungetüm verschwinden zu sehen. Fips zwinkerte ein paarmal und wußte dann plötzlich Bescheid: aha, Versteckenspielen! Kannte er. Tempo auflegen und hinterher!

Auf dem Weg zur Terrasse mußte der seltsame Zug das Wohnzimmer durchqueren, in dem es angenehm nach Kaffee roch. Am Fenster saßen plaudernd und sich am bunten Spiel vor ihren Augen ergötzend die Damen, am Rauchtisch neben der Tür schickte sich der Schulze gerade an, dem behaglich in seinen Sessel zurückgelehnten Pfarrer ein neues Gläschen einzuschenken. Lachend sahen die Herren dem Aufzug entgegen: ein hübscher Gedanke von den Kindern. Wirklich, sie hatten sich Mühe gegeben, das mußte man anerkennen.

Da plötzlich - herrje, was ... Ein fürchterliches Quieken, Trampeln, Schwanken - Fips war verfolgungshungrig um die Ecke geschossen, Willem gegen die Beine, bekam einen Tritt, jaulte, schnappte, traf unseligerweise Trinas Wade, diese stolperte - die Platte neigte sich zur Seite, geriet ins Rutschen, der Schulze versuchte das Verhängnis aufzuhalten - zu spät! Die Damen fuhren erschreckt hoch - und auf den Hosen des Pfarrherrn, an deren mattschimmernder Schwärze Sekunden zuvor noch kein Fädchen geklebt hatte, klebte nun eine ganze Erdbeertorte! Mitten auf der Erdbeertorte saß der nachgerutschte, total perplexe Mohr, während unter dem schokoladenbraunen Pappkuchenungetüm des Pastors Stöhnen hervordrang.

Sonst war es im Augenblick still.

Mit bewundernswerter Selbstbeherrschung brachte die Schulzin als einzige es fertig, auch den Anschein eines Lächelns zu unterdrücken. "Eine reizende Überraschung", meinte sie gelassen, "und nur etwas danebengeraten!" Dabei streifte den ziemlich dämlich grinsenden Willem ein Blick, der ihn auf der Stelle verschwinden ließ, die heulende Trina bekam den Mohren mitsamt der halben Erdbeertorte am Hinterteil in die Arme gedrückt, Frau Schulze Westrup selbst geleitete den Pfarrer mit der anderen Hälfte auf den Hosenbeinen aus dem Zimmer und konnte noch eben die Tür hinter sich schließen, ehe drinnen ein brausendes Gelächter losbrach.

Zehn Minuten später bot das Wohnzimmer den gleichen Anblick wie vor dem Unfall - nur hatte der immer noch leise verlegene Pastor ein paar graue Flanellhosen des Hausherrn an, indes Trina der seinen mit Bürste, heißem Wasser und noch heißeren Tränen den Schimmer von ehedem wiederzugeben bemüht war.

Die königlich-französische Hofgesellschaft auf der Terrasse hatte die Vorgänge drinnen mit brennendem Interesse verfolgt und sich wacker am allgemeinen Gelächter beteiligt. Sowie freilich die Schulzin wieder in Sicht kam, hielt man es für angebracht, sich bescheiden etwas außer Reichweite zu halten. Alle waren unbeschreiblich satt, und Uschis Vorschlag, sich bis zum Abendbrot den Hof anzusehen, stieß auf Widerwillen. Jetzt kam Hubertas Augenblick, für den sie in den letzten Tagen schon vorgearbeitet hatte.

“Wenn ihr wollt, kann ich euch gern noch was von Arabern erzählen - natürlich nur, wenn ihr wollt!” Diese Bescheidenheit konnte sie sich unbesorgt leisten, da schon während des Kaffeetrinkens von allen Seiten Wünsche laut geworden waren, mehr darüber zu hören.

In der schattigsten Ecke des Gartens, unter der mächtigen Blutbuche, lagerten sie sich faul auf dem Rasen, rund um Huberta, die immer noch als Emir verkleidet, malerisch hingegossen gegen den Stamm lehnte. Trina deckte indes den Tisch ab, und als sie mit dem zweiten Tablett in die Küche zurückkam, berichtete sie:

“Sie sitzen alle hinten auf dem Rasen, und Huberta erzählt ihnen was.”

“Soso.” Trüken tat gänzlich uninteressiert. Sie gönnte sich gerade mal einen Augenblick Ruhe auf der Bank. ‘Erzählen?’ dachte sie und rutschte etwas unruhig hin und her. ‘Eigentlich - aber nein, man muß ja nicht überall dabei sein.’ Und beschloß, ein halbes Stündchen zu schlafen. Nach zwei Minuten fiel ihr ein, daß die armen Kinder da draußen bestimmt verdursteten. “Nein, nein, daß ich das aber auch vergessen hatte!” schalt sie sich und begab sich eiligst in die Küche zurück. Nach weiteren zwei Minuten jonglierte sie auf dem größten Tablett vierundzwanzig Gläser und eine Riesenkaraffe kühlen süßen Himbeersaft mit viel Eis durch den Garten. Uschis freundliche Aufforderung, sich doch zu ihnen zu setzen, lehnte sie mit entrüstetem: “So kurz vor dem Abendessen? Keine Zeit”, ab und ließ sich erst nach nochmaligem Drängen seufzend nieder: “Wenn es unbedingt sein muß - in Gottes Namen, für einen Augenblick.” Aber noch nach einer geschlagenen Stunde lauschte sie mit einem Gesicht, das wie ein runzeliges Winteräpfelchen in der Bratröhre erglühte.

“Die Araber sind eine sehr alte Pferderasse”, legte Huberta los, “viel mehr als tausend Jahre alt.”

“Wieso?” wurde von irgendwoher eine Stimme laut. “Sind denn die anderen Pferde nicht so alt? Ich meine, Pferde hat’s doch schon immer gegeben.”

“Natürlich”, belehrte Huberta sie, “Pferde schon. Aber die sahen anders aus als heute. Auf fettem Marschboden werden die Pferde auch fetter, im Gebirge dagegen, auf rauhem, steinigem Grund, gedeihen zähe kleine Rassen - Huzulen, Islandponys, norwegische Fjordpferdchen oder Haflinger. Das ist von Natur schon so, und außerdem züchten dann die Menschen sich für ihre verschiedenen Zwecke verschiedene Pferde. Als im Mittelalter die Ritter noch auf Raubzüge gingen, da mußten Reiter und Pferd Panzer tragen, und natürlich hielten nur dicke, starke Tiere so viel Gewicht aus. Und als in ganz Europa nur Hohe Schule geritten wurde, da brauchten sie Pferde, die stattlich aussahen und die Beine schön langsam und trotzdem graziös ganz hoch hoben und sich majestätisch auf den Hinterbeinen aufrichteten. Auf Denkmälern sieht man das ja manchmal noch. Zum Ziehen braucht man wieder andere Sorten als zum Reiten, Rennen oder Springen. Seht ihr - so wechselten die Rassen sich ab, mal starb eine ganz aus, mal wurde eine neue gezüchtet, z. B. die Vollblüter im achtzehnten Jahrhundert in England. Und nur die Araber, die waren vor tausend Jahren schon so wie heute, so zierlich und zäh, so flink und so treu.”

“Ja, aber wie kommt das denn?” erkundigten sich gleich mehrere auf einmal.

“Das ist, weil sie eben die ganze Zeit über dasselbe tun mußten und nur einen Zweck hatten: schnell zu laufen. Die Araber sind Wandervölker mit riesigen Schaf- und Kamelherden, die von Oase zu Oase ziehen, immer dahin, wo Wasser ist und Gras wächst. Rundum ist ja alles Wüste, Sand- oder Steinwüste. Tagsüber brennt die schrecklichste Sonne, nachts dagegen ist es oft furchtbar kalt. Da können schlechte und schwache Pferde nicht gedeihen. Die gehen schon als Fohlen ein. Hitze, Kälte, tiefer Sand oder endlose, geröllbedeckte Steinflächen, wenig Wasser, weite Entfernungen - wie gesagt, alle die zu schwach sind, sterben schon ganz jung. Wer aber groß wird, der ist besonders zäh. Und dann sind die Araber in einzelne Stämme aufgeteilt, die sich oft fürchterlich bekriegen, vor allem früher. In den ungeheuren Wüsten aber kann man nur zu Pferde kämpfen, wegen der Entfernungen und des Wassermangels, und wer die besten und schnellsten Pferde hatte, der siegte meist. Klar, daß die Scheiks - das sind die Häuptlinge - immer größten Wert auf die Pferdezucht legten."

Das leuchtete ausnahmslos allen ein, aber es gab noch eine Unmenge anderer Fragen. Stolzgeschwellt beantwortete Huberta sie: daß die meisten Araberpferde Schimmel und Braune sind, daß sie auch in Europa in großen Gestüten gezüchtet werden und von Zeit zu Zeit neue Hengste und Stuten aus Arabien eingeführt werden, daß ihr Muschik aus einem solchen Gestüt in Ungarn stammte, daß sie durchaus keine Ponys, sondern mittelgroße, richtige Pferde sind, allesamt ein wunderbar liebes Temperament haben, Kinder mögen, sehr zutraulich und munter sind und viel mehr leisten, als man bei ihrer Zierlichkeit meinen sollte. Dann mußte sie wieder von vorn anfangen, weil die meisten es noch nicht richtig kapiert hatten. Nach jeder Antwort trank sie vor Aufregung einen Schluck Saft und verkonsumierte den Inhalt der Karaffe fast allein.

Zum Schluß erkundigte sich eine kleine Blonde sehr schüchtern, sehr piepsig: "Ihr habt da eben so viel von den fünf Stuten des Propheten gesagt, was ist das eigentlich?" Donnerwetter ja, das wollten sie alle schon gefragt haben.

Huberta wurde vom vielen Reden und all der Anerkennung immer taumeliger zumute. So war das also, wenn alle einen bewunderten!

"Wer der Prophet ist", begann sie, "wißt ihr ja, nicht? Mohammed, der die Religion der Mohammedaner gründete. Er lebte so um 600 n. Chr. in Mekka, am Roten Meer. Als er noch nicht lange Prophet und seine Anhängerschaft noch nicht sehr zahlreich war, da kam eines Tages ein Freund zu ihm gelaufen und keuchte atemlos: 'Flieh, flieh - bei Allah, dem Allmächtigen, flieh! Deine Feinde wollen dich töten! Nimm die schnellsten Pferde und deine getreuesten Freunde und flieh auf der Stelle!'

Nun, das war bestimmt kein Witz, und Mohammed wußte, daß seine Feinde nicht lange fackeln würden, wenn sie ihn fingen. Eilig ließ er in die Trompeten blasen, sammelte zweihundert seiner liebsten Anhänger um sich, teilte ihnen die Gefahr mit und schärfte ihnen ein, nur die allerausdauerndsten ihrer Pferde zu nehmen, denn es würde ein mörderischer Ritt werden, ein Ritt um Leben und Tod! In fliegender Hast wurde gesattelt, ein Säckchen mit Datteln als Wegzehrung um die Hüften gebunden, und schon donnerten achthundert Hufe über die Straßen Mekkas. Gerade als sie durch das eine Stadttor entwischten, raste das Riesenheer der Feinde zum anderen hinein. Kurze Orientierung - dann hinterdrein. Stunde um Stunde dauerte der Wahnsinnsritt, grell stach die Sonne, unbarmherzig, gnadenlos. Es gab kein Halten, kein Verschnaufen oder Langsamerwerden, nur rasenden, hämmernden Galopp. Alle Zweihundert wußten, daß der Tod ihnen im Nacken saß. Wer von den Anhängern des jungen Propheten den erbitterten Priestern der alten Religion in die Hände fiel, der würde in Stücke gerissen werden. Alles kam auf die Pferde an. Nur sie konnten sie retten. Wessen Pferd stolperte, wessen Pferd ermattete, der war verloren! Und die Pferde schienen zu wissen, um was es ging. Stunde um Stunde liefen sie, einen Tag, eine Nacht und noch einen Tag, mit keuchenden Lungen, angeschwollenen, trockenen Zungen im verdurstenden Maul.

Und dann endlich umfingen die Mauern Medinas sie, Mauern einer befreundeten Stadt - sie waren gerettet! Am Ufer des Flusses nahmen die Reiter ihren todmüden Pferden die Sättel ab. Wie blähten sie da die Nüstern, als sie das Wasser rochen, wie rafften sie die torkelnden Beine in letzter Anstrengung zusammen, um hinunter zu gelangen! Hundert Meter weit war es bis zum Fluß, und als sie die Hälfte hinter sich gebracht hatten, da griff Mohammed nach der Trompete und blies mit aller Macht das Zeichen zum Sammeln. Würde eines der Pferde gehorchen? Wäre auf eines im äußersten Notfall Verlaß? Die zweihundert ermatteten Männer waren für Minuten wieder ganz wach, starrten zum Fluß hin und schüttelten traurig die Häupter. Zwei Tage kein Wasser und dann, den süßen Duft in den Nüstern, umkehren, ohne sich gelabt zu haben? Das brachte nicht einmal ein Mensch fertig, das war ja Wahnsinn! Immer noch stierte der Prophet den Davoneilenden nach, und er dachte an Dschulfé, seine braune Stute, die ihm noch nie ungehorsam gewesen war. Dachte zärtlich: Dschulfé - und dann betrübt: Dschulfé. Und seufzte: 'Es ist wohl wirklich zu viel.' Und jubelte mit einemmal: 'Dschulfé'. Da stand sie, gräßlich abgemagert, verschmachtend, ein einziges kurzes Wiehern der Qual ausstoßend, und wandte sich zwanzig Meter vor dem Wasser um, weil ihr Herr, der unbegreifliche Gott, den sie liebte, sie rief! Vier weitere noch aus der Herde der Allerbesten, die damals um Mohammed war, gehorchten dem Ruf. 'Koheily! Manekki! Sacklawy! Tusyé!' erklangen jauchzend die Rufe ihrer Besitzer, und sie schämten sich nicht der Tränen. Und alle, die dabei waren und es sahen, priesen sie glücklich und verbreiteten das Lob der unvergleichlichen Stuten im ganzen Land. Ihre Söhne und Töchter wurden wie sie. Heute noch tragen die berühmtesten Pferdestämme der Wüste ihre Namen, die Namen der fünf Stuten des Propheten!"

Nicht eine der vierundzwanzig lag mehr faul im Gras. Atemlos hatten sie sich aufgerichtet und gierig gelauscht. Hubertas Augen funkelten vor Begeisterung und Triumph.

"Als der Erschaffende das Roß schaffen wollte, sagte er zum Wind: 'Von dir werde ich ein Wesen gebären lassen, bestimmt, meine Verehrer zu tragen. Dieses Wesen soll geliebt und geachtet sein von meinen Sklaven, es soll gefürchtet sein von allen, die meinen Geboten nicht nachstreben!'" schloß sie feurig.

"Ja, und ein bißchen später sagte er: der wahre Reiter muß wenig trinken. Der Frosch gehört ins Wasser und nicht auf den Pferderücken", fiel Uschi trocken ein und nahm der Erzählerin unter fröhlichem Lachen der anderen den Krug mit dem letzten Rest Himbeersaft aus der Hand. So ganz gemütlich fühlte sie sich dabei aber doch nicht. Sie hatte es auch nicht wegen des Saftes gesagt, sondern um den lächerlichen Kloß aus dem Hals zu kriegen, der sie schon mal wieder würgte, wenn sie an die Pferde dachte. Was waren das doch verdammt feine Kerle - jawohl, verdammt fein, und wenn man auch als Mädchen zehnmal nicht fluchen sollte!

Huberta aber erhob sich tiefbeleidigt. Das würde sie Uschi nie vergessen. Ihr das bißchen Anerkennung nicht zu gönnen! Sah so richtig nach Uschi aus, die gönnte ihr ja sowieso nichts. Sie knirschte leise mit den Zähnen und überhörte wütend die Stimme in ihrem Innern, die ihr deutlich zuflüsterte: du weißt ja genau, daß Uschi mit dir durchs Feuer geht und überhaupt ein Prachtkerl ist.

"Nein", sagte sie statt dessen laut, "ich erzähle nichts mehr. Muß mich außerdem umziehen", und rannte davon, ehe eine der anderen etwas begriffen hatte.

"Sie ist heute ein wenig aufgeregt", begütigte Felix. Und dann war es Zeit zum Abendbrot.

Diesmal war der Tisch ländlich gedeckt, mit Bauernbrot, Schinken, Butter und Mettwurst. Uschi war der Überzeugung gewesen, das entspräche den Gepflogenheiten auf dem Landsitz eines englischen Lords eher als Kartoffelsalat mit Würstchen. Statt der vornehmen Krepprosen gab es als Tischschmuck die ersten Astern aus dem Garten. Es war gegen halb acht. Ganz leise wurde es Abend. Eine sanfte Brise hatte sich erhoben und wehte volle, breite Schwaden süßer Sommerdüfte auf die Terrasse. In einem rosigvioletten Wolkenmeer schwamm die Sonne den Horizont hinab.

Die Gesellschaft räkelte sich wohlig auf den Sitzen und staunte selbst ein bißchen darüber, was nach zwei Stunden schon wieder in einen kuchengefüllten Magen ging. Hinter den Gardinen staunten die Erwachsenen auch nicht schlecht.

Felix sah im roten Jagdrock und den weißen Reithosen des Schulzen, Samtkappe auf dem Kopf, mit blankgewichsten Stiefeln und einer schneidigen Gerte in der Hand als Lord tipptopp aus.

Huberta trug als Stallbursche ein geflicktes Polohemd und ihre ältesten Reithosen. Nachdem sie den geschlagenen Nachmittag in langwallenden Bettüchern hatte 'rumhoppeln müssen, ergriff sie jetzt die Gelegenheit, sich von einer anderen Seite zu zeigen und möglichst forsch aufzutreten. Auf dem Weg nach unten hatte sie noch mal eben einen Abstecher in Vaters Arbeitszimmer gemacht und schritt nun sporenklirrend neben Felix über die Steinfliesen. Der stutzte einen Augenblick, guckte - guckte noch mal und meinte dann energisch: "Sag mal, du - Sporen? Wohl total verrückt, was? Muschik und Sporen - den Hexensabbat möchte ich nicht erleben!"

Da sie sich den anderen näherten, erwiderte Huberta nur so obenhin: "Wie bitte?" und zischte leise: "Ich zieh' sie ja nachher aus, laß mir doch den Spaß."

Lord Felix zuckte die Achseln. Ihm unbegreiflich, wie einer so wild aufs Angeben sein konnte.

Bei den Mädchen freilich wurden die Sporen ein voller Erfolg. Davon hatte man ja bisher nur in Büchern gelesen. Und so was trug Huberta Schulze Westrup, die brav neben ihnen auf der Schulbank saß? Von allen Seiten drängte man sich um sie, wollte sie bewundern.

"Wird denn das Pferd nicht ganz wild davon?" erkundigten sich ein paar Ängstliche.

Noch ehe sie recht überlegt hatte, kam die Antwort: "Bei mir nicht - und wenn schon, mit so was muß man als Reiter doch fertig werden."

"Oh, ich paß' gleich mal ganz genau auf, wie du das machst."

"Ich auch, da bin ich aber gespannt!"

"Pieken die denn das Pferd nicht?"

Du lieber Himmel. Huberta wurde es einen Moment lang schwül. Da hatte sie sich ja was Feines eingebrockt. Natürlich konnte sie jetzt nicht mehr zurück, die würden ja schön lachen. Nur Felix durfte nichts merken. Muschik würde schon brav sein.

Beim Essen suchte sie ihre Beklommenheit hinter

einem möglichst munteren Wesen zu verstecken. Bald regnete es auch von allen Seiten wieder so viele Komplimente über die Erzählungen und Muschik, daß ihr ganz taumelig wurde. Hingerissen ließ sie sich von den Wellen der Begeisterung tragen. So war ihr vorher nur ein einziges Mal zumute gewesen, erinnerte sie sich: Als Onkel Jop ihr vor einem Jahr Muschik versprochen hatte und sie nachher drei Glas Erdbeerbowle trinken mußte, weil alle ihr zuprosteten und sie eigentlich heute noch nicht wußte, wie sie damals in den Wagen und nach Hause gekommen war. Aber das Gefühl war herrlich gewesen, und heute war es auch wieder herrlich. Ganz verschwommen hörte sie Felix' Stimme, der ihr irgend etwas zurief.

"... reitest ganz ans Ende des Weges", sie riß sich zusammen und horchte, "meinetwegen bis an die Chaussee, das sind reichlich fünfhundert Meter. Wir stellen uns am Knick auf. Ich komm' vom Hof 'runtergeritten, Ali steht auf dem Weg, na, den Rest haben wir ja geübt. Denk nur dran, daß du im Schritt über die Brücke reitest. Beim Traben bin ich immer ein bißchen ängstlich."

"Das ist ja über hundert Meter von euch weg, gerade am Hofeingang. Bis dahin steht der Muschik wie ein Baum. Aber wenn schon wirklich Trab - was soll denn eigentlich dabei sein?"

"Mensch, du weißt doch, daß da ein Zementboden ist. Sicher, im Lauf der Zeit ist ja eine ganz hübsche Schicht Sand hingeweht oder mit den Wagenrädern draufgetragen worden, aber man soll lieber vorsichtig sein."

"Schön", sagte sie versöhnlich, "bin ich eben vorsichtig. Ihr ollen Angsthasen. Dabei ist noch nie was passiert!" Hastig sprang sie auf: "Ich mach' Muschik schon mal fertig und stell' mich auf." Weg war sie.

Gott sei Dank, Felix war sie los. Hüpfend und tanzend lief sie über den Hof zum Stall, sattelte Muschik in Windeseile und saß auf, ehe die ersten Zuschauer um die Hausecke geschlendert kamen. Muschik hatte in den beiden letzten Tagen wegen der Festvorbereitungen nicht mehr viel getan und war ein bißchen übermütig. Krampfhaft die Beine mit den Sporen ruhig haltend, klopfte sie ihm den glatten Hals: "Schön brav sein, mein Liebling, gut so - sieh mal, jetzt reiten wir über die Brücke. Brücke ist gut, was? Kaum ein Brückchen. Unten eine Kleinigkeit Zement mit Sand drauf, rechts und links ein paar Eisenstängelchen und drunter kaum Wasser um diese Jahreszeit. So, sei lieb, Muschilein - schön Schritt. Wir haben Zeit genug. Dauert sowieso immer eine Ewigkeit, bis die Trödelanten fertig sind."

Es ging bestens. Alles war wunderbar: Muschik, der Abend, die Brise, sie selber und die Beine mit den Sporen. Wer hatte nun recht, die anderen oder sie? Zuschauer - klopfte ihr Herz dazwischen. Viele. Auf dem Turnier würden es noch viel, viel mehr sein. Es war wunderbar.

Die Damen und Herren, die sich auf dem Landsitz Lord Godolphins versammelt hatten, genossen den lauen Sommerabend auf einem Spaziergang durch die Felder. Das war wirklich eine andere Sache als die heißen Asphaltstraßen der Stadt. Allein schon diese köstliche Luft!

Ein schwitzender dicker Herold mit altertümlichem Lederkoller und Stulpenstiefeln, die mindestens fünf Nummern zu groß waren, hielt einen ebenfalls dicken, aufgeregten Dreikäsehoch mit zebraartig gestreiftem Gesicht bei der Hand. Schweißbächlein hatten in die ehemalige Kohlrabenschwärze weiße Rinnen gezogen.

Auf dem Kopf trug er einen niedlichen Wollturban und war bis zum Seidenschal um die Hüfte ein beinahe richtiger Mohrenknabe. Von da ab allerdings hatte er seit zwei Stunden grauleinene Spielhosen an. In der Rechten hielt er krampfhaft eine Trillerpfeife.

Der Herold erhob nun seine Stimme und verkündete, daß in wenigen Minuten Seine Lordschaft auf dem Ausritt hier vorbeizukommen gedächten. Und siehe da: schon trabte er vom Haus her auf sie zu. Der Herold fuhr in seinen Erklärungen fort. Der Mohr, so sagte er, könne leider nur hottentottisch sprechen, und so wolle denn er selbst den Herrschaften das Gebaren des Kleinen erläutern.

Ali sprang daraufhin vor und warf sich - geübt ist geübt - vorschriftsmäßig dem nahenden Lord vor die Füße. Der trieb seine Stute seitlich des Wegs auf den Rasen, und es entspann sich zwischen dem Herold und ihm eine lebhafte Debatte, nach deren Beendigung Alimuddel auf ein Zeichen hin schrill die Pfeife ertönen ließ. Noch einmal und noch einmal!

Die Zuschauer waren ganz still vor Spannung. Hinten, am Ende des langen Weges, sahen sie ein graues Pferd auftauchen, das mit seinem Reiter anscheinend in einen heftigen Kampf verwickelt war.

Großartig, wie genau sie das nachmacht, dachte Felix.

Die Stimme des Herolds tönte wieder auf: "Meine Herrschaften, was Sie hier sehen - dieses schnelle Sichnähern des Pferdes - das ist ein Wunder ..."

Allerdings, dachten alle, atemberaubend, wie echt das wirkt! Dieses Dahinstürmen, und wie feurig der Hengst den Kopf schüttelt!

Felix kroch ein unheimliches Gefühl den Rücken entlang. Teufel - war das noch der gutmütige Muschik?

Der kam ja angebraust wie die Feuerwehr. Sah nicht danach aus, als wenn er hier stehenbliebe. Da stimmte doch was nicht. Schockschwerenot - ein gräßlicher Gedanke blitzte in seinem Hirn auf: die Sporen - hatte sie die Sporen noch an? Schon war Freya herumgerissen.

"Ein Pferdewun ..." entsetzt brach der Herold mitten im Wort ab. Gerade vor ihm hatte der Hengst einen mächtigen Satz zur Seite gemacht, sich geschüttelt und war dann wie von Furien gejagt weitergeprescht, Felix auf Freya ihm dicht auf den Fersen. Ohne einen Ton zu sagen, rannten alle gleichzeitig los. Einen winzigen Augenblick hatten sie das schreckverzerrte, kalkweiße Gesicht der Reiterin gesehen. Angst, helle Angst schrie daraus!

Und dann hörten sie, noch im Laufen, ein Geräusch, wie wenn ein paar Griffel schrill über eine Schiefertafel gezogen würden und gleich drauf einen dumpfen Fall. Vor ihnen auf der Brücke lag unbeweglich ein grauer Pferdekörper, etwas weiter auf dem Weg torkelte ein blasses, schmales Wesen wieder hoch.

Gottlob - Huberta war also nichts passiert. Auch Muschik regte sich. Der Sturz hatte ihn wohl nur betäubt. Felix machte sich bereits an ihm zu schaffen; der Hengst war mit dem Kopf zwischen den Brückenrand und die unterste Geländerstange gerutscht. Ohne an sich selbst zu denken, kniete Felix nieder und zerrte unter Aufbietung aller Kräfte, bis er den Kopf frei hatte. Im gleichen Moment aber, und noch ehe der Schulze bis ganz an die Unfallstelle gelangt war und helfen konnte, schlug Muschik, auf dem Rücken liegend, um sich aufzurichten, mit allen vieren um sich, wobei Felix von einem der Hinterbeine einen Schlag quer über den noch immer hilfreich ausgestreckten rechten Arm bekam. Messerscharfer Schmerz durchzuckte ihn, und einen Augenblick lang war ihm, als verlöre er die Sinne; dann hatte er sich wieder in der Gewalt und lächelte die Näherkommenden verzerrt an: "Scheint alles noch mal glatt verlaufen zu sein!"

Willem führte den zitternden Muschik in den Stall, und Felix, der nur mühsam den Schmerz verbiß, lief ins Haus. In der allgemeinen Erregung fiel es niemand auf.

Huberta, von einem Weinkrampf geschüttelt, fand sich plötzlich an der Brust ihres Vaters wieder. Er hatte sie wie ein kleines Mädchen einfach hochgehoben und trug sie nun zärtlich an sich gepreßt hinein. Dabei sprach er ihr mit seiner warmen Stimme begütigend zu: "Nun, nun, mein Kleines - ist ja nicht so schlimm. Alle Knochen heil, was wollen wir denn noch mehr! Hätte ja gefählich werden können, aber jetzt ist doch alles gut. Ist er dir weggelaufen? War sicher die Hitze schuld oder einer von diesen ekligen Brummern, die sich unten am Bauch festsaugen. Da kann manchmal der beste Reiter nicht viel machen. Komm, Trüken hilft dir, und ich verabschiede mich schnell von den anderen."

Huberta schluchzte immer noch, ließ sich aber willig von der alten Mamsell zu Bett bringen. Wie gut das auf einmal tat, so ein ganz kleines Mädchen zu sein.

An der Unfallstelle war zwischen den Erwachsenen eine Diskussion darüber entbrannt, wie der Sturz zustande gekommen sein könnte. Ein Glück nur, daß niemand etwas passiert war, das wäre ja ein zu schrecklicher Abschluß dieses heiteren Tages gewesen.

Der Schulze, als alter Fachmann, fand des Rätsels Lösung sofort - wie Felix seiner Schar schon bei Tisch erläutert hatte - in der Beschaffenheit des Bodens.

"Durch die anhaltende Hitze der letzten Wochen ist der Belagsand auf der Brücke pulvertrocken geworden.

Außerdem hat sich der glatte Zement erhitzt und nicht ein rauhes Sandkörnchen festgehalten. Als das Pferd in dem enormen Tempo drüberweggaloppieren wollte, stießen die Hufe mit den Eisen durch den losen Sand, und es rutschte aus. Ein wahres Wunder, daß nicht beide den Hals gebrochen haben. Die Beine müssen ihm einfach weggeflogen sein, bei der Glätte. Das war das Kratzen, das wir hörten."

"Na ja, man hat seine liebe Angst und Not mit diesen Rangen!"

Frau Schulze Westrup lächelte mit blassen Lippen, und ihre spöttische Gelassenheit gab auch den aufgeregten Gästen das Gleichgewicht wieder. Uschis Augen aber füllten sich mit Tränen schrankenloser Bewunderung. Die ganzen Wochen beobachtete sie die Schulzin heimlich schon.

Eine feine Frau war das. Ach, fein war gar kein Ausdruck dafür. Ihre eigene Mutter war schon so früh gestorben, daß sie sich ihrer nicht mehr erinnerte, und Tante Aloysia war ja eine Seele von Mensch, wahrhaftig, das war sie, aber so eine Mutter zu haben! Verflixt, so was durfte man nicht mal im Traum denken. Wie sie das jetzt wieder gemacht hatte. Ganz weiß war sie geworden, und dann hatte sie unter Schlucken gelächelt und den Kopf geschüttelt über die vielen Zwischenfälle heute, aber sie, Uschi, hatte genau gesehen, wie nervös sie zum Haus 'rübergeblickt hatte und auf die Rückkehr ihres Mannes wartete. Und als er ihr beruhigend zunickte, seufzte sie erlöst auf und schüttelte nun beim Abschied allen Gästen herzlich lachend die Hand. Wenn die vergnügt an diesen Tag zurückdachten und nicht alles in Unordnung und Entsetzen ausgelaufen war, dann war das ganz allein das Verdienst der Schulzin.

Huberta hörte von unten Geräusche heraufdringen, und es kam ihr vor, als halte ein Auto vor der Tür, aber das war wohl ein Traum. Sie war so müde, daß sie sich nicht einmal schämte wegen der Blamage vor allen Leuten. Bis der Pfiff kam, war alles so wunderbar gewesen, und dann hatte sich Muschik gebäumt, und sie stieß ihn aus Versehen mit den Sporen. Ein paar irre, furchtbare Augenblicke waren gefolgt, sie fühlte, daß etwas Fremdes, Feindseliges aufzuckte, dem sie nicht mehr gewachsen war. Ihre Hände krampften sich um die Zügel, die Beine flatterten im Galopp, und immer wieder stachen die Sporen in den prallen Leib unter ihr. Die Leute, vorbei, dann plötzlich wahnsinnige Angst: die Brücke - nein, nein - ein schrilles Kratzen, alles wankte, drehte sich - dann wußte sie nichts mehr. Oh! Stöhnend wälzte sie sich in den Kissen, dicke Schweißperlen im fieberheißen Gesicht. - Mutter? War das Mutter, da über ihr?

"Schlaf, mein Kleines - jetzt nicht denken, morgen - erst schlafen."

19

Als sie aufwachte, schien die Morgensonne durch die dünnen gelben Leinenvorhänge und füllte das Zimmer mit freundlicher Wärme. Auf dem Hof draußen herrschte summende Stille. Waren wohl alle beim Dreschen, hinten am Kornspeicher, dann hörte man hier nicht viel. Huberta reckte sich wohlig, nur noch ein klein wenig benommen.

"Ah", murmelte sie, "jetzt ist mir wieder besser. Gestern ..." Nein, nicht an gestern denken. Komisch, die Begeisterung, die Hochspannung, der Jubel über die Zuhörer - wie weggewischt. Einen Augenblick lang suchte sie sich selbst zu überreden: "Aber sie haben doch zugehört, und es war doch schön, bis, ja eben bis ganz zum Schluß."

Bedrückt stand sie auf. Nein, der Sturz war es irgendwie nicht. Sie wußte selbst nicht, was es war. Das Ganze war irgendwie eklig. So - so, als wenn sie immer eine Kleinigkeit zu laut gelacht hätte. Jetzt aber ein Guß kaltes Wasser, schalt sie sich unwillig, und Schluß mit dem Kram.

Sie schüttete Wasser in die Schüssel und wusch sich. Tat gut, dachte sie, und plötzlich: Vielleicht hab' nur ich mich geändert? Quatsch; wieso denn? Überhaupt, sie dachte heute morgen zuviel. Sonst dauerten Waschen und Anziehen sieben Minuten, und nun hatte sie bestimmt schon eine halbe Stunde vertrödelt. Wenn man nur das Gestern einfach auswischen könnte. Da war sie also glücklich wieder soweit.

Während sie langsam die Treppe hinunterging, fiel ihr Muschik ein. Sie mußte sofort nach ihm sehen. Der

Arme, was hatte der bloß für einen Schrecken bekommen - wo er doch noch nie die spitzen Sporen gefühlt hatte. Sekundenschnell tauchte die Erinnerung an die Angst in ihr auf. Verging dann wieder. Wenn man doch nur den widerlichen Geschmack aus dem Mund kriegen würde. Dies verteufelte Gestern.

Als sie ins Wohnzimmer trat, riß sie sich zusammen. Der Kaffeetisch war noch gedeckt, und aus der Küche klang die Stimme der Schulzin herüber: "Huberta, bist du da?"

Ganz ohne Spott war das, ein bißchen besorgt. Huberta seufzte und begann mühsam zu kauen. Frau Schulze Westrup war ein wenig blasser als sonst, aber als sie jetzt mit der Kaffeekanne hereinkam, füllte sich das Zimmer gleich mit zuversichtlicher Gelassenheit. "Iß tüchtig", sagte sie, und irgendwie ging es jetzt auch.

Anschließend lief sie in den Stall. Schon im Eingang pfiff sie und war enttäuscht, als das übliche Antwortwiehern aus der letzten Box ausblieb. Vorn rechts stand Freya in einem leeren Ständer, dann war also auch Felix schon 'rübergekommen. Ungestüm riß sie die Boxentür auf und blieb entsetzt stehen. Die Knie zitterten ihr. War - war das Muschik? Die blau gestrichenen Fenster ließen nur ein dämmriges Licht ein, aber es war hell genug, den erbärmlichen Zustand des von ihr weggewandt dastehenden Pferdes zu erkennen. Es stand unbeweglich. Das Fell, soweit sie es von hinten sehen konnte, hatte seinen gestrigen Glanz verloren, war struppig, wie wenn jedes einzelne Härchen sich spröde aufgerichtet hätte. Sie machte schwankend zwei zögernde Schritte weiter in die Box, fieberhaft irrten die Blicke den Körper des Tieres entlang. Da - der rechte Vorderfuß: die ganze untere Hälfte dick angeschwollen! Sie beugte sich vor und tastete mit bebenden Händen: heiß und hart. Offenbar tat es ihm weh, wenn man dranfaßte, denn er machte einen ungeschickten Satz zur Seite.

"Muschik", flüsterte sie gepreßt, angstvoll, "Muschiklein - sieh mich doch nur einmal an!" Der Hengst hielt den Kopf tief gesenkt, die Augen, die jeden Rest ihres feurigen Schimmers eingebüßt hatten, sahen stumpf und krank aus. Unbeweglich starrten sie vor sich hin. In Hubertas Kopf jagten sich die Gedanken: Ein Doktor - da muß doch was geschehen - sofort ...

Die Knie zitterten immer noch, und ein Schlucken würgte in der Kehle, aber jetzt war nur eines wichtig: Hilfe für Muschik. Sie stürzte davon, über den Hof in die Küche, dann ins Wohnzimmer. "Mutter", keuchte sie, "Muschik ist krank. Doktor Vorholz muß kommen, sofort."

Dann erst sah sie Felix und Uschi am Fenster stehen.

"Ich hab' schon telefoniert", sagte Felix. "Vater wird jeden Augenblick da sein."

Ein erlöstes Lächeln huschte um ihren Mund. Sie setzte sich, starrte aber im nächsten Moment mit geweiteten Augen zum Fenster.

"Du hast ja den Arm in der Binde - ist was passiert? Wann denn nur? Bist du auch gestürzt?" Noch während sie fragte, kroch das Entsetzen von heute morgen wieder hoch.

"Arm gebrochen", kam ziemlich knapp die Antwort. "Gestern abend. Als ich Muschik auf die Beine helfen wollte. Er hatte den Kopf unter die Brüstung geklemmt." Die Stimme verlor alle Härte. "Es macht nichts, glaub mir, und sehr weh tut es auch nicht. Huberta, was ist denn los? Guck doch nicht so. Huberta!"

Die hörte längst nicht mehr zu. Hinter ihrer Stirn brach ein fürchterliches Lärmen los, Wortfetzen: Muschik - krank - Brücke - Arm - Felix gebrochen - festgeklemmt -

heiß. Und dann war auf einmal alles still, totenstill. Von ganz weit weg kam ein einziges Wort, erst leise, immer lauter und schließlich ohrenbetäubend: Sporen, Sporen, Spoooooren!

Gebrochen sank sie in den Sessel zurück.

Uschi war eigentlich furchtbar wütend. Als sie gestern abend die Verabschiedung überstanden und bis ganz zum Schluß, dem Beispiel der vergötterten Schulzin folgend, fröhlich hinter den Wagen hergewinkt hatte, war ihr auf dem Weg ins Haus plötzlich Felix eingefallen. Während Frau Schulze Westrup endlich hinauflaufen und nach Huberta sehen konnte, suchte sie die unteren Räume ab und fand ihn schließlich in einer dunklen Ecke der Terrasse auf der Brüstung sitzend. Sein Gesicht war schmerzverzerrt. Als ihr besorgtes Fragen immer dringender wurde, hatte er geknurrt: "Wird wohl ein bißchen gequetscht sein", und durchaus nicht zulassen wollen, daß sie sich den Arm ansah. Na, sie hatte Bescheid gewußt. Eine halbe Stunde später fuhr das Auto des Doktors vor, und der Arzt bestätigte ihre Vermutung.

"Glatter Bruch", hatte er gesagt und tröstend hinzugefügt: "Glück gehabt, mein Junge. Das hätte Splitter geben können. Die ersten zwei Tage wird es noch weh tun, aber dann gewöhnt man sich dran. In spätestens fünf Wochen kannst du wieder damit boxen - aber fang nicht gleich bei mir an!"

Felix hatte nämlich vor Schmerz sein Gesicht in die allergrimmigsten Falten gelegt. Einmal hatte er beim Schienen aufgestöhnt und, zur Seite gewandt, zähneknirschend: "Die verdammten Sporen!" gemurmelt. Als Uschi später auf der Couch im Wohnzimmer, wo sie für eine Nacht ihr Lager aufgeschlagen bekommen hatte, über diese Worte nachdachte, fiel es ihr wie Schuppen von den Augen. Das waren also die Brummfliegen gewesen. Das schöne Fest! Unsinn, verbesserte sie sich, das Fest war ja gerettet, aber Felix! Das Turnier - der Sattel - alles futsch. Und dann am anderen Morgen die Unglücksbotschaft mit Muschik - es war wirklich zuviel. Sie würde Huberta jedenfalls vorläufig nicht mehr ansehen.

Tja, und nun lag sie da, halt- und hilflos vor ihr im Sessel, blaß, die Augen vor Entsetzen aufgerissen, von Schluchzen geschüttelt. Beinahe hätte sie Mitleid bekommen. Mußte ein verteufeltes Gefühl sein, alles verschuldet zu haben. Aber dann sagte sie sich: Nur nichts übereilen, erst mal genau überlegen.

20

Die Eltern waren besorgt und trösteten, Trüken kochte ununterbrochen Tee, den zu seinem Ingrimm auch Felix trinken mußte, Muddel besah sich abwechselnd den interessanten Arm in der Schlinge und Muschiks Bein, das mit einer aufregenden rosa Masse bestrichen war, und das Leben nahm seinen Fortgang.

So einen Sommer hatte es seit Jahrzehnten nicht mehr gegeben. Tagsüber pralle Sonne, in den späten Abendstunden kurze, erfrischende Regenschauer. Die Spaliere an der Süd- und Westseite des Hauses bogen sich unter der Last des Edelobstes. Dicke, süße, glänzende Birnen wurden gleich körbeweise gepflückt und eingeweckt - teils in Gläser, teils auch direkt durch den Hals in den Magen, was besonders Muddel entschieden bevorzugte.

Einen Tag lang hatten sie alle schwarze Finger vom Saft der Holunderbeeren, ein andermal mußten Zentner Dicke Bohnen bewältigt werden. Die Kinder mußten von früh bis spät auf dem Posten sein, und das half wunderbar über die ekligen ersten Tage hinweg.

Huberta wurde ein bißchen mit Samthandschuhen angefaßt, aber das tröstete sie gar nicht. Sie sah wohl, wie Uschi sich jedesmal schweigend abwandte, wenn die Schulzin ihr mitleidig über den Kopf fuhr oder ihr mittags ein besonders zartes Stück Fleisch auf den Teller legte. Sie wußte auch genau, was dieses Abwenden heißen sollte. Du bist feige, sagten Uschis Augen, die anderen wissen ja nicht, wie das Unglück passiert ist. Felix ist ein viel zu feiner Kerl, um den Mund aufzutun, und du läßt dich für alles noch verwöhnen! Ihr Herz wollte rebellieren:

Wußte denn Uschi vielleicht, wie elend ihr zumute war? Wie sie Tag und Nacht der Gedanke quälte, daß Felix nun beim Turnier nicht mitreiten und seinen heißersehnten Sattel nicht gewinnen konnte? Uschi merkte ja nicht einmal, daß sie nachts wach lag, ganz starr, hilflos vor Jammer, während ihr aus den weit offenen Augen zwei Tränenströme flossen, unaufhaltsam, lautlos - bis sie endlich in unruhigen Schlummer fiel. Aber jedesmal, wenn sie in Gedanken so weit gekommen war, sich selbst zu bedauern, schämte sie sich entsetzlich. Uschi hatte ja recht, tausendmal recht. Hatte sie nicht angeben wollen? War es nicht herrlich gewesen, die Bewunderung aller zu spüren? Hatte sie auch nur ein einziges Mal an Muschik gedacht, als sie die Sporen anschnallte, mit denen sie nicht umgehen konnte? Und Felix ...

Felix war ihr allerbester Freund. Er hatte ihr vor langen Jahren, als sie noch ein halbes Baby war, Reiten beigebracht. Er freute sich wie kein zweiter, als sie Muschik haben sollte, und hatte seine ganze Freizeit geopfert, ihn ihr zuzureiten. Er wollte, daß sie auf dem Turnier einen Preis machte. Er lachte sie niemals richtig aus, obwohl er schon fast vier Jahre älter war, und jetzt - das war nun allerdings das Schlimmste, was ihr passieren konnte -, jetzt benahm er sich, als ob nichts geschehen wäre, und war ruppig und nett wie immer. Und sie war feige, feige, feige!

Alle zwei Stunden mußte Muschik neue essigsaure Tonerde an die geschwollenen Sehnen gestrichen werden. Das durfte kein anderer machen als sie selbst. Zähne aufeinandergebissen, damit nicht schon wieder die Tränen flössen, rührte sie das rosafarbene Pulver mit Essig zu einem dicken Brei an und trug es vorsichtig mit den Fingern auf. Bei den ersten paar Malen hatte es richtig gedampft, so viel Hitze war in dem Bein, aber schon am zweiten Tag abends ging die Schwellung etwas zurück. Muschik spitzte bereits wieder ein ganz klein wenig die Ohren und schlürfte gierig die handwarme Maische, die sie ihm viermal täglich aus Hafermehl und warmem Wasser mischte. Am Mittwochmorgen fraß er zum erstenmal wieder einen Trog voll richtiger Haferkörner mit Häcksel leer und leckte ihn mit der Zunge fein säuberlich aus.

"Der hat's überstanden", brummte Felix, als er mit den Fingern der linken Hand die Sehnen entlangfuhr. "Diese Araber sind doch eine verteufelt zähe Rasse. Erholen sich im Handumdrehn. Zwei, drei Tage Ruhe noch, dann kannst du mit dem Viech dein blaues Wunder erleben."

Huberta winkte müde ab. Daß Muschik wieder gesund war, freute sie ja bestimmt, aber reiten? Sie nicht, soviel stand fest. Sobald er munter genug war, würde sie ihn auf die Weide hinten im Venn bringen, da konnte er diesen Sommer ungestört grasen.

Stundenlang saß sie im dämmerigen Stall bei ihm, und eigentlich wuchs er ihr jetzt erst so richtig ans Herz. Draußen mochte sie sich kaum noch sehen lassen, aber Muschik, der verstand sie. Es würde sehr, sehr einsam werden ohne ihn. Ob sie nicht vielleicht doch - in vierzehn Tagen vielleicht, wenn alles ein bißchen vergessen war - ab und zu einen winzigen Ritt machen könnte? Pfui, schrie sie sich gleich darauf selbst zu, und Felix? Sein erstes Turnier hatte sie ihm verdorben, und den Sattel kriegte er jetzt auch nicht. Nein, Muschik, sagte sie bekümmert, du mußt fort. Es würde ihm zu weh tun, wenn wir ausritten, und er könnte nicht mit.

Muschik machte ein richtig trauriges Gesicht, fand Huberta, und das Herz wurde ihr schwer.

Vater machte seine Sache hervorragend. Allabendlich waren die Zuschauer begeistert. Seit Hermit auf den Feldern nicht mehr so viel zu tun hatte, war er frischer und wurde von Tag zu Tag elastischer. Zuerst machte der Schulze immer einen flotten Ritt über Land, und wenn er auf die Übungswiese kam, galoppierte er zweimal am Zaun entlang, damit sein Fuchs in den Gelenken schön locker wurde. Wenn er dann gegen die ersten, nun schon bedeutend erhöhten Hindernisse ritt, setzten die vier auf dem Baumstamm sich kerzengerade hin - vor Spannung und vor Begeisterung. Es sah zu schön aus, wie der mächtige Fuchs, dessen Fell im Schein der Abendsonne wie reines, pures Gold glänzte, mit langen, wuchtigen Sprüngen über Stangen, Ginsterhürden, Tönnchen und Triplebarre setzte. Immer waren seine Augen schon auf den nächsten Sprung gerichtet, der Hals streckte sich, die Hinterbeine waren eng angezogen, und dazwischen wölbte sich in gelassener Rundung der Rücken. Und der Schulze war wie mit seinem Pferd verwachsen. Seine Hände lagen zu beiden Seiten des glatten Halses, weit schossen sie im Sprung vorwärts, um das Pferd nicht zu stören, der Oberkörper reckte sich vor, geschmeidig lagen die Beine am Gurt.

"Das ist ein Sitz, Kinder, so müßte man reiten können!" rief Felix mit funkelnden Augen. Huberta vergaß für einen Moment ihre ganze Not und stimmte ihm eifrig zu: "Du hast recht, so müßte man sitzen, so elegant, so leicht, und dabei so - so - so jederzeit Herr über sein Pferd. Wie genau der Hermit das merkt. Macht ihm richtig Spaß, mit Vater im Sattel. Aber bei dir und Freya ist es bestimmt genauso, wenigstens fast, nur noch ein winziges bißchen ..." Erschrocken hielt sie inne und wurde knallrot.

"Na ja, das kommt dann nächstes Jahr." Der Schulze hatte die letzten Worte im Näherreiten gehört.

Jetzt parierte er seinen Fuchs neben ihnen durch. "Bis dahin ist er eine solche Kanone geworden, daß er mich mit Pauken und Trompeten schlägt! Was sagst du dazu, du einarmiger Held?"

Felix lachte etwas krampfhaft, Huberta aber brach zum x-tenmal in Tränen aus.

"Lieber Himmel, nun heul doch nicht den ganzen Tag", brummte ihr Vater halb gutmütig, halb ärgerlich. "So was passiert eben mit Pferden, daran muß man sich frühzeitig gewöhnen. Als ob im Leben jemals etwas ganz glatt ginge", er seufzte leicht. "Wird höchste Zeit, daß du uns fröhlich wieder was vorreitest - oder hast du am Ende Angst gekriegt?" Über diese kuriose Möglichkeit lachend, ritt er davon.

Nein, sie hielt das nicht mehr aus. Sie würde zu Vater hingehen und ihm sagen, wie es zu dem Sturz gekommen war, jetzt gleich! Und mit Felix würde sie auch sprechen, sobald Uschi mal weg war. Oder - sie zögerte einen Augenblick - schließlich konnte sie auch ruhig dabeisein. Hastig drehte sie sich um: "Felix, ich - ich wollte dir was sagen", und als er verlegen abwinkte, rückte sie auf dem Baumstamm noch näher zu ihm heran, und ihre Worte überstürzten sich fast. "Doch, ich muß, bestimmt. Ich - nämlich, ich wollte nur sagen, daß ich ganz genau weiß, ganz genau - daß es doch meine Schuld ist. Ihr wißt es ja auch, aber ich wollte es nur zugeben, denn ich kann das nicht mehr aushalten. Ihr sollt nicht meinen, ich bin wirklich feige, nur - das ist alles so schrecklich. Ich meine, nicht wegen Muschik und mir, Muschik ist ja auch fast wieder gesund, nur - eben mit dir und der Freude und überhaupt und so!"

Uschi starrte sie entgeistert an, und Felix fühlte sich von Kopf bis zu den Füßen unbehaglich. Daß Mädchen immer so viel reden mußten. War ja schon gut. Aber

Huberta hatte sich nun einmal verzweifelt in die Rederei gestürzt und wollte jetzt auch alles vom Herzen haben.

"Und bitte, bitte, meint nicht, daß ich es extra getan hab'. Ich war gar nicht richtig da. All die Leute - oh, niemals reite ich mehr vor Leuten. Das soll keine billige Entschuldigung sein, wirklich nicht, nur, ihr könnt mir bestimmt glauben, schon bevor ich das wußte mit Muschik und deinem Arm, da war mir schon morgens beim Wachwerden so mordselend, weil ich so - so - na, ihr wißt ja, mit all dem Getue. Ich bin immer so aufgeregt, aber wenn ich noch mal aufgeregt bin, dann braucht ihr mich bloß daran zu erinnern. Und Muschik bring ich morgen ins Venn", schloß sie etwas gezwungen tapfer. Dann rannte sie spornstreichs davon.

"Moment mal!" Felix drückte Uschi, die sich ganz perplex erhoben hatte, um hinterherzulaufen, energisch auf den Baumstamm zurück. "Wir beide, liebe Uschi, müssen jetzt dringend eine Kleinigkeit überlegen. Ich hab' so ein komisches Gefühl - als ob es höchste Zeit wäre, mit diesem ganzen blöden Kram mal aufzuräumen. Und der Bund muß ja nicht unbedingt in Tiefschlaf sinken!"

Den ganzen Abend war Besuch unten gewesen. Erst gegen elf rasselte der Einspänner über das Kopfsteinpflaster des Hofes davon. Leise, leise, um Uschi nicht zu wecken, war Huberta aus dem Bett geklettert und im Nachthemd, mit bloßen Füßen, die Treppe 'runtergehuscht. Sie mußte es noch heute abend sagen. Unbedingt. Sie war so randvoll eiserner Entschlossenheit, daß sie beinahe ihre Mutter mitsamt einem Tablett voller Weingläser umgerannt hätte.

Es wurde dann eine ziemlich herzklopfende Angelegenheit, so in Vaters immer ernster werdendes Gesicht hinein, und erst als die ganze Beichterei glücklich überstanden war und ihr innerstes Anliegen dran kam, ging's etwas flotter. Ihr war nämlich die Idee gekommen, daß Vater den Sattel, den er ja zweifellos gewinnen würde, Felix schenken könnte. Sie wollte dafür - großes Ehrenwort - weder zum Namenstag noch zu Weihnachten was haben und außerdem Muschik ins Venn bringen. Die Kehle wurde ihr trocken beim bloßen Gedanken daran. Als sie ihren Wunsch jetzt aber laut sagte, klang es ganz verdreht, irgendwie unmöglich, gar nicht so einfach, wie sie es sich gedacht hatte.

Der Schulze schüttelte denn auch nur den Kopf: "Nein, nein, Kind, das ist ausgeschlossen. Ich schenk' ihm gern einen Sattel, zumal ich ja selbst reichlich versorgt bin und meinen alten immer noch am liebsten habe, aber diesen - vorausgesetzt, daß ich ihn gewinne, was ja noch mehr als zweifelhaft ist -, diesen nimmt er nicht mal. Das wäre eine glatte Beleidigung. So, als ob ich ihn bezahlen wollte dafür, daß er etwas Selbstverständliches getan hat. Nein - das ist doch ein Preis, den bekommt man nicht geschenkt, sondern man erringt ihn sich." Dann hatte er ihr seine schwere Hand auf den Kopf gelegt, beileibe nicht zum Streicheln, aber auch nicht böse, eher ganz ernst, und dabei gebrummt: "Sieh zu, daß du ein tapferer Kerl wirst, und merk dir - Reiter müssen anständig sein, innerlich, mein' ich."

Und Mutter hatte die Arme um sie beide geschlungen und jedem einen Kuß gegeben. Huberta bekam anschließend noch einen leichten Klaps auf die Kehrseite: "Marsch, in die Falle mit dir - und wehe, wenn so was noch mal passiert!"

Noch mal? Du lieber Himmel! Beinahe hätte sie auf der Treppe geträllert. Solche Eltern sollte ihr mal einer nachmachen. Klar, daß so was nie, nie, nie mehr wieder passieren würde.

21

“Psst - fall nicht!” zischte es aus dem Dunkeln, und um ein Haar hätte sie geschrien. Uschi natürlich, hörte man an der Stimme. Eine Hand griff nach ihr, unten stolperten ihre Füße gegen was Weiches, dann ließ sie sich ganz benommen den Gang entlangschleppen. Vor der allerletzten Tür machte ihre unsichtbare Führerin halt. Ein dumpfes Trommelfeuer auf der Türfüllung wurde hörbar. Hier im Fremdenzimmer wohnte seit seinem Unfall Felix, der lieber auf dem Westruphof als zu Hause krank sein wollte - sofern man überhaupt von Kranksein reden konnte. So ein gebrochener Arm war lästig, aber damit auch basta! Drinnen drehte sich jetzt ein Schlüssel im Schloß, und gerade als auf der Treppe die Stimmen des Schulzen und seiner Frau laut wurden, öffnete sich die Tür geräuschlos und ließ die beiden ein.

Im ersten Moment fand Huberta sich kaum zurecht. Das Zimmer war seltsam verändert. Es war fast ganz dunkel, nur in der Ecke hing ein ausgehöhlter Kürbis, aus dessen mit rotem Seidenpapier verklebten Löchern ein unheimlicher Lichtschimmer fiel. Genau darunter waren sämtliche Matratzen aus Felix’ Bett nebeneinandergelegt, und gerade warf Uschi noch eine dazu. Aha, das war also das Weiche gewesen, vorhin. Aber wie sah Uschi denn aus? Auf den Kopf hatte sie sich die Königsperücke vom Sonntag gestülpt, auf ihrer Stupsnase balancierte eine riesige Hornbrille ohne Gläser, die gesamte, nicht unbeträchtliche Leibesfülle aber war in einen Plumeauüberzug aus grobgelbem Leinen mit klatschroten Monatsrosen gehüllt. Als sie sich majestätisch und schweigend auf die Kissen unter dem Kürbis niederließ, sauste eine Maus schnurstracks auf sie zu. Huberta fuhr quiekend zusammen, die Meisterin jedoch fischte das Ungeheuer gelassen unter den Falten ihres Prachtgewandes hervor und setzte es neben sich auf eine niedrige Kiste. Es war aus Blech.

Kein Mensch sagte ein Wort. Auf eine stumme Handbewegung hin wollte sie sich, noch immer ziemlich benommen, langsam niederlassen, als aus dem Dunkel ihr gerade gegenüber ein kurzes Kichern erklang und sie erneut zusammenzucken ließ. Von irgendwoher tauchte ein Metallbecken mit glimmenden Kohlen auf - Moment mal, wo hatte sie das doch schon mal gesehen? Ach natürlich, eine alte Bratpfanne mit abgebrochenem Stiel, hinten vom Schutthaufen, wurde ebenfalls auf die Kiste gestellt, die Meisterin murmelte beschwörende Zauberformeln über der Glut, bewegte die Hände in feierlichem Rhythmus und ließ dann einige Körnchen in das Becken fallen. Sofort stieg bläulicher Rauch auf, und das Zimmer füllte sich mit erstickend süßlichem Weihrauchduft. Total verrückt! dachte die nächtlicherweise Entführte, starrte aber gebannt in die rastlos über die Glut hinhuschenden violetten Zünglein. Wieder rieselten zarte Körnchen in die Pfanne, aber - entsetzt fuhr sie zurück, stand im Nu auf zitternden Beinen: Das krachte und sprühte, zischte, funkelte, knatterte - und rundum tönte prustendes Gelächter auf. Sie sah sich um. Ihre Augen, inzwischen an das Dämmerlicht gewöhnt, erkannten nicht nur Felix, der sich mit der gesunden Linken den Bauch hielt vor Lachen und mit den Beinen an der Bettkante einen Wirbel trommelte, sondern erblickten auf der äußersten Matratze auch das Wesen, dessen Kichern sie ebenso tödlich erschreckt hatte. Ein krauses Nachthäubchen um das Runzelgesicht, in baumwollener Nachtjacke mit Häkelspitzen und an den Füßen karierte

Filzpantoffeln, drückte sich niemand anderes als Trüken an die dunkle Wand und verging fast vor Spaß.

Das Feuerwerk war versprüht. Da! Zwölf hallende Schläge. Dumpf fiel der Holzquirl auf Muddels Trommel: terumm, terumm ...

Und auf einmal eine zwar feierliche, aber doch immerhin menschliche Stimme: "Erhabener Meister unseres Ordens, die Feier der Mysterien ist vollzogen. Lodernde Feuer schlugen gen Himmel. Die Erwählte ist nunmehr vorbereitet auf die Tat, die zu tun ihrer harrt. Der Bund ist vollzählig versammelt - sprich!"

Huberta stieg eine böse Ahnung auf: Die wollten doch was von ihr - aber was denn nur?

Die Meisterin erhob sich: "Teure, geliebte Bundesbrüder! Nur ein Beschluß von größter Tragweite erfordert die Zusammenkunft um Mitternacht. Es tut meinem Herzen wohl, zu sehen, daß ihr alle meinem Ruf gefolgt seid. Besondere Umstände machen es notwendig, daß ich bei meinen Ausführungen ziemlich weit zurückgreife."

So eine Quasselstrippe! dachte Felix halb grinsend, halb bewundernd.

"Als unser Bund vor nunmehr drei Wochen gegründet wurde, verfolgten wir mit dieser wichtigen Neugründung einen noch wichtigeren Zweck. Ihr alle, teure Brüder, kennt ihn: Wahrung eines Geheimnisses!"

Huberta saß beschämt da. Mußten die denn immer wieder davon anfangen? Das war doch endgültig erledigt.

"Unser Ziel aber war: Siege zu erringen, Lorbeeren zu ernten, mit Ruhm unsere Häupter zu krönen! Widrige Verhältnisse schienen das Gelingen unseres Planes zum Scheitern zu bringen. Ihr alle wißt, daß die Hauptbeteiligten seit dem vorigen Sonntag erkrankt sind, heute aber durften wir feststellen", die Stimme triumphierte, "ein Teil ist genesen!"

Und nach einem sekundenlangen Schweigen, währenddessen alle gespannt den Schluß der Rede erwarteten, hub die Meisterin zu ihren sorgfältig erwogenen letzten Sätzen an: "Wir wollten uns an einem Turnier beteiligen. Die Götter sahen neidisch herab und streuten den Samen des Neides, der Hoffart und der Zwietracht unter uns. Heute aber, soeben, haben wir sie endgültig besiegt. Eintracht herrscht wieder, vergeben und vergessen ist alle Torheit. In geheimer Sitzung hat der Vorstand beschlossen, das Bestmögliche aus den verbliebenen Trümmern unseres stolzen Zukunftsbaues zu machen. Brüder, unsere Teilnahme am Turnier findet doch statt!"

Huberta aber rief mit erstickter Stimme: "Ich nicht - niemals! Wenn Felix nicht mitmachen kann, dann kann ich auch nicht. Ich bin doch kein Schuft!"

Jetzt zum erstenmal aber donnerte der immer freundliche Felix los: "Ruhe! Schluß mit dem Quatsch! Diesen Weiberkram bin ich gründlich leid. Jetzt wird pariert. Wozu, glaubst du wohl, wohne ich seit Sonntag hier? Weil ich absolut nicht ohne eure lieblichen Blauäuglein sein kann? Weil ich sonst Tag und Nacht nach den süßen kleinen Mädchen schreien würde? Bin ich vielleicht ein Hampelmann, der grasgrünen Babys Ideen in die Zwergenhirnchen setzt und dann mittendrin ausreißt? Baue ich vielleicht für nichts und wieder nichts ganze Übungsplätze - bloß um sie liegenzulassen, wenn es den Herrschaften keinen Spaß mehr macht?"

Huberta dachte nur immer: Wie ungerecht das ist, und er weiß es auch genau, aber im Grunde hat er doch recht, und - verflixt ja, so einen feinen Freund such mir mal einer. Statt sich zu bejammern, brüllt er mich an, und alles nur, weil er weiß, daß ich kreuzunglücklich bin, wenn ich nicht mitmachen darf. Sie wagte ein zaghaftes Grinsen, aber bei dem gerade erst richtig in Fahrt gekommenen Felix brachte es das Pulver zum Explodieren: “Grins nicht!” kollerte er. “Ich will dir mal in aller Freundlichkeit was sagen ...”

Freundlichkeit ist gut, fand Uschi, werd’ mich höllisch in acht nehmen, daß er nicht zu mir auch eines Tages freundlich wird.

“Und zwar folgendes: Du bist verdammt schief gewikkelt, wenn du dir einbildest, daß es bei der Geschichte bloß um deine werte Persönlichkeit geht. Wir, wir - wohlverstanden - wollen einen Preis gewinnen. Saubere Gemeinschaftsarbeit ist das. Und meinst du, es täte einem von uns auch nur entfernt gut, wenn der Muschik sich irgendwo am Ende der Welt einen Grasbauch anfrißt? Nichts zu machen, mein Liebling - du übst! Und zwar nach Kommando!” schloß er grimmig.

Von den widerstreitendsten Gefühlen gequält, wälzte sich Huberta schlaflos hin und her. Nein, nein, es war nicht recht. Die anderen meinten es gut, aber es ging nicht. Oh, sie würde sich ja so zusammennehmen und Muschik nie mehr durch Ungeduld quälen, bestimmt nicht - aber was würde denn Felix dabei wohl fühlen? Morgen wollte sie strikte ablehnen, ein für allemal. Nur - wenn es den anderen aber vielleicht doch richtig Spaß machte? Ach, es war schrecklich; könnte sie doch nur endlich einschlafen!

Und dann fuhr sie nach kurzem unruhigem Schlummer plötzlich hoch und saß hellwach im Bett. Was hatte sie da eben geträumt? Der Sattel? Der Sattel, den Felix sich so brennend wünschte und den er nicht bekommen konnte - was war noch mit dem Sattel gewesen? Auf einmal wußte sie es, sie selbst! Nein, das war unmöglich, oder? Natürlich wollte sie ihn dann Felix schenken, aber

Vater meinte ja, er nimmt ihn nicht. Ob er ihn von ihr nähme? Wie hatte er doch gesagt: Saubere Gemeinschaftsarbeit, schief gewickelt, wenn du dir einbildest, es ginge um deine werte Persönlichkeit. Jawohl, genau das hatte er gesagt. Er würde ihn nehmen, er mußte ihn nehmen, denn wenn es klappte, wenn das Unwahrscheinliche geschähe, daß sie, Huberta Schulze Westrup, den ersten Preis machte, dann war es doch hauptsächlich ihm zu verdanken, dann hatte er sich den Sattel als ihr Lehrer selber redlich gewonnen!

Sie war plötzlich innerlich wieder ganz heiß, so wie auf dem Fest. Ihr Herz hämmerte so ungestüm gegen die Rippen, klopfte mitten in der Nacht so laut, daß sie fürchtete, Uschi würde wach werden davon. Muschik, dachte sie, lieber Muschik! Sie würde sich ja so zusammennehmen. Und wenn man sich etwas so heiß und glühend wünschte, dann geschah ein Wunder. Es können noch Wunder geschehen, dachte sie, bestimmt, und dachte: Felix, ich gewinn' dir den Sattel!

22

Einige Tage später schlenderte der Schulze vor dem Frühstück in die Küche.

Seine Frau verzierte am Tisch nachdenklich die Butter mit Hilfe eines heißen Löffels. Als sich ihr Mann zum Gehen wandte, hielt sie ihn zurück.

“Einen Moment noch, Hubert, mir ist seit einiger Zeit nicht so recht wohl beim Gedanken an die Kinder. Huberta ist so unwahrscheinlich musterhaft - keine Widerrede mehr, kaum noch Aufgeregtheit, ein Herz und eine Seele mit den beiden Gästen.”

“Na hör mal - wenn du keine anderen Sorgen hast!” Der Schulze hatte Hunger und konnte dem Duft der Eier kaum noch widerstehen.

“Mir gefällt aber ein so unbegreiflicher Stimmungswechsel nicht. Vielleicht bin ich zu mißtrauisch - mag sein. Aber eigentlich wollte ich ja auch über die beiden anderen mit dir reden. Felix und Uschi langweilen sich bestimmt, das möchte ich nicht.”

“Hihi!” Ein spitzes Kichern vom Herd her unterbrach sie. Die Schulzin sah sich verwirrt nach Trüken um, fuhr dann, als nur noch ein krächzendes Räuspern hörbar wurde, etwas aus der Fassung gebracht, fort: “Uschi hat sich tüchtig angestrengt in den letzten Wochen und kennt vom Gut noch fast gar nichts. Könntest du nicht mal was unternehmen?”

Ihr Mann hatte die Hände in die Hosentaschen versenkt und leise pfeifend zugehört.

“Trifft sich prächtig”, meinte er jetzt vergnügt, “die Sorgen bist du los. Ich muß ins Venn, nach den Fohlen sehen. Die Rasselbande macht alle paar Wochen die Zäune kaputt. Ich wollte sowieso die Füchse mal einen ganzen Tag lang ins leichte Geschirr nehmen - lade ich also deine lieben Kleinen auch noch auf. Zufrieden?"

"Und ob", lachte die Schulzin. "Manchmal bist du wirklich zu was zu gebrauchen. Soll ich euch Essen mitgeben, oder seid ihr rechtzeitig wieder hier?" Sie war ehrlich erfreut. Das war doch wenigstens mal eine Abwechslung für Uschi. Das arme Kind tat ihr immer ein bißchen leid. Hoffentlich beachteten die Pferdenarren sie auch genug.

Die Stimme ihres Mannes riß sie aus ihren Gedanken.

"Wo du gerade vom Essen redest - wie wär's im Augenblick mit ein paar Speckeiern? Je plötzlicher - je lieber!"

Daraufhin schob er seine Frau energisch vor sich zur Tür hinaus und ließ sich hochbefriedigt am Frühstückstisch auf der Terrasse nieder. So - das wäre mal wieder geschafft. Er fand Frauen ungeheuer kompliziert. Schließlich konnte man so was ja auch während der Mahlzeit überlegen!

Der zum Frühstück antretende Bund jubilierte. Gerade heute morgen waren sie zwar nach dem Üben nicht mehr zu Bett gegangen, weil Muschik nicht aufpaßte und dauernd Hindernisse umwarf, die instand gesetzt werden mußten, ehe der Schulze etwas merkte, aber Uschi stimmte ein solches Freudengeheul an, daß die beiden anderen gewohnheitsmäßig und ohne noch viel zu denken mitschrien. Schließlich wurde der Jubel so wild, daß die Schulzin bereits wieder mißtrauisch zu werden begann. Gerade da aber versicherte Uschi mit ihrem sonnigsten Lächeln, sie freue sich ja so furchtbar über die Abwechslung, was ihr unterm Tisch zwei herzliche Tritte gegen die Schienbeine eintrug. Der Schulze drängte aufgeräumt zum Aufbruch, seine Frau packte die Picknickkörbe, und Huberta wurde in den Stall geschickt, Muschik zu holen, von dem ihr Vater behauptete, er kriege viel zu wenig Bewegung.

Das Innere des offenen Jagdwagens faßte, wenn die Rücksitze dazu aufgeklappt wurden, neun Personen. In den braunen Kordpolstern aber hatten es sich nur zwei bequem gemacht, sofern man Fips, den Unvermeidlichen, überhaupt als Person rechnen will. Dafür quetschten sich auf dem Kutschbock der Schulze, Felix und Uschi gegenseitig beinahe die Rippen ein, doch änderte das nicht das geringste am Entschluß der beiden, dem Schulzen beim Fahren zuzusehen. Dieser war von der Idee begreiflicherweise hochentzückt, zumal die jungen Füchse durch die Stallruhe ausnahmsweise unruhig geworden waren. Bei jeder Leinenverkürzung kam die Fahrpeitsche Uschis Gesicht bedrohlich nahe, aber selbst das trug zum Reiz der Fahrt bei.

Der Morgen war wunderschön. Gegen sieben Uhr hatte es kurz geregnet, und selbst jetzt, um halb neun, hingen noch zarte Dunstschleier vor der Sonne. Das Gras am Chausseerand, auf dem Muschik mit seiner Reiterin neben dem Wagen hertrabte, war feucht, und als der Schulze einmal scherzhaft mit der langen Fahrpeitsche die Birkenzweige streifte, fiel ein Schauer winziger Tropfen auf sie herunter.

Nach einer halben Stunde bogen sie in einen breiten, leicht abschüssigen Sandweg ein. Die Füchse prusteten wohlig. Seitdem der gelbe Sand das Klappern der Hufe verschluckte, hörte man deutlich das Knirschen des Lederzeugs und das Kauen der Zähne. Manchmal klingelten die Gebißringe leise gegeneinander. Uschi saß zum erstenmal so nahe hinter Pferden. Sie konnte sich nicht satt sehen an den kräftigen Bewegungen der Beine, die fast im Takt auf und nieder gingen. Schon nach kurzer Zeit hatte sich die übermütige Unruhe gelegt. Obwohl der Schulze die Leinen fast unbeweglich in den Fäusten hielt, merkte selbst Uschi, die doch von so etwas gar nichts verstand, daß die Pferde bald schon die Hälse höher schoben und kürzer und schwungvoller wurden.

Rechts und links wechselten Waldstücke mit Weiden und abgeernteten Feldern, sandigen Heidekrautflächen und Rübenäckern ab. Weite Strecken davon gehörten zum Westruphof. Was Uschi ganz neu und ein wenig sonderbar vorkam, war, daß das Land nicht etwa geschlossen um den Hof herum, sondern zu kleinen Stükken zerteilt weitum verstreut lag. Einzelne Gehöfte kuschelten sich in die Schatten ihrer Wallhecken und Eichenbäume, hin und wieder nur ein vorwitziges rotes Dach oder die Breitseite einer Scheune mit in der Nähe weidenden rotbunten Kühen zeigend. Je weiter sie aber fuhren, um so seltener wurden die Höfe, um so spärlicher die Felder und desto üppiger dehnten sich die Heidekrautflächen mit Erika und dunklen Wacholderbäumen, Birkenwäldchen und struppigen Kiefernschonungen aus.

“Hier herum gibt’s aber bestimmt eine Masse Fasanen und Karnickel, Onkel Hubert”, brach Felix nach längerer Zeit das andächtige Schweigen.

Der Schulze bestätigte es nickend. Sich hauptsächlich an den Gast aus der Stadt wendend, erläuterte er: “Allerdings - hundertundsechzig Fasanen haben wir am ersten Fasanenjagdtag schon gehabt, na, und Karnickel - du liebe Güte. Zeitweilig eine direkte Landplage. Rehwild ist auch einiges da. Hier auf der Heide und später im Venn stört sie ja keine Menschenseele. Im Winter füttern wir in den Schuppen draußen auf den Weiden Heu. So ein richtig strammer Winter macht sogar den scheuesten Bock zahm. Mehr als einmal haben sie uns das Heu schon aus der Hand gezupft."

Für Uschi waren das aufregende Neuigkeiten. Wieviel man nicht wußte, wenn man nur mit zwei alten Frauen aufwuchs! "Ob wir heute wohl welche sehen?" meinte sie erwartungsvoll.

"Halt nur die Augen auf, dann versprech' ich dir bis zum Abend sicher ein Dutzend."

Inzwischen waren die letzten Dunstschleier gefallen, und Milliarden winziger Spiegel an Gräsern und Sträuchern brachen funkelnd und glitzernd die Strahlen der Sonne. Da meint man nun, wenn man erst auf einem Hof ist, ist man auch schon richtig auf dem Land, dachte Uschi, angenehm müde von den Anstrengungen des Morgens, aber so was Herrliches hab' ich doch in all den Wochen noch nicht erlebt. Und dazu das Schnauben der Füchse und der gute, saubere Geruch, den der Fahrtwind einem direkt in die Nase wehte. Von ihr aus konnte das noch stundenlang so weitergehen.

Muschik war schon hübsch warm geworden. Auf dem Sandweg vorhin hatten sie ein Stück galoppiert und fast eine halbe Stunde lang getrabt. So ziellos geradeaus reiten, dazwischen ein bißchen über die Heide bummeln, unter sich einen knarrenden Sattel, vor den Augen die flinke Beweglichkeit der mausgrauen Muschikohren, rundum Luft, viel, viel Luft zum tief Einatmen - noch schöner war bestimmt nichts auf der Welt! Durch die weichen Stiefelschäfte spürte man die prallen, lebendigen Muskeln, die sich im Rhythmus der Schritte zusammenzogen, die Hände spielten ganz leise mit den straff anliegenden Zügeln, von dem feucht werdenden Fell stieg scharfer Pferdedunst hoch, der Schweif - unruhig nach Schmeißfliegen schlagend - berührte manchmal sogar die Stiefelspitzen, so lang war er.

Ein dichter langer Schweif und eine dünne Mähne waren die Anzeichen edlen Blutes bei arabischen Pferden, erinnerte sich Huberta. Nie stutzten die Araber eines von beiden. Würde sie auch nie tun. Viel bürsten, damit sie nicht verfilzen, aber nichts wegschneiden. Wär auch zu schade, Muschik sah herrlich aus. Im Galopp lag der Schweif wie eine ausgebreitete, silbergraue Fahne in der Luft. Galopp - könnte man gleich mal machen. Und fort ging es in katzenhaft geschmeidigen Sprüngen.

Die Heide verlor sich allmählich ganz in einem Meer von Rispgräsern. Hohes, gelbes Riedgras wogte im Morgenwind. Fast bis an den Bauch verschwand der zierliche Hengst darin. Jetzt war Vorsicht geboten, man sah die Kaninchenlöcher nicht mehr. Schenkel fester an den Gurt, Hände weich und zugleich energisch um die verkürzten Zügel gelegt, Oberkörper vorgebeugt und aufmerksam auf den Boden geachtet! Hoppla - ein kurzer Ruck, das Hinterteil sackte weg, 'raus aus dem Sattel - es ging in Gedankenschnelle. Schon passiert! Natürlich so ein ekliges Loch. Diese Biester mußten sich aber auch immer da eingraben, wo man zufällig drüberritt. Muschik stemmte sich auf die Vorderbeine und kriegte die Hinterhand frei. Komisch, daß man bei Pferden die Beine, wenn man von je zweien sprach, "Hand" nannte - Vorderhand und Hinterhand -, ging es Huberta durch den Kopf. Meist fiel es einem schon gar nicht mehr auf, wie seltsam die Ausdrücke der Fachsprache sind. Uschi würde jetzt wieder eine endlose Fragerei vom Stapel lassen. Oft war es ja lästig, aber man dachte dann doch über viele Dinge nach, die einem schon selbstverständlich geworden waren, ohne daß man in Wirklichkeit richtig Bescheid wußte. Wieviel hatten sie allein über Araber gelernt!

Ach du liebes Lottchen, da träumte sie schon wieder

mal, und die anderen verschwanden ihr aus dem Gesichtskreis. Muschik knibbelte an einem Birkenzweig herum, der ihm aber nicht allzu gut zu schmecken schien. Aufgesessen und im Trab auf den Weg zu. Der kleine Zwischenfall war schon vergessen. Gefährlich oder nicht gefährlich, es kam zu häufig vor. Ein Nachbar hatte sich auf der Reitjagd den Hals gebrochen, als sein Pferd mit dem Vorderbein in ein solches Loch geraten war und sich überschlagen hatte. Aber meist passierte nichts, und Glück muß auch ein Reiter haben.

Auf dem Weg tauchte das Gespann auf, dazwischen aber lag noch ein breiter Graben. Drüberspringen, war der erste, ganz normale Gedanke. Stopp! Ich darf ja gar nicht springen können, der zweite, wohlüberlegte. Muschik mußte eine halbe Kehrtwendung machen und dann am Rand der Ödfläche hertraben.

Der Schulze hatte das Zögern bemerkt. Lachend brummte er: "Na, sehr mutig scheint ihr beiden Helden ja auch nicht gerade zu sein. Sobald das Turnier vorbei ist, machen wir die Hindernisse auf der Übungswiese ganz niedrig und fangen langsam mit dem Springen an. So ein kleiner Graben darf einen Reiter nicht ins Bockshorn jagen."

Huberta wurde - ebenso wie die Bundesbrüder auf dem Bock - rot. Daß ihr Mut angezweifelt wurde, konnte sie nicht ausstehen, und noch vor wenigen Tagen hätte sie in einem solchen Fall das Pferd gewendet und wäre gesprungen, ohne auch nur einen Gedanken an die Folgen zu verschwenden. Vorsicht, Sattel! dachte sie jetzt und riß sich zusammen: Vater darf nichts merken, nur nicht. Grimmig setzte sie in Gedanken hinzu: Na, warte mal, noch knappe drei Wochen!

Unter Lachen und Plaudern verging den dreien auf dem Bock die Zeit wie im Flug, auf dem rückwärtigen

Polstersitz lagen Muddel und Fips in süßem Schlummer zu einem kaum entwirrbaren Knäuel von Pfoten, Haaren, Pelz und Beinen ineinandergerollt.

Die Reiterin hatte sich längst wieder abseits in die Büsche geschlagen.

Vorn wuchs ein hoher grüner Wall auf, das Gefährt näherte sich dem "Bökenbuß", dem alten Buchenwald, der mit seinen ragenden hundertjährigen Stämmen einen wertvollen Teil des Westruphofes bildete und - neben den Pferden - der Stolz der Schulzen war. Fast zehn Minuten lang trabten die Füchse schnurgrade durch einen lichtgrünen Tunnel. Uschi hielt den Atem an. Daß es so etwas gab! Überall sickerten Sonnenstrahlen durch das grüne Dach, huschten die glatten grauen Stämme hinab, spielten über die brandroten Rücken der Pferde oder ließen sich mit Moosfetzen und raschelndem Vorjahrslaub von den Hufen in die Höhe wirbeln. Grün - gold - grau - rot - braun, Schatten dazwischen, dicke Kleckse manchmal, dann wieder hauchzarte, zitternd bewegliche Kringel. Uschi, das Stadtkind, seufzte, benommen von so viel sanfter Schönheit. Gleich darauf mußte sie lachen.

"Guckt euch doch nur mal die Felle an. Sieht das nicht aus, als ob es hier Licht regnete? Große, schwere Tropfen, und wenn sie auf den Pferderücken ankommen, dann spritzen sie auseinander und sprühen wie richtiges Gold!"

Die beiden anderen hörten etwas verwundert zu. So genau hatten sie es sich eigentlich noch nie überlegt, aber etwas Wahres war schon dran. Vor lauter Vergnügen knallte der Schulze einmal fest mit der Fischbeinpeitsche. Die Füchse wußten genau, wie es gemeint war, und tanzten jetzt so schwungvoll den weichen Waldweg entlang, daß Uschis Lichtregen ganz aus dem Häuschen geriet - und Uschi mit.

“Oh!” schrie sie entzückt. “Jetzt sieht’s aus wie ein Netz aus Goldmaschen, ein -”, sie krauste die Stirn und dachte angestrengt nach, “- ein flirrendes Netz!” Das war kein leichtes Wort, aber wie herrlich es klang. Ganz flüchtig staunte sie mal wieder wie Worte den alltäglichen Dingen eine neue Schönheit geben können - so, daß man sie dann immer behält. Und war ein ganz klein bißchen stolz auf ihre Kenntnisse.

Felix verspürte den unwiderstehlichen Drang, auch mal was Gescheites von sich zu geben. “Hörst du die Krähe da rechts? Oder da - die Elster? Und nun eine Eule?” Uschi nickte eifrig, ihr Freund aber trompetete: “Jawohl, denkste! Eulen gibt’s ja hier gar nicht”, klopfte ihr wohlwollend mit der heilen Linken auf die Schulter und fuhr wie ein weiser alter Onkel fort: “Wenn das kleine Fräulein ganz brav ist, zeigen wir ihm mal eine richtige Eule. Abends, im Dunkeln. Das da, was jetzt immer neben dem Wagen herhüpft und den ganzen Radau veranstaltet, das ist ein Eichelhäher! Drolliger Bursche und gar nicht so ohne. Der kann allerhand: mal krächzt er wie eine Krähe, jucht dann wie eine Eule, und schließlich schackert er auch noch wie eine Elster. Hübsch ist er außerdem, mit seinem bunten Kopfputz. O ja, so was gibt’s. Auf dem Land, wo es ja so langweilig ist.”

Hochbefriedigt lehnte er sich zurück. “Lichtregen” und so’n Kram war ja ganz nett zum Anhören, aber Vogelkenntnisse sind letzten Endes solider.

Der Weg mündete in die über vierzig Morgen große, auf drei Seiten von Wald und Gebüsch umgebene Vennweide. Weit, weit hinten schimmerte das Flüßchen an der vierten Seite auf. Links vom Eingangstor war die Wiese mit grauwolligen Knäueln besät, die sich beim Näherkommen als viele Hundert Schafe entpuppten. Sowie der Wagen in Sichtweite kam, lösten sich aus der trägen Schar zwei dunkle Punkte und hüpften ihm wie Gummibälle durch das Gras entgegen - unter giftigem Geblaff, woraus hervorging, daß es sich keineswegs um Gummibälle, sondern um Fipsens leibhaftige Brüder handelte, die es mit ihrem Wächteramt ungemein ernst nahmen.

Eine rauhe Stimme scheuchte sie zurück, dann tauchte aus den seitlichen Büschen ein dicker, riesiger Mann mit Leinenhosen auf, die über der Hüfte mit einem Stück Tau festgehalten wurden, einem offenen, einstmals weiß gewesenen Hemd und holländischem Fischerbart. Uschi meinte später, sie habe sich unter einem Hirten immer was Schlankes, Ehrwürdiges, weiß Bebartetes vorgestellt, aber bei Henderk sähe es ja so aus, als ob er sich um sein Stoppelkinn und die Pustebacken ein rotes Kinderlätzchen mit Mottenlöchern gebunden hätte, was die anderen zum Schreien fanden.

Vorerst wurde er vom Schulzen freundlich, hinten im Wagen von Muddel aber mit Jubelgeheul begrüßt, Henderk gehörte - nach Mutter und Trüken - in seinem Leben an die drittbeste Stelle, gerade noch knapp vor Vater. Wenn Henderk im Winter auf dem Hof war, wurden die Tage für den jungen Schulzen einfach zu kurz.

Jetzt hob ihn der Riese behutsam aus dem Wagen, unter zärtlichem Brummen: "Fein, daß du mitgekommen bist. Wart ein Weilchen, gleich setz' ich dich auf Nella." Hand in Hand stapften sie dem Gefährt nach und halfen dem Schulzen beim Ausspannen.

Huberta war inzwischen auch herangebummelt. Sie hatte im Wald die Gelegenheit beim Schopf ergriffen und über einigen frisch gehauenen Buchenstämmen - manche waren fast einen Meter dick, beängstigend wuchtig, mauergleich, wie sie später den Bundesbrüdern flüsternd erzählte - Springen geübt. Muschik aber, der

Lausebengel, der morgens auf dem Platz seit neuestem kaum noch ein Hindernis heil ließ, war federnd drüber hinweggeschnellt.

Henderk und Muddel brachten die Füchse auf die rechte Wiesenhälfte, die mit einem Lattenzaun abgetrennt und für Jungpferde und Rinder bestimmt war. Muschik schloß sich von selbst an. Drüben sauste er zunächst schrill wiehernd in die Fohlenherde, jagte sie trompetend auseinander und lief dann zum Saufen an den Fluß hinunter. Darauf war er friedlich.

“In zwei Stunden gibt's Mittagessen”, verkündete Huberta nach kurzer Beratung mit dem Bund. “Flickt ihr nur inzwischen den kaputten Zaun.”

“Speck, Zwiebeln und Salz sind in meinem Karren”, meinte Henderk, “aber braucht mir nicht alles auf, ihr großmächtigen Kochkünstler!”

Zu Muddel, der ihn mit seinen Kulleraugen unentwegt anstarrte, gewandt, fügte er hinzu: “Na, wie ist das, willst du auch helfen, die Suppe zu versalzen?”

Muddels Mähne geriet in wilde Bewegung, seine kleine Faust bohrte sich nachdrücklichst in die Riesenpranke. Die Antwort ließ keinerlei Zweifel an seiner Absicht aufkommen: “Nee, ich nicht. Wir Männer müssen arbeiten!”

Uschi teilte vorerst die Aufregung der anderen nicht. Nach wenigen Minuten freilich begann es zu dämmern, und schließlich mußte sie kräftig “Donnerknispel” sagen. Ein Pfundsspaß! Unten am Ufer stand im Schatten einiger Eschen Henderks “Kaohre”, der Schäferkarren, unter dessen runder Plane sich der Riese mit knapper Not zum Schlafen ausstrecken konnte, wenn er es nicht vorzog, sich draußen in seine Decke zu rollen. Ganz in der Ecke stand eine kleine Kiste mit Speck, Mehl und

Gewürzen, denn Henderk versorgte sich den Sommer über am liebsten selbst.

Nicht das aber war der Grund aller Aufregung, sondern die Kochstelle auf dem Ufersand. Ein eisernes Dreibein war da in den Boden gerammt, oben mit einem Haken versehen, in den man, je nach Bedarf, einen rußschwarzen Kessel oder eine ebensolche Pfanne hängen konnte. Drunter wurde dann ein offenes Feuer angezündet. Ein komplettes Wildwestfeuer und dabei fabelhaft in Betrieb.

Die Frage, was gekocht werden sollte, wurde von Huberta, die schon Erfahrung im Abkochen draußen hatte, glänzend gelöst: in der Asche gebackene Kartoffeln und Schmorpilze.

“Wachsen tun rundum mehr als genug”, meinte sie. “Nach dem Regen in den letzten Nächten müssen ganze Mengen hochgeschossen sein. Aber wir suchen nur Birkenpilze, die kenn’ ich genau.”

Eine halbe Stunde später begann die mühevolle Arbeit des Säuberns mit Felix’ Taschen- und Henderks Brotmesser. Die beiden Köchinnen stöhnten nicht schlecht. Felix legte inzwischen sachverständig das Feuer an, was durchaus nicht einfach war, wie er erklärte: “Schichtet man das Holz zu locker, dann ist es im Nu verpufft, umgekehrt kommt’s nicht richtig zum Zug. Aber laßt mich mal machen, ich hab’ Erfahrung.” Bis zum Essen war er - meist auf dem Bauch liegend - vollauf mit dieser anstrengenden Arbeit beschäftigt.

Während Uschi auf einem benachbarten Feld Kartoffeln stibitzte und anschließend Speck und Zwiebeln in die Pfanne schnitt, machte sich Huberta über den mitgebrachten Freßkorb her.

Als die Männer kamen, war auf dem Sand der “Tisch” gedeckt, und es roch verteufelt gut, trotz des brandigen

Qualms. Der Barbarensalat sah appetitlich aus; geschmacklich fand man ihn apart. Von Uschis Pilzen aber werden die Urenkel noch erzählen. So großartig waren sie.

Als sie nach dem Essen ein halbes Stündchen satt und faul im Schatten lagen, grunzte Henderk aus seiner Ecke heraus bittend: “Das Gedicht.” Huberta erklärte den andern beiden: “Vater kann ein ganz altes Gedicht über die Tugenden der Pferde mit so komischen Worten drin, die aber richtig fabelhaft klingen. Aus dem Barock ist es. Vater hat es mal auswendig gelernt.”

Natürlich war alles interessiert. Der Schulze, die Hände hinter dem Kopf verschränkt, räkelte sich behaglich und meinte gähnend: “Nach so vielen Jahren soll ich das noch können?” begann aber gleich darauf mit zuerst zögernder, jedoch zunehmend sicherer Stimme zu rezitieren:

“Was gedünkt's dir von den Thieren?
Ist eins größerer Ehre werth,
Was so ruhmreich anzuführen,
Als ein edelmüthig's Pferd?
Was dem menschlichen Geschlechte
Durch Gehorsam, Stärk' und Muth,
Mehr Gewinn und Ehren brächte,
Als dies edle Thier es tut?

Mag ein Löwe doch zerreißen,
Was ihm nicht entgehen kann.
Wie soll er ein König heißen,
Und nicht lieber ein Tyrann,
Der in Eingeweiden wühlet,
Der mit Schröcken, da er brüllt,
Und den Durst im Bluthe kühlet,

Wald und Berg und Tal erfüllt?
Daß hingegen von dem Pferde
Weder Unrecht noch Gefahr
Andern zugefüget werde.
Ist ja mehr als offenbar.

Man find't nichts daran zu hassen,
Ja, es scheint von Tadel frei,
Und wird nichts verspüren lassen,
Das nicht liebenswürdig sei.
Edle Neigung! Zierd von innen,
Und von außen Schönheit, Pracht,
Jeder muß es liebgewinnen,
Der vernünftig es betracht.
In dem Essen ist es mäßig,
Und sein Durst wird leicht gestillt,
Seine Treu ist zuverlässig,
Und sein Wohltun reich und mild.
Kann das schönste Thier wohl taugen,
Dir an Schönheit gleich zu sein?

Strahlt nicht aus den großen Augen
Anmut und befeur'ter Schein?
Wenn der feine Kopf sich zieret,
Wenn die Mähne wallend schwimmt,
Der beglänzte Hals sich rühret,
Und der schlanke Fuß sich krümmt.
Wie geschicklich und behende,
Wie behutsam und wie schnell,
Sieht man, daß das Pferd sich wende!
Steht es vor des Pallast's Schwell,
So scheint's Ungeduld zu fühlen,
Daß sein Herr so lange wart,
Underdessen muß es wühlen,

Wann es wiehernd stampft und scharrt.
Brennt's doch gleichsam vor Verlangen,
Und sein Auge funkelt Gluth,
Seinen Meister zu empfangen.
Seine Lefzen blähn vor Muth,
Räuspernd wird der Kopf geschmissen,
Und der angelegte Zaum
Raspelt bei dem öftern Bissen
Unter weiß bejäschtem Schaum.
Wenn der Mensch das Pferd gleich übet,
Daß es oft vom Schweiße raucht,
Wird es doch davon geliebet,
Es sey nun, daß er es braucht,
Seine Länder zu bebauen,
Oder auch zu Last und Zug;

Man wird es zwar müde schauen,
Doch noch immer willig g'nug.
Weiß es erst des Meisters Willen,
Den es augenblicklich merkt,
Wird, um alles zu erfüllen,
Gleich die Dienstbegierd gestärkt.
Es wird seinen Schritt verdopplen,
Und flieht nach des Reiters Sinn -
Über Steine, Dornen, Stopplen,
Sand, Morast und Graben hin.
Muß es seinen Meister tragen,
So scheint's stolz bei dieser Ehr,
Und man braucht es nicht zu schlagen,
Das geringste Werk vielmehr
Wird es nach der Absicht fügen,
Und es richtet Schritt und Gang,
Seinen Reiter zu vergnügen
Ohne den geringsten Zwang.

Mitten in Gefährlichkeiten,
Zeigt es unerschrocken Muth,
Und je hitziger das Streiten,
Je entflammter wird die Gluth.
Trommeln, Pauken und Trompeten,
Noch das schimmerreiche Schwert,
Noch Karthaunen, noch Musqueten
Schröcken das beherzte Pferd!"

Nach dem letzten Wort war es einen kleinen Moment lang still, und den benutzte der Schulze zum Aufspringen.

"Schluß mit den Feierlichkeiten!" Er dehnte die Arme, gähnte nochmal. "Vorwärts, Henderk, alter Schwede, wir müssen bis um fünf rund sein. Hoffe, ihr habt eine Tasse Kaffee fertig bis dahin, aber vergeßt nicht, Uschi die Fohlen zu zeigen."

Sobald die Männer den Rücken kehrten, steckte die Bande den Kopf zusammen und schwor, das Gedicht zu Hause aufzumalen - als Andenken an den Bund!

"Das ist eure berühmte Nella?" Uschi war sichtlich enttäuscht. "Die ist aber gar nicht hübsch."

Eine magere Stute mit langem, dürrem Hals streckte ihnen den trockenen Kopf mit den tiefliegenden Augen entgegen. An ihre Flanke drängte sich ein robustes Hengstfüllen. Vorsichtig schob es die Nase näher, mißtrauisch und zugleich zärtlich schnaubend. Diesmal war Uschi entzückt.

"Süß", sagte sie. Schwupps! hatte das Fohlen den Zucker erwischt, drehte sich blitzschnell um und keilte mit bemerkenswerter Zielsicherheit aus. Nur dem noch schnelleren Zugreifen der Bundesbrüder war es zu verdanken, daß die Meisterin nicht für den Rest ihres Lebens mit einem Loch im Bauch herumlaufen mußte.

"Ich - ich hab' ihm doch nichts getan", stotterte sie.

“Ja, meinst du denn, der wollte dir was tun?” Huberta mußte über so viel Unverstand lachen. “Vermutlich wollte er spielen, oder er hat sich über den Zucker gefreut. Bei Fohlen weiß man das nie. Immer Augen aufhalten, sonst kannst du die tollsten Dinger erleben. Das da ist ohnehin ein Maifüllen - mitten ins frische Gras ’reingeboren. Das ist die übermütigste Sorte. Die vom Februar und März sind ja wohl meist größer, aber längst nicht so frech. Sieben Stück hatten wir dieses Jahr im ganzen; im Frühjahr alle vierzehn Tage eins.”

Inzwischen waren auch die anderen Füllen herangetrabt, um sich ihren Anteil am Zucker zu sichern. Sie liefen, da sie älter waren, schon ohne ihre Mutter herum. Weiche Mäuler drängten sich um die spendenden Hände, schubsten sich gegenseitig fort, knurpsten begierig die süßen Würfel. Man mußte höllisch aufpassen, daß sie einem nicht aus allzugroßer Liebe auf die Füße traten. Erst als sie einsahen, daß für heute wirklich nichts mehr zu holen war, trotteten sie davon.

Beim Kaffee später fing Uschi noch mal wieder an: “Aber was ist denn nun eigentlich an der Nella so Besonderes dran?”

“Das werd’ ich dir zeigen”, schmunzelte Henderk, steckte zwei seiner rötlich behaarten Riesenfinger in den Mund und pfiff gellend. Die Stute wieherte sofort zurück. Sehen konnte man sie vom Rastplatz auf der “Schafshälfte” aus im Rudel drüben noch nicht. Beim zweitenmal trillerte Henderk, da trabte sie, das Fohlen hinter sich, quer über die Wiese auf die kleine Versammlung zu. Über den Holzzaun zwischen den beiden Hälften setzte sie mit einem etwas steifen, freilich immer noch mühelosen Satz. Das Füllen blieb verdutzt zurück und wieherte kläglich.

“Nun paß auf, was jetzt kommt, das ist ganz unsere Nella!” Henderk knurrte vor Stolz.

Die Stute war stehengeblieben. Ein zorniger Ruf schallte zu dem ängstlichen Fohlen hinüber. Dann lief sie bis an den Zaun zurück, rief wieder, scharrte ärgerlich mit dem Vorderhuf - vergebens, der kleine Angsthase getraute sich nicht. Nun wurde es Nella aber zu bunt. Kurz entschlossen setzte sie nochmal über den Holzzaun und biß, die Ohren wütend in den Nacken gelegt, ihren Sohn so kräftig in die Flanke, daß er vor Schreck hochsprang und sich - fast ohne sein Zutun - plötzlich auf der anderen Seite befand. Nella folgte. Uschi hätte schwören mögen, daß sie im Herantraben Henderk mit ihren alten Augen vergnügt zublinzelte. Sie fraß den gesamten Vorrat an Butterbroten auf, zuerst die mit Marmelade, dann auch die mit Wurst belegten.

"Henderk, bitte, bitte, du hast es mir versprochen", bettelte Muddel mit noch ganz krautverschmiertem Mund und streichelte liebevoll Nellas Beine. Der Alte beförderte ihn mit einem Schwung auf den dürren Rücken. Uschi tat die Kehrseite vom bloßen Zusehen schon weh, Muddel jedoch saß kreuzfidel oben, während Nella hin und her trottete, sich zausen ließ und achtgab, daß dem Reitersmann nichts passierte.

"Nella ist jetzt neunundzwanzig Jahre alt", erzählte der Schulze. "Ich war fünfzehn, als sie geboren wurde, und achtzehn, als sie mich zum erstenmal ins Krankenhaus beförderte. Niemals hatten wir ein verrückteres Pferd auf dem Hof, was Henderk?"

In den Luchsäuglein unter den roten Brauen trieben lauter Spaßteufelchen ihr Spiel. Der Alte nickte, und Schulze Westrup fuhr fort: "Dabei hatte sie eine seltene Eigenart - eine wahre Springbesessenheit. Schon als Fohlen sprang sie über jeden Zaun, später sogar über die mannshohe Stalltür. Und was bis dahin noch keines unserer Pferde getan hatte - sie biß und schlug wie der

Satan. Nur Henderk wurde so eben mit ihr fertig. Als wir sie - vier Mann hoch - zum erstenmal einspannten, ging sie mit der schweren Rübenkarre übers Wiesenheck. Trotz ihrer blendenden Abstammung konnten wir sie auf dem Markt nicht loswerden, weil sie den ganzen Körper voller Schrammen und Narben hatte. Wir haben uns dann viel Mühe mit ihr gemacht, aber ehe es zu unserer jetzigen Freundschaft kam, mußte sie erst mit knapper Not am Tod vorbeigehen.

An einem eisigen Januarabend vermißten wir sie, als der Jungknecht die Pferde in die Ställe trieb. Wir gingen besorgt auf die Weide, um sie zu suchen, aber es war schon zu dunkel, man sah keine Hand mehr vor den Augen. Mitten in der Nacht stand ich auf. Es ließ mir keine Ruhe. Nella war als gierige Fresserin, die nie genug bekommen konnte, sonst meist vor den anderen am Stall. Im Frühjahr sollte sie ihr erstes Fohlen bekommen. Henderk drückte sich schon auf der Tenne herum, auch ihn hatte die Sorge nicht schlafen lassen. Mit zwei Stallaternen bewaffnet, machten wir uns wiederum auf die Suche. Und nach einer bangen halben Stunde hörte wir vom Waldrand ein ganz schwaches, leises Wiehern. Nella war gefunden. Aus purem Übermut war sie wieder einmal über das entfernteste Tor gesprungen, jenseits auf einer vereisten Pfütze ausgerutscht und mit Verletzungen an beiden Hinterbeinen liegengeblieben. Rundherum war der Schnee aufgewühlt von ihren vergeblichen Versuchen, hochzukommen. Stundenlang lag sie schon da. Auf einer Schleppe brachten wir sie, zwei andere Pferde vorgespannt, schließlich in ihren Stall. Wochenlang war sie krank, fieberte, brachte schließlich ein totes Fohlen zur Welt. Damals holten wir auch zum erstenmal den jungen Doktor Vorholz auf den Hof, und über Nellas Krankheit ist unsere alte Freundschaft entstanden. Mein Leben lang werd' ich nicht vergessen, wie wir neben ihr standen und sehen konnten, wie ihr ein Fieberschauer nach dem anderen über den Körper rann. Tja, und als wir sie dann glücklich gesund hatten, lief sie uns nach wie ein Hund. Später hab' ich mir ihr Talent zunutze gemacht und sie als Reitpferd verwandt. Hat mir manchen schönen Preis eingebracht und manches günstige Verkaufsangebot. Alle, die sie vorher nicht haben wollten, rissen sich nun um sie. Na, mir war sie nicht feil. Sie sprang schnell und behende wie eine Katze - und wie eine Wildkatze biß sie andere Pferde, wenn sie auf der Jagd in ihre Nähe kamen. Natürlich kann sich selbst ein Betrieb wie der unsere keine Luxuspferde leisten, und so ging sie jahraus, jahrein auch in jedem Gespann: vor Pflug und Sämaschine."

Der Schulze sah dankbar zu der treuen Alten hinüber, die jetzt Muddel so vorsichtig über die Wiese trug. Uschi war wieder mal rundherum gerührt. Pferde waren doch Prachtkerle.

"Ja", grollte es dicht neben ihr, "und dann die Füllen!"

Uschi hätte schwören mögen, daß die Worte ganz tief unten aus dem dicken Bauch kämen. Es kollerte und blubberte jedesmal erst eine Weile, ehe Henderk was sagte.

"Klar, Alter - die Füllen. Fünfzehn Stück. Alles, was auf dem Hof herumläuft, stammt von Nella ab. Lauter Töchter, Söhne, Enkel, Urenkel. Weithin berühmt aber wurde sie durch die Art, wie sie allen das Springen beibringt. Von rundherum kamen die Bekannten auf den Hof gefahren, um es sich anzusehen - immer hat sie's so gemacht, wie vorhin mit ihrem Jüngsten. Na, Uschi, wunderst du dich jetzt auch noch über Nellas Berühmtheit?"

Aber Uschi wunderte sich allmählich bei Pferden über gar nichts mehr.

Zum Abendbrot landeten die Ausflügler bei Onkel Jop und Tante Lina, die sich über den unvermuteten Besuch freuten. Die Männer machten gleich einen Rundgang durch die Ställe; von Weiterfahren war vorläufig keine Rede. Erst als der Mond rund am Himmel stand, trabten die Füchse nach Hause.

Huberta hielt sich etwas zurück. Sie war ein bißchen müde, und ihr war ungemein wohlig zumute. Muschik unter ihr ging wie ein exaktes, munteres Uhrwerk. Ihm machte so ein Tag überhaupt nichts aus. Sein Kopf nickte im Takt seiner eigenen Schritte. Sieht aus, wie wenn er sich selber eins flötet, dachte Huberta und wunderte sich, daß ihr so frei und leicht war. Eigentlich war doch heute nichts Besonderes passiert. Aber schön war's gewesen. Alles wurde so neu, wenn man es anderen zeigte. Sie war ja zwischen Pferden und Fohlen, Schafen, Hunden, Wald und Wiese groß geworden, aber Uschi machte immer Kulleraugen. Ehrlich gestanden, zuerst hatte sie es ja albern gefunden. Bloß, allmählich kam man dahinter, daß man sich im Grund immer wieder an den gleichen Dingen neu freuen kann. Man muß das richtig lernen, dachte sie noch, wie in der Schule, nur macht es viel mehr Spaß.

Dann bellte Fips vorn im Wagen, und vom Hof her tönte Antwortgebell. Sie waren wieder zu Hause.

23

Jenseits des Gebüsches polterte der Milchwagen über die Brücke. Der Schweizer fuhr im Sommer immer gegen halb fünf zum Melken; beinahe ein Wunder, daß er bis heute von dem morgendlichen Treiben neben seinem Weg noch nichts gemerkt hatte. Sowie aber das Rollen der ewig quietschenden Räder oder das Klappern der leeren Milchkannen auch nur von ferne zu vernehmen war, verhielt sich die Bande mucksmäuschenstill. Muschik schien zu ahnen, um was es ging, denn noch nie hatte er gewiehert oder sich sonstwie bemerkbar gemacht.

Auch heute fuhr Felix erst, als die Luft wieder ganz rein war, fort: “Also, um es noch mal deutlich zu sagen: jeder Sprung besteht aus fünf Teilen, dem Anreiten, Abspringen, Schweben, Landen und Weiterreiten.”

Huberta konnte nur knapp ein spöttisches “Ach” unterdrücken. Da sie jedoch entschlossen war, bis zum Turnier alles über sich ergehen zu lassen, behielt sie auch jetzt die schnodderigen Bemerkungen heroisch bei sich und piekte nur Muschik ein bißchen in die Seite - zur Ablenkung. Dann horchte sie auf.

“... nämlich deshalb wichtig, weil sich der Reiter genau überlegen muß, was er dabei zu tun hat, oder richtiger, wann er überhaupt was zu tun hat. Erster Teil: Anreiten - darauf kommt's für den Reiter an. Er muß das Tempo regeln, damit einerseits keine blinde Raserei daraus wird und der Gaul einfach durch das Hindernis rennt, und das Pferd andererseits nicht so langsam wird, daß zum Springen kein Schwung da ist. Und bei so einem lebhaften Bruder wie Muschik muß der Reiter die Ohren steif halten, daß der Bock nicht Reißaus nimmt und auf eigene Faust in der Gegend 'rumturnt."

Obwohl es wirklich spannend war, mußte Huberta grinsen. Wenn Felix schon "Gaul" und "Bock" sagte, fühlte er sich äußerst unbehaglich.

Uschi schien den gleichen Gedanken verfolgt zu haben, denn prompt kam die Frage: "Du, woher hast du denn so einen Haufen neue Weisheiten? Du quatschst ja wie ein Buch!"

"Was sonst nur dir persönlich zusteht, wie?" knurrte Felix böse. "Bin ich vielleicht ein staatlich geprüfter Reitlehrer gewesen, als mir das hehre Amt zuteil wurde, zukünftige Springkanonen auszubilden? Was bleibt mir denn schon anderes übrig, als möglichst viel darüber zu lesen, he? Aber wenn du es ganz genau wissen willst: Mir selbst wär' es bestimmt lieber, den Dreh auf Freya, und still für mich allein, auszuprobieren!"

Nach diesem Temperamentsausbruch zur falschen Seite hin erläuterte er weiter: "Beim zweiten, dritten und vierten Teil soll der Reiter möglichst wenig tun. Beine leicht an den Pferdekörper drücken, in den Bügeln stehend mitspringen, das heißt, sich mit dem Pferd zugleich vorwärts und aufwärts schnellen und beim Landen den Ruck mit den Knien abfangen und nicht in den Sattel knallen - das ist alles, und natürlich mit den Händen am Pferdehals entlang nach vorn nachgeben. Der Hals muß sich strecken können. Er ist das Steuer, mit dem sich das Pferd im Gleichgewicht hält. Ja, und beim fünften Teil kriegt der Reiter schließlich wieder dasselbe zu tun wie am Anfang: energisch weitertreiben, gerade aufs nächste Hindernis zureiten, Tempo regulieren! Alles kapiert?"

Huberta nickte eifrig. War gar nicht so dumm, das mit den fünf Teilen. Sie nahm die Zügel kürzer, setzte sich tief in den Sattel und drückte das linke Bein gegen den Sattelgurt. Muschik galoppierte auf der Stelle an.

"Erst einmal um die Wiese", kommandierte Felix, "und versuch dabei, etwas schwungvoller zu werden. Aber nicht schneller - nicht schneller! Zügel kürzer!"

Huberta geriet ins Schwitzen. Vorn taten ihr die Arme weh vom Zurückhalten, unten die Beine vom Treiben. Half aber nichts, Muschik durfte nicht rasen und auch nicht bummeln, sah sie klar ein. Nur - wenn's nicht für den Sattel wär und für Felix, dann sollte ihretwegen das Turnier getrost zum Teufel gehen.

"Noch einmal 'rum!" Der Lehrer war unerbittlich. "So - schon besser! Jawohl - fein die Pfötchen zusammenziehen und dann los - langsam zusammenziehen, vorwärtsschnellen - blendend ..."

Schwitzen war kein Ausdruck mehr. Nie wieder anderen Menschen den Arm brechen, schwor sie sich. Nach der dritten Runde gab es plötzlich inwendig in ihr einen Ruck. Mit einemmal ging das Treiben, Gegenhalten und Sitzenbleiben weich und stockungslos ineinander über. Sie dachte an gar nichts mehr. Hände, Beine, Rücken arbeiteten von selbst, einem rhythmischen, lebendigen Zwang gehorchend - Muschik und sie gehörten ganz und überall zusammen. Wie in eine Schaukel schmiegte sie sich in die Sattelmulde, und die Schaukel bewegte sich leicht und schwebend vorwärts. Ohne es zu begreifen, wußte sie: Ich brauche nur zu wollen, dann schaukelt es schneller, und wenn ich bloß will, wird es langsamer. Keine Hilfe war mehr nötig.

Felix' Stimme riß sie in die Wirklichkeit zurück.

"Sag mal, träumst du jetzt schon beim Üben? Wenn du für den Rest deines Lebens selig lächelnd galoppieren willst, kann ich mich ja wieder in die Falle verkriechen. Abbiegen hab' ich gesagt - im verkürzten Galopp auf die Tönnchen zu und wieder auf den Hufschlag zurück!"

Schade. Na ja, das war vorbei. Sie gab wieder die Hilfe zum Angaloppieren und hätte dann fast aufgejauchzt: wieder wiegte sich Muschik im kurzen Galopp, weich, federnd, willig. Felix schmunzelte - bei denen war der Groschen gefallen.

Das Hindernis tauchte auf, Huberta hob sich in den Bügeln, reckte die Hände weit vor, unter ihr machte Muschik einen geschmeidigen Satz, landete - bums, krachte sie in den Sattel zurück, und der Traum war aus. O du grüne Neune!

So war es immer: Ein Stückchen Sicherheit wurde mühsam dazugewonnen, und kaum hatte man es sich errungen, dann tauchten heimtückisch neue Fehler auf. Ob das denn immer so blieb? Wo war der begeisterte Schwung der ersten Tage hingeraten? Der Gedanke an Turniere, Fahnen, Zuschauer, klatschende Hände, jubelnde Rufe? Üben, üben - stand jetzt über allen Tagen, und ganz weit hinten leuchtete, winzig klein, als einzige Forderung der Sattel. Sie verbiß sich in die Idee, ihn um jeden Preis zu gewinnen.

Mit der Zeit trat auch dieser Gedanke zurück. Wiedergutmachen, dachte sie, nie vergessen, daß ich schuld bin. Aber es mußte doch eine Möglichkeit geben, wiedergutzumachen, selbst wenn sie den Sattel nicht erränge? Das war doch so unwahrscheinlich, das Gewinnen. Sie seufzte oft und tief. Nach all dem Grübeln über hohe Ziele blieb schließlich nur Hilflosigkeit zurück.

Und nur eins blieb zu tun: Jeden Tag einen Schritt machen, ganz gleich, ob's zum Schluß einen Preis einbrachte. Wenn man wirklich jeden Tag von neuem tut, was man sich vorgenommen hat, was man tun muß - ob das nicht am Ende vielleicht auch schon ein Wiedergutmachen ist? dachte sie. Und übte weiter.

Der Bund fand, man müsse allmählich auch daran denken, den Bau des Wassergrabens in Angriff zu nehmen. Der Schulze meinte zwar, das sei überflüssig, da Hermit ihn von den vielen früheren Turnieren her wohl noch kenne, aber die Eifrigen hatten geschlossen protestiert und sich - trotz drückender Hitze - heftig in die Arbeit gestürzt.

Anderthalb Tage hatte die Buddelei gedauert, dann war der Graben zwei Meter fünfzig lang und etwa ebenso breit. Am Absprung war er vierzig Zentimeter tief und lief bis zum Aufsprung langsam bei. Die herausgeholte Erde war vorn zu einem stabilen Wall aufgeworfen, den Muddel unentwegt festgetrampelt hatte. Begreiflicherweise war die Bande zum Platzen stolz auf das Ergebnis ihres Fleißes und konnte kaum den Moment abwarten, wo er voll Wasser war. Muschik war beim Arbeiten mehr als lästig gewesen. Dauernd lief er zwischen den Spaten herum und wollte Zucker haben. Einmal hatte er doch wahrhaftig die Frechheit gehabt, Uschi - als sie sich gerade zu einem besonders tiefen Einstich bückte - in die hochgestülpte, pralle Kehrseite zu kneifen. Als sie quietschend herumfuhr, rieb er nur schmeichelnd sein weiches Maul an ihrer Schulter und schnaubte so zärtlich, daß dem guten Dickerchen das Herz schmolz. Statt eines Klapses bekam er obendrein tatsächlich den ersehnten Zucker. Man konnte ihm einfach nicht böse sein.

Felix pumpte am Tränkbassin mit der gesunden Linken, die übrigen schleppten einen Eimer nach dem anderen quer über die Wiese zum Graben. Das Ergebnis ihres Mühens jedoch blieb aus. So schnell, wie das

Wasser ausgegossen wurde, saugte die durstige Erde es wieder ein.

Nach dem dritten vergeblichen Versuch blieb nur noch der hilfesuchende Blick auf die Meisterin. Ihr Köpfchen arbeitete fieberhaft. Dann rannten sie alle gleichzeitig los.

"Plane!" hatte Uschi gesagt.

Gemeinsam zerrten sie aus dem Geräteschuppen das wasserdichte Zelttuch, das bei Regenwetter über den großen Flachwagen gelegt wurde. Es füllte den ganze Graben aus und stand an den Rändern noch über, so daß man es mit einer Ziegelstein-Einfassung festhalten konnte.

Jetzt füllte sich die Mulde. Das Schleppen machte direkt Spaß, wenn man das Hohersteigen verfolgen konnte. Muschik fand die Sache ebenfalls aufregend. Das eine Ohr vorsichtshalber in den Nacken gelegt, schlenderte er näher.

Und dann fiel den erschöpften Wasserträgerinnen vor Empörung der Eimer beinahe um. Nahm doch dieser Lauselümmel mit allen vieren im Graben ein Fußbad und soff dabei und hörte gar nicht mehr auf zu saufen - und statt zu steigen, sank der Wasserspiegel wieder mal.

Überhaupt - dieser Graben!

Es gibt Dinge, um die herum die Luft einfach mit Unheil geladen ist: Vasen, die schon siebzehnmal geleimt sind, weil sie vom reinen Ansehen auf den Boden fallen, während andere noch stehen bleiben, wenn man daran stößt - Blusen, die man nie auch nur eine halbe Stunde anhaben kann, ohne daß mindestens ein Tinten- oder Rotweinflecken darauf ist - Futterkistendeckel, die trotz sämtlicher Vorsichtsmaßregeln unentwegt zuklappen, wenn man halb in der Kiste hängt, um seinen Lieblingen klammheimlich eine Sonderration zu besorgen. Man kann sich noch so in acht nehmen, es passiert doch.

Von dieser Sorte war der Graben.

Daß Muddel bis zum Turnier allabendlich eine Ohrfeige bezog, weil er von oben bis unten triefte, war noch das wenigste. Regelmäßig wiederkehrende Strafen gehörten beim jungen Schulzen leider schon bald mit zum Vergnügen. Sowie er sich entschieden hatte, daß ein ganzer Tag am Wasser eine Backpfeife wert war, nahm er sie seufzend, aber gelassen hin.

Aber er war nicht der einzige Leidtragende, und die Bande erlebte einen Riesentriumph. Schulze Westrup hatte sich das neue Hindernis nur eben im Vorbeireiten angesehen und erledigte dann seinen allabendlichen Parcours. Er war - entgegen seiner Gewohnheit - durchaus nicht bei der Sache. Eine Jungsau hatte am Vormittag elf Ferkel geworfen und acht davon gleich wieder aufgefressen. Gerade mit diesem Wurf rechnete der Schulze schon längere Zeit, und begreiflicherweise ärgerte er sich über Trina, die, statt aufzupassen, träge gedöst hatte.

Hermit war Nervosität bei seinem Herrn nicht gewohnt. Ein paarmal ließ er sich einen harten Ruck ins Maul gefallen, dann bockte er. Gerade da aber wollte der Schulze den Graben springen. Der Fuchs bekam einen Jagdhieb über die Kruppe, fegte wütend los, erkannte zu spät das ungewohnte Hindernis und rammte die Beine in den Boden. In hohem Schwung sauste der Reiter allein durch den Abend und landete mitten im Wasser.

Die Bande lachte Tränen, und selbst Trükens prinzipielle Hochachtung vor ihrer Herrschaft hielt dem Anblick des ziemlich belämmert im Nassen sitzenden Schulzen nicht stand. Sie konnte sich knapp noch abwenden, aber dann prustete auch sie los.

Am folgenden Tag war Uschi an der Reihe, Uschi, die doch mit der eigentlichen Springerei nicht das geringste zu tun hatte. Sie bummelte auch nur näher, um sich die letzten Unterweisungen anzuhören, die Felix Huberta vor dem Sprung noch gab. Und da sie zwar breit, aber nicht hoch war, als Bundesmeisterin jedoch den unwiderstehlichen Drang nach innerer wie äußerer Größe hatte, stellte sie sich auf die Ziegelsteinumrandung, wo sie sogleich gedankenverloren auf und nieder zu wippen begann. Trotz alledem wäre natürlich bei keinem anderen Graben was passiert.

"Ihr könnt mir's glauben oder nicht", schnaubte sie, als sie quietschnaß an Land kletterte, "der Graben ist verhext! Ich beiß' mir selbst auf der Stelle ein Ohr ab, wenn mir einer sagen kann, wie ich da 'reingeplumpst bin."

Muschik und Huberta wuchsen von Mal zu Mal fester zusammen. Die Hilfen im Schritt, Trab und Galopp saßen eisern. Immer mehr wurden sie zur Gewohnheit, wurden lockerer, selbstverständlicher. Bloß am richtigen Springen haperte es noch. Wie lange das doch dauerte, bis aus einem übermütigen jungen Hengst und einem ehrgeizigen kleinen Mädchen ein ganz miteinander verwachsenes Paar wurde, das die leise Aussicht hatte, auf einem richtigen Turnier nicht unangenehm aufzufallen. Huberta seufzte. Siegen, Sattel gewinnen - liebes Lottchen! Nur nicht in Grund und Boden blamieren, das allein wär schon ein Geschenk. Quatsch, üben!

Oxer - bums! Triplebarre - bums! Ginsterhürde - na, da war nicht viel kaputtzumachen. Jetzt die Tönnchen - Muschiks Hufe dröhnten gegen die oberste Reihe. Eine Stange, das Tor - bums, bums!

Felix wandte sich an die in der Morgenfrische bibbernde klitschnasse Meisterin und sagte hohnlachend:

“Nun sieh dir das an! Weißt du, was das ist? Ein Übungsplatz? Daß ich nicht lache! Ein Hindernisfriedhof ist das! Nicht einmal fehlerlos drübergekommen. Und so was will Springpreise gewinnen!”

Huberta hätte am liebsten losgeheult. Jetzt strengte sie sich doch so an, und es war bestimmt nicht mehr allein ihre Schuld.

Muschik tat irgendwie nicht mit. Nahm sich vor den Hindernissen nicht auf. Aber heulen war sinnlos, so viel hatte sie inzwischen ja gelernt. Zähne krachend aufeinandergebissen, daß man’s bis zu den anderen hin hören konnte!

“Probier wenigstens den Graben noch”, meinte Felix, ebenfalls besänftigt von so viel gutem Willen.

Huberta nickte. Muschik besah sich das Ding zunächst mal von allen Seiten. Als er dann dagegengaloppierte, war ihm nicht klar, was er damit anfangen sollte. Durst - wie neulich - hatte er nicht. Der kleine Wall davor war zum Springen, natürlich. Hinein ins Vergnügen also. Trotz energischen Treibens hüpfte er nur gerade über das Wällchen und dann mit allen vieren ins aufspritzende Wasser. Die Plane war glitschig geworden. Ein Stückchen schlitterte er noch weiter - dann rutschten ihm gemächlich, aber unaufhaltsam die Beine weg, und Roß und Reiterin nahmen ein kühles Bad.

Felix wankte erschlagen davon.

24

Wenn man es sich genau überlegte, so wurde die Sache eigentlich erst dadurch richtig interessant, daß alles so geheimnisvoll vor sich ging. Manchmal vergaß man über den aufregenden Vorbereitungen beinahe das Turnier. Jeder Tag war zum Bersten mit Spannung gefüllt. Und Huberta hatte ja noch ihr Sondergeheimnis. Nur Trüken war rundherum unzufrieden.

Sie rasselte mit den großen Kasserollen und dem eisernen Kartoffeltopf durch die Gegend, verbat sich ruppig Trinas Hilfe und knurrte giftig vor sich hin: “Alles alleine machen - die meinen wohl, ich wär’ zu gar nichts mehr zu gebrauchen - ja, ja, erst war ich gut genug, und nun kümmert sich kein Mensch mehr um mich.”

Frau Schulze Westrup konnte sich aus diesen Wortfetzen keinen rechten Sinn zusammenreimen. Wenn so ein altes Erbstück Mucken kriegt, ist es manchmal schwierig, die Ruhe zu bewahren, dachte sie. Aber da die Schulzin nicht nur eine kühle, sondern auch - wie Uschi ganz richtig erkannt hatte - eine herzlich gute Frau und außerdem nicht dumm war, wartete sie eine Zeitlang geduldig ab. Und als nun am Montag der letzten Woche vor dem Turnier Trüken plötzlich auf dem Weg vom Ausguß zum Herd zurück wie vom Donner gerührt stehenblieb und geistesabwesend den Henkel des schweren Kartoffeltopfes losließ, so daß er rumpelnd auf die Steinfliesen ballerte und sein Inhalt munter durch die Küche rollte, zuckte sie zwar zusammen, ahnte aber hellsichtig sogleich, daß nun das Schlimmste überstanden war. Und zog, halb seufzend, halb lächelnd, die Brauen hoch.

Trüken war nie ein sanftes Wesen gewesen, o nein, beileibe nicht. Leute, die mit fast siebzig noch mehr als ihre volle Arbeit tun, sind meistens nicht aus Samt gemacht. Trotz ihres Ehrgeizes freilich hatte sie ein ganzes Leben lang nur treulich das getan, was ihre vergötterte Herrschaft ihr auftrug. Der Gedanke nun, jetzt etwas Heimliches zu tun, etwas, für das sie unter Umständen geradestehen mußte und dessen Gelingen hauptsächlich von ihr abhing - wovon sie natürlich unerschütterlich überzeugt war -, brachte mit einemmal ihr ganzes Temperament auf den Plan. Nachdem sie sich für die Sache entschieden hatte, kribbelte es ihr in den arbeitsgewohnten Fingern, irgend etwas zu tun.

Aber was? Sie hatte hin und her gegrübelt, doch ergab sich nirgendwo die Möglichkeit einer Betätigung. War da nicht am Anfang mal was von bügeln oder so gesagt worden? Bügeln - schön, bloß was? Hose und Bluse? Bißchen ärmlich, dachte sie unzufrieden. Der Schulze hatte fürs Springen einen extra feinen Anzug: weiße Reithosen, langen roten Rock und schwarze Samtkappe. Elegant, zweifellos. Und an besagtem Montagmorgen nun war ihr die Idee gekommen, für Huberta auch so was zu fabrizieren.

Huberta war schlechthin weg. Hübsch angezogen sein konnte niemals schaden, fand sie, und Trüken war eine Perle. Uschi zog sich gleich aufs Eisbärenfell vor dem Bücherschrank zurück und blätterte Pferdebücher und Reitvorschriften durch. Verkündigte abends trauernd, aber mit Nachdruck: "Nichts zu machen, Damen tragen keinen roten Rock. Ist mal wieder nur den Herren der Schöpfung erlaubt. Die richtig feine Dame kann nur in Schwarz kommen. Mit weißen Handschuhen natürlich."

Für Trüken war die Sache damit entschieden. Ihre

Huberta war eine richtig feine Dame, soviel stand ja mal fest. Also mußte sie einen schwarzen Anzug haben, zumindest ein schwarzes Jackett zu ihrer alten schwarzen Hose. Ob rot oder schwarz war schließlich egal, Hauptsache: Trükens Tätigkeitsdrang bekam ein Ziel.

"Überlaßt nur mir alles, ich weiß schon, wer solche Jacketts macht. Und elegant, dafür garantiere ich. Ganz hinten in dem gelben Schrank hängt noch ein Cut von dem alten Seligen, da sitzt ein Jakettchen für so einen dünnen Strohhalm wie unsere Huberta gemütlich drin. Feinstes Tuch. Der Selige kaufte ja nur vom Allerfeinsten."

Huberta zappelte, ihr Zukunftsbild vor Augen: "Ganz eng auf Taille, ja Trüken? Und hüftlang, vorn einreihig geknöpft und oben halbrunde Revers und ..."

"Quatsch mit Soße", fuhr Uschi dazwischen, "und wer bezahlt den Schwindel? Laß uns erst mal zusammenrechnen: Ich hab' noch 2,74 DM von meinem Geburtstag und 50 Pfennig vom Zeugnis, macht ..."

Aber da kam sie bei Trüken schön an. "Wenn ich sag', ich weiß, wer das macht, dann weiß ich auch, wer mir das umsonst macht. Wär ja noch schöner - bei den vielen Vorteilen, die sie von mir hat! Bloß anprobieren müßt ihr. Fertig wird es, und wenn wir in der Nacht arbeiten." Und zog sich tatendurstig ins Schrankzimmer zurück.

Als sich die Schulzin am Spätnachmittag nach der Gartenarbeit in der Küche die Hände waschen wollte, fand sie Trüken eifrig damit beschäftigt, die aufgetrennten Teile eines alten Anzugs zu reinigen und zu plätten. Auf ihr erstauntes: "Nanu?" wandte sich die Alte verlegen ab, wobei sie etwas Unverständliches vor sich hin murmelte.

Die Schulzin verzog den Mund, sagte aber im Hinausgehen wie gewöhnlich nur ein paar Worte, ganz nebenbei: “Jaja, ich weiß, das kann manchmal plötzlicher kommen, als man denkt, wie?”

Trüken wurde feuerrot.

Felix kümmerte sich nicht um den Kleiderkram. Wenn er nicht in Reitvorschriften schmökerte, arbeitete er unermüdlich mit seiner einen Hand an den Hindernissen. Muddel fand Hammer und Nägel aufregend und schleppte sie stundenlang hinter Felix her. Ein Glück nur, daß Schulze Westrup in den letzten Wochen so viel mit seinem Waldbestand zu tun hatte. Tagsüber war die Luft um die Übungswiese rein. Ungestört konnte man erneuern, was Muschik morgens kaputtschlug. Gestern hatte er sich ein Glanzstück geleistet. Felix schüttelte in Gedanken den Kopf. Da sitzt das Mädchen nun allmählich wirklich anständig auf dem Gaul und nimmt sich kolossal zusammen, alles, was recht ist, und der Graue flitzt durch die linde Sommerluft, als wenn das Ganze zu seinem Privatvergnügen veranstaltet würde. So was von Verspieltheit! Aber mit der Triplebarre gestern hatte er sich doch endlich mal vertan. Segelt er da wieder frischfröhlich übers grüne Gras und paßt nicht für einen Groschen auf. Liegt schräg in der Kurve, schnaubt kollerig, fliegt auf die Triplebarre los, springt - tüchtig wie er ist - einen ganzen Galoppsprung zu früh ab. Jawohl, Scheibenhonig! Da half alles Strecken nichts mehr: schrumm, krach, bums! - ein langgezogener Pferdebauch auf drei Stangen. Das hätte einen feinen Knochensalat geben können. Muschik hatte sich zwischen den Splittern gewälzt, Huberta war vier Meter weit aus dem Sattel geflogen und hinkte. Sonst war weiter nichts passiert, aber heute morgen hatte er das wieder aufgerichtete Hindernis mit gespitzten Ohren angezogen und gut taxiert übersprungen. Können konnte er's, bloß mit dem Wollen haperte es!

Felix grinste leise sorgenvoll vor sich hin, als die Bundesbrüder, den unvermeidlichen Muschik im Gefolge, über die Wiese auf ihn zugeschlendert kamen. Der Graue fühlte sich völlig zur Familie gehörig, und seitdem er den Kniff mit dem Springen heraus hatte, setzte er allmorgendlich übers Heck seiner Weide und erschien um die Frühstückszeit auf der Terrasse, um sich Zucker zu holen.

Zuerst waren die Eltern entsetzt und besorgt gewesen. Mutter ums Gemüse, Vater um seine geliebten Rosenstöcke, dann aber gab's nur eine Stimme des Lobes.

"Der Bursche ist so verständig wie ein Mensch", meinte der Schulze, und seine Frau lächelte: "Tatsächlich, und er hält sich so peinlich genau an die Gartenpfade. Scheint zu ahnen, wieviel Schweiß in sauber gehaltenen Buchsbaumrabatten steckt."

Uschi schubste ihre Freundin und kicherte hinter der vorgehaltenen Hand: "Bei Hindernissen kümmert er sich verdammt wenig um den Schweiß beim Wiederaufrichten!"

Selbst der Tolpatsch Trina konnte sich seinem Charme nicht entziehen und versuchte unermüdlich, sich mit ihm zu befreunden. Da aber waren Muschiks allgemeiner Menschenliebe Grenzen gesetzt: Trina roch nach Schweinestall - das ertrug er nicht.

Die Stirn der Meisterin war jetzt sorgenzerfurcht. "Wie ist das denn nun mit der Musik?" wälzte sie ihren Kummer schleunigst auf die anderen ab. "Wird der Muschik nicht wild werden davon? Eben stand noch in einem Buch, daß sich einer erschreckt hat und zwischen die Zuschauer gerast ist. Bloß, weil er so laut getrommelt hat."

"Wer?" Felix war etwas verwirrt.

"Ja, ein Pferd. Namen hab' ich vergessen, ist ja auch

egal. Aber ich kann mir das sehr gut vorstellen, wo der doch noch nie Musik gehört hat."

Richtig. Wieder was Neues. Am Anfang hatte das alles so einfach ausgesehen. Vor dem ersten Übungssprung war das Turnier schon so gut wie gewonnen gewesen. Leider war man inzwischen sechs Wochen klüger geworden. Alle drei hatten im Moment den gleichen Gedanken: ein Segen, daß man den Bund gegründet hatte. Einer allein würde so was gar nicht bewältigt haben. Dann dachten sie nochmal dasselbe, diesmal jeder für sich: aber am schwersten hab' ich es doch. Und wunderten sich, daß alle zugleich seufzten.

Am allerschwersten hatte es zweifelsohne Trüken. Dachte sie.

Aleide Klütmann genehmigte sich ihren Nachmittagskaffee. Im Lädchen war es um die Nachmittagszeit still.

Aleide war rundum glücklich. Gestern hatte sie die letzten Wäschestücke für Amtmanns Malwines Hochzeit abgeliefert. Zum Schluß war sie die viele Lochstickerei ja etwas leid gewesen, aber es hatte ein nettes, rundes Sümmchen eingebracht.

Da bimmelte die Ladenglocke Sturm, und noch ehe sich Aleide eilfertig erheben konnte, gab die energisch aufgestoßene Küchentür den Blick auf Trüken frei.

Trüken um diese Zeit? Aleide sank erschreckt auf ihren Sitz zurück. Dann freilich besann sie sich ihrer Gastgeberpflichten.

"Ein Täßchen Kaffee gefällig?" Eilig schob sie den Rohrsessel zurecht, in dem ein paar Kreuzstichkissen sich einladend plusterten.

Umständlich ließ Trüken sich nieder.

Aleide nahm ihre schönste geblümte Tasse mit Goldrand aus der Anrichte, schob das Gebäck näher und schenkte den Kaffee ein.

Trüken hatte den Vorbereitungen wohlwollend zugesehen. Schmatzend probierte sie, schlürfte hörbar, sah endlich mißbilligend auf: "Schmeckt schon wieder nach Aluminium! Wie oft muß ich dir das denn noch sagen: Kaffee nie in einer Aluminiumkanne machen!"

Dann trank sie fünf Tassen.

Nachdem sie eine Zeitlang genüßlich geschwiegen hatten, kam Trüken auf den Zweck ihres Besuches zu sprechen.

"Nämlich", begann sie unvermittelt. "Ich brauch' ein Jackett für unsere Huberta beim Springen am Sonntag. Bis dahin muß es fertig sein." Nach längerem Suchen fischte sie eine Drahtbrille und einen Zettel aus ihrem Henkelkorb, befestigte erstere auf ihrer Nase und las, das Blatt von sich haltend: "Hüftlang, auf Taille, einreihig geknöpft, runde Revers ..."

Aleide verstand überhaupt nichts, und so sah sie auch aus.

Dann befühlten sie beide den Stoff, dachten an die guten alten Zeiten, in denen man noch so was Dauerhaftes kaufen konnte, und nahmen gerührt Abschied. Aleide hatte bereitwilligst alles zugesagt, was Trüken auch für selbstverständlich erachtete. Nur, als die Mamsell längst zufriedenen Herzens durch die Ulmenallee auf den Westruphof zupilgerte, sah die mickerige kleine Aleide ganz unglücklich auf: Konnte sie sich doch partout nicht drauf besinnen, was sie nun eigentlich machen sollte.

Sehnsüchtig wartete sie auf die Kinder mit den Modeheften, deren Besuch ihr für den Abend angekündigt worden war.

Zu Hause stand unterdes Muddel in der alten Küche und verschlang seine Nachmittagsmilch, die Trüken ihm vor ihrem Fortgang wie alltäglich zurechtgemacht hatte. Mit beiden Händen hob er die Riesentasse an den Mund, dann sah man drei Minuten lang nichts mehr als oben den Pony, seitlich die Lockenmähne und mittendrin den Tassenboden. Er schluckte und schluckte, weil er schleunigst wieder nach draußen wollte, wo sich was tat. Das hatte er immer schon vorher in der Nase. In der Tür erwischte ihn Felix am Schlafittchen.

"Stopp mal, Herzchen - kannst du trommeln?"

Na also, hatte er's nicht geahnt?

"Klar!" brüllte er von der Stelle weg, Milchspuren mit Dreckrändern im Gesicht, "mit Topfdeckeln, ja?"

"Meinethalben Topfdeckel. Schaff zwei möglichst große auf die Übungswiese, aber sieh zu, daß es nicht auffällt, verstanden?" Dann schnappte er sich den Davonsausenden noch einmal: "Einen Quirl oder Kartoffelstampfer brauchen wir auch."

"Wenn ihr Radau machen wollt", warf Muddel sachverständig ein, "dann hab' ich noch ein Stück Mundharmonika und eine Trompete. Gar nicht viel kaputt. Soll ich sie holen?"

"Ist gemacht, aber beeil dich gefälligst!"

Muddel schwirrte ab.

Auf der Wiese gruppierte sich die Musikkapelle: Felix mit Kartoffelstampfer hinter einer Biertonne, Uschi mit dem Rest der Mundharmonika, Muddel in jeder Hand einen Topfdeckel und mit einer Miene, als bedauerte er unendlich, nicht zwei weitere an die Füße nehmen zu können.

Bei Hubertas Eintritt begann zunächst Uschi mit dem leisesten Instrument. Muschik spitzte interessiert die Ohren. Dann ließ Felix versuchsweise den Stampfer auf die Tonne fallen und gleich hinterher noch einmal, blies in die krächzende Trompete, Muddel klapperte ziemlich manierlich - wie ihm eingeschärft worden war - mit den Deckeln. Muschik wurde zusehends vergnügter. Die Kapelle hatte sich auf Scheuen, Ausbrechen, Bocksprünge und ähnliches vorbereitet, war äußerlich zu jedem Ausdruck mitfühlenden Bedauerns bereit und feixte innerlich.

"Na warte", meinte Felix, in seinen schönsten Hoffnungen getäuscht, und donnerte mit Tonne und Trompete los. Uschi bekam vom Blasen schon knallrote Pustebacken, Muddel ließ sich natürlich nicht lumpen und pfefferte die Deckel unter wildem Gebrüll gegeneinander. Daneben saß Fips, den Kopf andächtig der Musik zugewandt, und heulte aus Leibeskräften.

Der Himmel bebte, Muschik aber stand starr vor Entzücken.

Das Rasseln und Pfeifen, Quieken, Bumsen, Knallen und Krähen nahm ohrenbetäubende Ausmaße an. Kein Mensch dachte mehr an die Erwachsenen. Mochten die doch glauben, sie spielten Zirkus. Die Erwachsenen aber taten ihnen den Gefallen nicht. Trina tauchte plötzlich auf. Der Lärm hatte ihr Heranstapfen übertönt. Auf beiden Armen schleppte Trina einen schwarzen Kasten, den sie seufzend und pustend auf die Biertonne stellte. Ein bißchen träge wie immer plärrte sie dann:

"Mutter sagt, da wär' das Grammophon mit Marschmusik, dieselbe, die sie auch auf dem Turnier spielen. Der Krach macht sie wild, sagt sie."

Die Stille wurde tödlich. Mutter und das Turnier? Schon wieder?

Ach, überhaupt, Muschik hatte genügend bewiesen, daß ihn Musik nicht erschreckte. Belämmert ging die Kapelle auseinander.

25

Hubertas innere Unruhe wuchs, je näher der große Tag kam.

Die letzte Woche. Montag, Dienstag, Mittwoch - Donnerstag. Das Frühaufstehen ging immer leichter, dafür fiel ihr jetzt das Einschlafen schwer. Nun wurde sie auch noch mitten in der Nacht wach. Im Zimmer war es dunkel und seltsam drückend warm. Sie stand auf, um auch das andere Fenster zu öffnen. Dabei fiel die letzte Schläfrigkeit von ihr ab, und jetzt vernahm sie deutlich das Rauschen des nächtlichen Regens. Als ihr Blick den Wecker streifte, erschrak sie. Es war gar nicht mehr mitten in der Nacht, sondern zehn vor vier - die übliche Zeit zum Aufstehen. Aber, bei dem Regen üben? Sie hatten von vornherein ausgemacht, bei richtigem Regenwetter nicht aufzustehen, denn dreimal nasse Kleider und ein nasses Pferd, das wäre aufgefallen. Bloß hatte es bis jetz um vier Uhr morgens noch nie geregnet.

Sie tappte zum Bett zurück, legte sich wieder hin. Uschis regelmäßige Atemzüge waren ganz laut zu hören. Herrlich, so schlafen zu können. Leise nahm sie ihre Kleider vom Stuhl und huschte zu Trüken ins Zimmer. Schlafen konnte sie doch nicht mehr.

Die Alte humpelte ihr mit schmerzverzogenem Gesicht entgegen.

“Nun sieht es aber dumm aus mit dem Turnier, denn der Regen hält sich. Wenn mich mein Rheumatismus so plagt, dann hält er sich eine ganz hübsche Zeitlang.”

Huberta bekam's nun wirklich mit der Angst zu tun. Trükens Rheumatismus war unfehlbarer als das beste Barometer.

“Springen wir eben im Regen”, meinte sie und würgte die Enttäuschung krampfhaft hinunter.

Trüken behielt recht. Der Regen pladderte so weiter - nicht heftig, aber beständig.

Am ersten Tag tröstete man sich, so gut es ging. Uschi verschlief den ganzen Nachmittag, die beiden anderen halfen Willem in der Sattelkammer das Paradegeschirr putzen. Das Leder wurde gewaschen und schwarz gewichst, die Messingteile mußten mit Wollappen blank gerieben werden. Anschließend kam das Sattelzeug an die Reihe, und Huberta schmuggelte auch ihr eigenes dazwischen.

Ganz im Gegensatz zu seiner sonstigen Schweigsamkeit war Willem ausgesprochen redselig. Für Turniere hatte er was übrig. Erstens war es eine aufregende Abwechslung nach der Ernte, zweitens traf man Unmengen von Bekannten, drittens gab es Freibier mit Tanz hinterher, und schließlich waren Reiter und Fahrer nicht knauserig, wenn man ihnen als geschickter Kerl beim Aufsitzen, Satteln und Starten ein wenig an die Hand ging.

“Weißt du schon, ob viele Wagen kommen?” erkundigte sich Huberta.

Willem warf sich in die Brust. Natürlich wußte er! “Zwölf Stück. Aber keine Konkurrenz dabei. Am besten sind noch die beiden Braunen von Schulze Fahland.”

“Und was hältst du vom Springen?” unterbrach Felix den Redestrom.

“Ja, das Wetter, das Wetter!” Willem kratzte sich bedenklich den Schädel, “kann ja bis Sonntag noch anders werden, aber sonst ist es böse. Die Pferde können keinen glitschigen Boden vertragen. Gibt eine wilde Rutscherei.” Dann verklärte sich sein Gesicht wieder.

"Fahren ist eben das einzig Wahre, sag' ich immer. Da kann es schon ganz schön naß sein, bevor es was ausmacht. Und unsere beiden sind nicht zu schlagen, da mach' ich noch vor einer Karre voll Rüben den ersten Preis mit."

Felix hörte längst nicht mehr zu. Ihn interessierte nur das Springen. "Reizenden Aussichten", brummte er und fügte düster hinzu, "aber so mußte es natürlich kommen!"

Freitagmorgen schlichen drei kümmerliche Gestalten durchs Haus. Der Regen wußte, was er sich nach der langen Schönwetterperiode schuldig war, und nieselte so weiter, nicht viel, nicht wenig, aber ausdauernd.

Beim Frühstück beschäftigte alle drei nur der eine Gedanke: Wie kommen wir bei dem Hundewetter in die Stadt, um uns den Platz anzusehen? Es wurde allerhöchste Zeit, sich ein ungefähres Bild von der Springbahn zu machen und mit Toni Brinklade noch einmal wegen der endgültigen Anmeldung zu sprechen. Daß trotz der Nässe gestartet werden sollte, war selbstverständlich. Muschiks kleine Hufe rutschten auch nicht so leicht wie die schweren, breiten der großen Pferde. Im letzten Moment kneifen kam sowieso nicht in die Tüte. "Mitgemacht wird - und wenn wir schwimmen müssen!" hatte Huberta, wild entschlossen, unter beifälligem Nicken der Bundesbrüder vorhin gesagt.

Als ob der Schulze ihre geheimsten Gedanken erraten hätte, meinte er gerade: "Werde gleich mal zur Stadt fahren und mich bei Brinklade nach dem Stand der Dinge erkundigen. Willem klappt das Verdeck am Jagdwagen 'runter. Sauwetter! Schöne Enttäuschung für den Verein, wollte die Sache wohl ziemlich groß aufziehen."

Huberta konnte es kaum abwarten, bis Vater

schwieg. Ungeduldig platzte sie nun los: “Du, nimmst du uns mit?”

Der Schulze dachte an die miesen Aussichten für Sonntag und wollte Ruhe haben. “Nein, denke nicht dran. Bleibt ihr nur schön zu Hause.”

Vaters Wort war meistens endgültig, das wußte seine Tochter ganz genau. Statt aber das Äußerste, nämlich eine Bitte, zu versuchen, rief sie unbeherrscht: “Aber wir müssen doch dringend ...” Und hielt nach einem bundesbrüderlichen Tritt gegen das Schienbein erschreckt inne.

“Ach, ihr müßt?” Schulze Westrup war leise verärgert. Die Gesellschaft wird mir zu übermütig, dachte er, bekommt zu viel ihren Willen.

Ehe er jedoch sein Verbot wiederholen konnte, legte sich überraschenderweise seine Frau ins Mittel. Uschi hatte genau beobachtet, wie es bei Hubertas Worten um ihre Mundwinkel gezuckt hatte, ganz kurz nur, aber wie von unterdrücktem Lächeln. Jetzt bat sie in ihrer üblichen freundlichen Art: “Du würdest mir persönlich einen Gefallen tun, wenn du sie mitnähmst, Hubert. Ich möchte mit Trina die vorderen Zimmer mal gründlich putzen, da stehen sie mir doch nur im Weg. Außerdem hätte ich ein paar Besorgungen zu machen, und Frau Kottrup könnten sie von Trükens Tee bringen. Sie hat sich erkältet. Zudem hab' ich Verständnis dafür, daß sie nach so langer Zeit”, sie sah die drei Helden nacheinander an, “mal dringend in die Stadt müssen.”

“Na ja, dann!” Ihr Mann war einverstanden.

Die Bande rückte unbehaglich auf den Stühlen herum. Bei der Schulzin wußte man nie, ob das nun Absicht oder bloßer Zufall war.

Trotz des Regens wurde gehämmert und gesägt, geschleppt, gegraben und gepflanzt, daß es eine wahre

Pracht war. Toni Brinklade, der Vereinssekretär und für die Durchführung des Festes verantwortlich, stiefelte gerade mit Doktor Vorholz über die Bahn, als der Westrupsche Wagen ankam. Allseitiges kräftiges Händeschütteln.

"Na, Brinklade, wie steht's mit der Beerdigung?"

"Hoppla, Schulze, wir werden Sonntag den Tag unseres Lebens haben, Sommer, Sonne, Seligkeit, und was Sie sonst noch wollen. Extraabmachungen mit dem himmlischen Wetterwart. Da kennen Sie den alten Petrus schlecht."

"Und ansonsten", dröhnte der Baß des Doktors auf, "findet bei Regenwetter der Krieg im Saale statt. Paß dann bloß auf, daß du mit deinem roten D-Zug hier", er klopfte den Füchsen die nassen Hälse, "die Theke stehen läßt, damit nicht das einzige wirkliche Unglück passiert, daß die innere Feuchtigkeit ausgeht."

Willem, auf dem Bock, grinste von einem Ohr zum anderen. Das mit der inneren Feuchtigkeit wäre wirklich ein Unglück. Paar anständige Doppelkörner oder ein halbes Dutzend Bierchen gaben der Festivität erst den richtigen Schwung.

Die Herren stapften unterdes, Mantelkragen hochgeschlagen, Hüte tief in die Stirn gedrückt, Hände in den Taschen vergraben und bis zu den Knien hinauf naß, von Hindernis zu Hindernis. Die Bande schlich ehrfürchtig hintendrein. Keiner von ihnen hatte ja jemals einen richtigen Turnierplatz gesehen, und das hier sah nun wirklich ein bißchen anders aus als die gute, alte Übungswiese. Die Sprünge waren leuchtend rot und weiß angestrichen. Seitlich standen je zwei Lattenfänge, damit die Pferde vor dem Sprung nicht ausbrachen. Na, das tat Muschik gottlob ohnehin nicht. Dafür wurde die Sache anderwo mulmig: ein Billard gab's hier und einen

Trakehner, die sie zu Hause natürlich nicht gebaut hatten, weil es zu umständlich war. Huberta wurde beklommen zumute. Feine Blamage würde das werden - Muschik kannte ja die Hälfte nicht mal. Felix biß mit wütendem Gesicht die Zähne aufeinander. Der Jammer um den verlorenen Spaß packte ihn plötzlich mit aller Gewalt. Das wäre ein Ding gewesen, Freya hier kreuz und quer drüber zu feuern!

Auf den beiden Längsseiten des Platzes waren Tribünen errichtet worden, eine mit, die andere ohne Dach. Zwischen Platz und Tribünen waren breite Kieswege für Zuschauer, Pferde und Gespanne. An der oberen Schmalseite war der Sattel- und Abreiteplatz, wo auch die Wagen sich versammeln konnten. Unten, neben dem Eingang, lag ein geräumiger Werkzeugschuppen.

Als sie auf ihrem Rundgang so weit gekommen waren, ließ Toni Brinklade die Herren ein Stückchen vorgehen und sagte, sich zurückwendend, blinzelnd: "Da drin könnt ihr euren Hengst unterstellen. Ich laß eine Schütte Stroh hinschaffen und eine Kleinigkeit Heu, das beruhigt. Schlüssel geb' ich euch gleich. Oder habt ihr es euch anders überlegt?"

Empörte Verneinung. Anders überlegt - was der sich wohl dachte!

Toni Brinklade war selbst noch ziemlich jung und fand die Geschichte höchst spaßig. Nachmeldungen waren zwar eigentlich nicht erlaubt, er würde es aber mit den Herren vom Festausschuß schon in Ordnung bringen. War doch mal was anderes, dachte er vergnügt, statt der rauhen Lümmel das zarte blonde Mädchen da hinten.

Huberta flog vor Aufregung am ganzen Körper. Hier also würde es sein, übermorgen schon! Uschi grübelte darüber nach, wie man Muschik ungesehen herbekäme. Felix überlegte auch was, mit zweifelnd gekrauster Nase. Am Ende hatten sie beide eine Idee.

In Brinklades warmen Büro bekamen sie alle erst mal einen Schnaps eingeschenkt, der in der Kehle höllisch brannte und dann vom Magen aus sanfte Wärme verstrahlte. Da fiel Uschi plötzlich ein, daß sie schon zu Tante Aloysia vorausgehen wollte und ja noch vorher telefonieren mußte.

“Punkt zwei fangen wir an”, erklärte Brinklade, “ob es regnet oder nicht. Die gedeckte Tribüne faßt zur Not über tausend Menschen, so daß wir mit denen mal bestimmt rechnen können. Für die Teilnehmer ist es ja übler. Eventuell schlagen wir noch ein Zelt am Sattelplatz auf. Ausgeschrieben sind eine Einspännerprüfung, eine für Zweispänner, ein Kaltbluttrabreiten, damit auch die Liebhaber der schweren Pferde was haben, eine leichte Dressurprüfung, ein Geschicklichkeits- und zwei Jagdspringen. Zwei Schaunummern haben wir auch. Was? Nichts zu machen, wird nicht verraten! Abends Siegerehrung und Ball im Schützensaal. Ganz große Sache. Wir haben an alles gedacht. Heillose Arbeit gewesen, das kann ich Ihnen bloß flüstern!”

Brinklade hatte sich in Fahrt geredet, seine Augen strahlten. Hinter ihm, ziemlich in der Ecke, saß Huberta, den Tränen nahe. Schon wieder ein unvorhergesehener Schlag.

“Zwei - zwei Springen?” stotterte sie hilflos.

“Natürlich. Eins für Anfänger, das andere für kampferprobtere Reiter.” Bei “Anfänger” blinzelte er ihr vielsagend zu.

Sie wandte sich an ihren Vater: “Und du?”

“Aber das ist doch klar, ich starte im zweiten Springen. Hermit wär schön beleidigt, und außerdem kann ich als greiser Mann ja auch nicht unter Jünglingen auftreten.”

Alles lachte. Huberta biß sich auf die Lippen, schluckte: “Ist - ist das das, wo man den Sattel gewinnt?”

Statt des Schulzen antwortete Brinklade: “Ja, den Sattel gibt's beim schwereren Springen. Unser kostbarster Preis. Aber der Sieger im anderen Springen kriegt auch was Feines: ein funkelnagelneues Kopfstück!” Und wieder zwinkerte er ihr lustig und wissend zu.

Vor ihren Augen drehte sich alles. Jetzt war's aus. Ganz von ferne hörte sie Vaters Stimme: “Kinder sollen eben keinen Schnaps trinken, meiner Tochter wird's schlecht.” Bloß nicht. Sie riß sich zusammen und sah verzweifelt zu Felix hinüber. Der sah ein bißchen dumm zurück. Für ihn lag der Fall klar, er war nur froh, daß die größte Konkurrenz auf diese Art ausgeschaltet war. Im leichten Springen - ohne Kanonen wie ihren Vater und ähnliche als Gegner - würde Muschik sicher nicht allzu blamabel abschneiden.

Während sich das Zimmer immer dichter mit blauem Zigarrenqualm füllte und die anderen sich unter stetem Einander-zuprosten gemütlich über Einzelheiten des Tages unterhielten, versuchte sich Huberta über ihre Möglichkeiten klar zu werden.

Helfen kann mir keiner, dachte sie. Sich selber was vormachen, hat auch keinen Zweck. Also: was kann Muschik? Springen. Stopp! - zuerst konnte er, in den letzten zwei Wochen ist mehr kaputtgegangen als heil geblieben. Und ich? Ich stör' ihn nicht mehr beim Springen, hat Felix gesagt, und ich merk's auch selber. Das ist schon 'ne ganze Menge. Außerdem können wir beide wunderbar galoppieren. Schnell und langsam können wir und haarscharf in die Kurven gehen; “rechts” und “links” brauch' ich bloß noch zu denken, schon ist's passiert. Das wär das. Andererseits mach' ich nur mit wegen des Sattels, da ist es ja blödsinnig, im leichten Springen zu starten. Noch blödsinniger natürlich, das schwere mitzumachen, weil wir's vermutlich nicht können. Sie seufzte tief. Dann fiel ihr ein Hoffnungsstrahl in die verdüsterte Seele: komisch, Muschik warf die kleinen Hindernisse viel öfter um als die größeren. Ob er die vielleicht lieber sprang? Egal, schloß sie energisch, so oder so kaputt - gekniffen wird jetzt nicht mehr. Wir haben getan, was wir konnten, Schrittchen für Schrittchen, machen wir also zum Schluß noch einen großen Schritt, und dann nie wieder Turnier. Sie war geheilt!

Beim Aufbruch flüsterte sie Toni Brinklade zu: "Ich starte im zweiten Springen. Vergessen Sie es nicht, und niemand darf's vorläufig wissen. Auch Felix nicht. Ich erklär's Ihnen später. Nur, ich muß und muß den Sattel haben!"

Draußen war sie und ließ einen total geplätteten Vereinssekretär zurück. Er schnappte ein paarmal mit dem Mund, ohne ein Wort herauszukriegen, dann flüsterte er: "Da brat mir doch einer 'nen Storch - der Piepmatz ist größenwahnsinnig geworden!"

26

Als Uschi mopsfidel das Haus betrat, in das sich die Oberamtmännin nach dem Tode ihres Mannes zurückgezogen hatte, scholl ihr schon aus dem Flur Libeths erboste Stimme und das Niesen ihrer Tante entgegen. Tante Aloysias Herbstschnupfen - der hatte ihr auch noch gefehlt.

“Ins Bett”, schrie Libeth gerade, “ich kündige! Ich laß’ mich nicht beleidigen! Sie sind ein Kreuz für Ihre Mitmenschen, wenn Sie krank sind!”

“Krank? Ich?”

Uschi konnte dem Ton der Stimme entnehmen, wie die Tante drinnen, im Innersten getroffen, empört zusammenzuckte. Vorsichtig öffnete sie die Tür um einen Spalt. Richtig, da stand die Oberamtmännin, vor Erbitterung bolzengerade aufgerichtet.

“In meinem ganzen Leben bin ich noch nie - hatschi - nie krank gewesen! Das ist eine Verleumdung - hatschi - jawohl, eine Verleumdung - hatschi ...”

“Ha!” rief Libeth schadenfroh, “und was ist es sonst wohl?” Sie stemmte die Fäuste in die Hüften und lachte ein gackerndes, abgerissenes Lachen. Dann schnappte sie wütend nach Luft. “Ins Bett mit Ihnen, sag’ ich noch mal. Ich kündige!”

Uschi konnte sich das Herausplatzen kaum noch verkneifen. Es sah zu drollig aus, wie die Tante sich bemühte, trotz ihres Übelbefindens Haltung zu bewahren und dabei immerfort das Gesicht zu würdelosem Niesen verziehen mußte.

Ohne Uschi zu sehen, schlurfte Libeth sodann, vor sich hinbrummend, in die Küche.

Tante Aloysia aber sah sie und raffte ihre letzten Kräfte zusammen. “Tag, mein Kind”, lächelte sie, so gut es eben ging.

“Jetzt ist aber Schluß”, nahm Uschi sich des Falles an, “du verwechselst ja schon die Begriffe!”

Die verwitwete Frau Oberamtmann Kottrup fuhr entgeistert zurück. Daß Libeth aufsässig wurde, war sie letzten Endes gewohnt, aber Uschi, das stille, liebe Kind - hatte sich denn alle Welt gegen sie verschworen?

“Sei nicht albern”, tadelte sie so kühl, wie in ihrem Zustand nur möglich, aber schon wurde sie wieder von einem erneuten Hustenanfall geschüttelt.

Eine halbe Stunde später lag sie - eine Gummiflasche auf dem Bauch - unter sämtlichen Decken des Hauses. Libeth hatte sie schimpfend eingerollt und zeterte in der Küche endlos weiter.

“Ist das nun ein Ärger oder nicht? Da liegt sie endlich, und wie lange predige ich das schon? Tagelang und immer von neuem.” Sie sah Uschi wild an: “Und schuld bin natürlich ich. Weil ich Zug mache! Ich! Aber ich kündige, das hat sie davon. Kann sie ja sehen, wer sie gesund pflegt.”

Hinsichtlich des letzteren war Uschi nicht sehr besorgt. Sie wußte genau, wer die Tante aufopfernd, brummig und unermüdlich versorgen würde. Dieser Kampf zwischen den beiden dauerte schon eine halbe Ewigkeit. Dabei hingen die beiden doch aneinander, dachte Uschi kopfschüttelnd. Ehe sie telefonieren ging, fiel ihr noch was ein.

“Libeth, hast du schon mal ein Turnier gesehen?”

Libeth fiel aus allen Wolken. “Du meinst das, wo überall die Plakate herumhängen, wie wenn Fußball ist? Nein, natürlich hab’ ich das noch nicht gesehen. Gehst du hin?” erkundigte sie sich etwas neiderfüllt, denn sie war neugierig und konnte es zudem schlecht haben, daß "ihre Familie" sie zu Hause ließ.

"Ja klar, geh' ich hin. Wo doch der Schulze selbst mitmacht und dann noch eine Überraschung kommt. Hier", sagte sie großzügig, "das ist Tante Aloysias Eintrittskarte. Du kannst sie haben, wo sie ..." Uschi deutete mit dem Finger über die Schulter in Richtung Schlafzimmer, "ja doch im Bett liegt. Aber komm pünktlich, wir sitzen neben dir. Nummer steht drauf."

Libeth schwamm in Seligkeit. Ihr Zorn war verraucht, verschwunden, in nichts aufgelöst.

Nachdem sie ausgiebig telefoniert hatte, setzte sich Uschi auf Tante Aloysias Bettrand.

"Schade, daß du krank bist. Wegen Sonntag, mein' ich. Deine Karte hab' ich Libeth geschenkt, vergiß nicht, sie hinzuschicken, damit sie dir nachher wenigstens was erzählen kann. Wir selbst sind nämlich leider beschäftigt."

Am Nachmittag klärte sich der Himmel kurz auf. Felix benutzte es zur Ausführung seiner Idee.

"Sattle ganz schnell und komm 'raus, solange dein Vater schläft", flüsterte er Huberta zu. Mit einem schwappendvollen Kalkeimer in der Linken, einer Maurerbürste unter den gebrochenen Arm geklemmt, keuchte er voraus. Auf der Wiese versah er sämtliche Hindernisse mit dicken weißen Klecksen, um ihnen das harmlos hölzerne Aussehen zu nehmen und Muschik auf die Schrecken vorzubereiten, die seiner auf dem bunten Turnierplatz harrten.

Muschik war starr!

Seine Ohren spielten aufgeregt, Huberta konnte ihn kaum halten. Das erste Hindernis übersprang er um fast zwanzig Zentimeter, vor dem nächsten wäre er beinahe ausgerutscht, weil der Boden eklig glatt war. Hinter dem Graben schlitterte er, hielt sich aber geschickt auf den Beinen. Nur zweimal warf er sehr lose sitzende Stangen ab.

Die beiden Zuschauer waren zufrieden. Wenn er morgen nicht schlechter wäre, würde er einen anständigen Platz belegen. Mehr konnte man beim erstenmal gerechterweise nicht erwarten.

“Schluß, genug”, rief Felix. Da schoß hinter ihm aufgeregt, den kugeligen Kopf bis unter die letzten drei Haare gerötet, mit der unvermeidlichen Mutzpfeife in der Luft herumfuchtelnd, Onkel Jop aus dem Gebüsch. Mit ihm hatte Uschi am Morgen so dringend telefoniert. Jetzt war er da, um sich zu erkundigen, was die Kröten von ihm wollten.

“Das ist ja großartig!” Seine hohe Stimme schlug fast um. “Der kann ja ganz prachtvoll springen!” Schnaufend blieb er stehen. “Und nun mal genau der Reihe nach”, meinte er endlich mit wieder beruhigter Stimme, “was ist das für eine Geschichte?”

Mitten in die Ausführungen der einander überbietenden Bundesbrüder hinein begann der Regen wieder zu nieseln. Die Mädchen trabten mit Muschik zum Stall voraus, Felix aber hielt den Onkel am Ärmel zurück.

“Du”, sagt er, die Stirn in nachdenkliche Falten gelegt, “hast du gesehen, wie der weghuscht? Vielleicht ist der Regen doch nicht so ein ganz großes Unglück.”

Onkel Jop pfiff durch die Zähne. “Aha”, sagte er, “du meinst die kleinen Hufe.”

“Genau das”, nickte Felix. Dann gingen sie auch in den Stall.

Jawohl, Onkel Jop war zu allem bereit. Er würde Muschik abholen, wenn der Hof am Sonntag leer war, ihn hinten ans Gig binden und mitsamt dem Sattelzeug im Geräteschuppen neben dem Turnierplatz abliefern. Ging alles in Ordnung. Tante Lina würde vor Angst sterben. Eine wunderbare Geschichte. Und außerdem würde er Huberta was Feines schenken, wenn sie unter den ersten fünfen endete.

Huberta hörte was von "schenken". Sie war alarmiert. "Einen kleinen Kutschwagen - einen ganz, ganz winzigen Wagen - ein Dogcart bloß, ja?" Ihre Beine hopsten von alleine.

Onkel Jop zog die Brauen hoch. "Na hör mal", meinte er. "Bescheidenheit ist eine Zier ... Wenn du später mal einen ersten Preis machst, läßt sich darüber reden. Ich hatte an ein Taschenmesser gedacht, mit sieben Klingen und außen Horn."

Huberta war getröstet, ein richtiges Taschenmesser war toll, und Onkel Jop war der einzige, der einem vernünftige Sachen schenkte.

Huberta und Felix hatten inzwischen bei Aleide das Jackett abgeholt. Zur unsäglichen Erleichterung aller Beteiligten saß es wie angegossen.

"Ohne mich zu loben", hatte Aleide fortwährend gestottert, "du siehst aus wie eine Prinzessin - wahrhaftig ..." Und errötend hinzugefügt: "Ich komm' auch, wenn's recht ist."

Huberta hatte sich vor dem Spiegel gedreht und gewendet und zu Felix hin gefragt: "Wie findest du mich?"

"Albern", hatte er erwidert und aus den Augenwinkeln 'rübergeschielt. Wie ein schmaler schwarzer Pfeil stand sie da, bereit, sich abzuschnellen. Verflixt und zugenäht - todschick war das, er konnte sich nicht helfen. "Nicht übel", knurrte er.

Den ganzen verregneten Abend hockten sie auf Felix' Zimmer über der mitgebrachten Turnierausschreibung, auf deren letzter Seite die beiden Parcours für die Springen abgebildet waren. Beim leichten Springen war es einfach: rund um den Platz immer ein Hindernis nach dem anderen, einmal 'rum und fertig. Aber beim schweren! Da waren die Sprünge kreuz und quer durcheinandergestellt, in Schleifen und Bögen. Huberta seufzte erleichtert: Wie gut, daß sie soviel abbiegen geübt hatte und Muschik im Galopp gehorsam war.

Dann kam der gefürchtete Augenblick, wo sie Felix und Uschi das mit dem schweren Springen sagen mußte. Ohne den Grund zu nennen, natürlich. Beide waren glatt erschlagen.

"Bei dir piept's wohl?" meinte Felix.

"Bißchen zu heiß gebadet heute nachmittag?" erkundigte sich Uschi liebevoll.

"Für einen Witz eine Kleinigkeit zu faul!" Damit war der Fall für Felix erledigt.

Huberta sagte nichts mehr. Vielleicht, so hoffte sie zaghaft, kam ihr morgen ein Zufall zu Hilfe.

Vorsichtshalber schüttete sie aber im Bett Uschi ihr ganzes Herz aus. "Du mußt mich verstehen", sagte sie gequält, "ich weiß doch selbst, daß es so gut wie reiner Blödsinn ist, aber ich muß doch wenigstens versuchen, den Sattel zu kriegen. Das andere wär doch genau so, als ob ich im letzten Moment kneifen würde, nicht?"

Uschi dachte krampfhaft nach, dann nickte sie gähnend. Wenn es sich so verhielt, dann gab's wohl keine andere Möglichkeit. Anständig, fand sie, freilich verrückt. Eben ganz Huberta. Laut sagte sie, so trocken sie konnte: "Turniere haben was Sympathisches, find' ich. Ist alles so einfach. Im übrigen will ich dir auch ein Geheimnis verraten: ich schlaf jetzt. Gute Nacht!" Drehte sich um und murmelte: "Wär' ja ein Wunder."

Huberta starrte durchs Fenster. Ihr Herz klopfte bang. Draußen funkelten die Sterne. Die haben es gut, dachte sie, die brauchen nur zu funkeln, und das können sie ja wohl allmählich, ohne sich viel anzustrengen. Kurz drauf fuhr sie hoch. Sterne? Wahrhaftig! Der Regen hatte aufgehört, die schwarzen Wolken waren verschwunden. Der Himmel war - tiefblau und sternbesät. Das war ja schon ein Wunder. O ja, es gab noch Wunder, nur glauben mußte man daran, ganz fest.

Als sie am anderen Morgen wach wurde, schien ihr die Sonne frischgewaschen und rosig ins Gesicht.

27

Je näher sie der Stadt kamen, um so dichter wurde das Gewirr der Wagen, Pferde und Fußgänger, die sich lachend und schimpfend alle in eine Richtung drängten. Es hatte tatsächlich den Anschein, als ob außer sämtlichen Männern auch "Urahne, Großmutter, Mutter und Kind" zum Turnierplatz aufgebrochen wären. Die Sonne tat ihr Bestes, den bösen Eindruck der letzten Tage zu verwischen. Schmeichelnd strich sie über die bunten Jacken der Füchse und Braunen, goß silbernen Glanz über die Schimmel, betupfte mit zärtlichen Strahlenfingern die blanken Felle der Rappen. Es roch nach Pferden, nach sauberen, gepflegten Pferden, und all die vielen Menschen, die hinauswanderten, schnupperten beglückt, weil sie diesen Geruch liebten.

In aller Herrgottsfrühe waren die Gärtner zur Stelle gewesen und hatten bis Mittag geschleppt und gegraben. Jetzt flammten rund um den Platz in weißen Kästen blutrote Geranien auf, der Wasserspiegel des Grabens versuchte so viel Himmel einzufangen, daß er blauer war als die Beete mit Männertreu, die sich zu seinen beiden Seiten hinzogen, und die Lorbeerbäume neben den Sprüngen reckten die kugeligen oder kegelförmig geschnittenen Köpfe lackgrün in den Septembertag.

Stehplätze und Tribünen füllten sich immer dichter. Über die hellgelben Kieswege rollte Wagen auf Wagen. Reiter sprachen beruhigend auf ihre aufgeregten Pferde ein. Bekannte begrüßten sich. Ordner mit blauweißen Rosetten im Knopfloch gerieten hilflos in das fröhliche Menschengewimmel, durch den Lautsprecher schmetterte, alle übertönend, die Musik der beiden Kapellen.

Schulze Westrup blieb bei seinem Gespann auf dem Sattelplatz, weil er seine Programmnummer - die dritte - abwarten wollte.

Unter dem sonnenvergoldeten Herbstlaub sammelten sich hier weit über hundert Pferde, deren blanke Hälse und Flanken in seidenen Lichtern flammten.

"Hallo, alter Schwede", dröhnte gleich bei der Auffahrt irgendwo im Trubel der Baß des Doktors auf. "Lang mir mal meinen Filius von deinem Klapperkasten 'runter, der kann sich hier auch mit einem Arm nützlich machen!" Doktor Vorholz kämpfte sich wie ein Stier durchs Gedränge, die Melone schief auf dem Kopf, die gelbe Richter-Rosette in der einen, den Spazierstock in der anderen Hand. "Uff", stöhnte er, "so was von Launen kann sich auch nur eine Frau leisten. Erst ist die Gnädige drei Tage verreist, und kaum hat man sich drauf eingestellt - da ist sie wieder da."

"Und wen meinst du mit deiner bewundernswürdigen Rede?" fragte der Schulze, der die Ausdrucksweise seines Freundes zu lange kannte, um sich aus der Fassung bringen zu lassen.

"Na, die gefeierte Gönnerin des heutigen Tages, unsere liebe Sonne, natürlich!" erklärte der Doktor pathetisch. Er schickte Felix mit ein paar Anweisungen an den Richtertisch, grüßte lebhaft nach allen Seiten - waren doch fast alle Teilnehmer seine Kunden -, angelte sich sodann den Schulzen, ohne sie viel um sein Widerstreben zu kümmern, und schleppte ihn nach einem gewichtigen "Willem, paß auf die Füchse auf, dein Herr hat Durst!" ins nahe Festzelt.

Diesen Augenblick benützte Trüken, um den Karton, den sie zu Hause ungesehen unter ihren Sitz geschmuggelt hatte, an sich zu nehmen und eilfertig in Richtung Geräteschuppen damit zu verschwinden.

Uschi und Huberta waren bereits hier. Von Muschik keine Spur.

"Nur die Ruhe kann es bringen", meinte die nicht zu erschütternde Uschi, "ihr schlaft alle zu wenig. Viel schlafen und wenig denken, das schont das Gehirn."

"Da bring' ich Sachen zum Anziehen: Hose, Jackett und Stiefel", unterbrach Trüken die Predigt, "und dann will ich flott wieder gehen, sonst wird unsere junge Frau nervös."

"Nur nicht selbst nervös werden", spottete Uschi gutgelaunt. "Übrigens gehen wir mit, unser Springen kommt zuletzt, und vorläufig ist hier für uns doch nichts zu holen." Damit machte sie in aller Seelenruhe die Tür von außen zu.

Huberta zappelte: "Aber Muschik kann doch jeden Moment kommen. Und was sagen wir bloß Felix? Hast du überhaupt noch mal dran gedacht? Wir müssen doch was tun!"

Uschi war schon unterwegs. Sie verschränkte die Hände auf dem Rücken und faselte im Gehen auf geradezu unerträgliche Art weiter: "Gedacht? Nein! Ich hab' nur eine Kleinigkeit überlegt. Ja - leider wird Muschik nun die erste Stunde nicht kommen."

Huberta kochte. "Mach' mich nicht rasend - was ist denn los?"

"Laß mich doch ausreden. Ich weiß gar nicht, warum du so aufgeregt bist. Das leichte Springen ist ja zuerst an der Reihe, nicht? Und wenn Muschik nicht da ist, kann er nicht mitmachen. Auch nicht, wenn Felix wütend wird, oder? Siehst du, das hab' ich alles auf den Zettel geschrieben und an Muschiks Tür festgemacht. Und doof ist Onkel Jop ja wohl nicht."

Die Westrupschen Plätze lagen gottlob in der ersten Reihe, gleich am Weg, so daß man aufspringen und sich wieder hinsetzen konnte, ohne jedesmal ganze Völkerstämme durcheinanderzubringen. Muddel trug seinen feinsten marineblauen Anzug mit Matrosenkragen und langen Hosen und hatte Trüken in die Hand versprechen müssen, ihn um keinen Preis schmutzig zu machen. Und was man verspricht, das hält man auch - Ehrensache!

Nur Fips saß unten so im Gedränge, und zweimal hatte ihm schon einer auf die Füße getrampelt, und wenn Pferde vorbeikamen, bellte er immer wie verrückt. Das war doch wirklich kein Zustand! Erst konnte man ihn ja noch auf Hubertas leeren Platz setzen, aber als die kam, half alles nichts mehr - man mußte ihn auf den Schoß nehmen. Aber ein so sauberer Hund wie Fips machte die Hose bestimmt nicht schmutzig.

Trüken sah die Bescherung schon von weitem. "Dieses Ferkel", schimpfte sie.

Muddel hatte sich mucksmäuschenstill verhalten und Fipsens Schnauze zugepreßt, damit er nur keinen Laut mehr von sich geben konnte. Fips hatte den besten Willen, aber Muddels Finger kitzelten, und da mußte er niesen, auf Frau Schulze Westrups hellgelbes Leinenjakkenkleid. Leider. Zum Glück kam niemand mehr dazu, sich aufzuregen.

Ein Tusch, dann Toni Brinklades Stimme durch den Lautsprecher: "Es startet Reiter Nr. 1."

Ruckartig wandten sich alle Köpfe der Bahn zu. Jeder Laut verstummte. Der Reiter war ein stämmiger Bursche auf einem etwas mageren, hochbeinigen Rappen, der vor Aufregung jetzt schon klitschnaß war. Zehn Hindernisse waren zu springen, nicht sehr hoch, vielleicht einen Meter, schätzte Huberta. So hoch war Muschik auch schon gesprungen. Der Rappe wollte anscheinend nicht, jetzt bockte er deutlich.

"Du", flüsterte Uschi geringschätzig, "der Kerl hat

vom Reiten keinen Schimmer, das sieht ja ein Wilder aus der Wüste Gobi! Na endlich. Peng - so ist es richtig - immer 'rein ins Vergnügen!"

Unten flogen die Balken. Nach dem fünften mißlungenen Sprung gab der Junge es auf und zog etwas belämmert aus der Bahn.

Das nächste Paar war besser. Willig, und offensichtlich in gutem Einvernehmen mit seinem Reiter, ging der Braune an die Hindernisse. Vielleicht wäre er fehlerlos über den Parcours gekommen, wenn die Bahn nicht von dem tagelangen Regen immer noch glatt gewesen wäre. In der Kurve rutschten dem Pferd die Beine einfach weg. Der Sturz hatte ihm einen solchen Schrecken bereitet, daß es den nächsten Sprung dreimal verweigerte und ausscheiden mußte.

Von Huberta war jetzt alle Zappeligkeit gewichen. Die Augen fast gierig nach vorn gerichtet, saß sie starr da und bemühte sich, jede, auch die winzigste Kleinigkeit, zu behalten.

Bis jetzt hatte es noch keiner fehlerlos geschafft. Die erste Spannung in den Zuschauerreihen hatte sich gelegt und kritischer Beobachtung Platz gemacht. Namen schwirrten durch die Luft, man machte sich gegenseitig auf die Favoriten aufmerksam. Nach jedem Ritt nannte der Ansager Fehler- und Sekundenzahl. Felix schob dann neben dem Richtertisch auf eine von überall zu sehende Riesentafel Plättchen mit den Zahlen hinter die Nummer des Reiters. Die Zuschauer notierten es sich auf den Programmen.

Der dreiundzwanzigste Reiter endlich kam fehlerlos über die Bahn. Die Musik spielte einen Tusch, knatternd brach überall der Beifall los. Allen anderen wurde der glatte Boden zum Verhängnis. So was hatten selbst die alten Turnierhasen auf dem Sattelplatz noch nicht erlebt:

unter vierunddreißig Reitern im leichten Springen nur ein Fehlerloser.

Kurz vor Beendigung des Springens kam Felix total aufgelöst angerannt.

“Seid ihr denn völlig verrückt?” flüsterte er Uschi zu. “Ist doch allerhöchste Zeit! Mensch, umziehen, satteln - aber schnell!”

Uschi sah kühl zurück. “Erstens schrei mal nicht so. Zweitens hat alle Aufregung keinen Sinn, denn Onkel Jop ist noch nicht da.” Ihre Stimme wurde vollendet besorgt: “Da muß was passiert sein - wenn ich nur ahnte, was! Hoffentlich kommt er überhaupt noch. Ob wir sie im schweren Springen ...”

Doktor Vorholz winkte seinem Sohn vom Richtertisch aus energisch zu. “Ich muß gehen, Vater braucht mich. Macht, was ihr wollt - jetzt ist sowieso alles aus. Sechs Wochen Arbeit umsonst!” stöhnte er. Im Weggehen drehte er sich noch mal um und knirschte: “Nie wieder kümmere ich mich um Mädchen, das muß ja schiefgehen. Verflixt und zugenäht!”

Seine Worte wurden vom gerade einsetzenden Beifall über einen Reiter, der nur einmal abgeworfen hatte, verschluckt. Uschi war heilfroh, daß keiner was gehört hatte, und Huberta atmete erlöst auf. Das mit Felix war ja noch ziemlich glimpflich abgelaufen, fand sie.

Die zwei letzten Reiter hatten anscheinend ganz junge Pferde. Das eine, ein Brauner mit vier weißen Beinen und einer breiten Laterne, war nicht mal über das erste Hindernis gekommen. Auf dem anderen saß ein dünner Jüngling, der selbst Angst hatte. Man konnte es ganz deutlich sehen. Das Pferd fegte in einem Höllentempo los, riß ein paar Hindernisse einfach um und blieb vor der Mauer mit einem Ruck stehen. Der Jüngling flog einsam und allein hinüber. Als er sich wieder aufgerappelt hatte, war sein Roß bereits auf dem Weg nach Haus. Es blieb ihm nichts anderes übrig, als unter dem Lachen des Publikums hinterherzuhumpeln.

Neben Uschi sagte ein vornehmer alter Herr mit Silberbart und Zylinder in zwar tadellosem, aber etwas fremdländisch klingendem Deutsch: "Mindestens die Hälfte der jungen Leute ist nicht genügend vorbereitet. Man kann nicht einfach ein Pferd aus dem Geschirr spannen und über Turnierhindernisse schicken. Das ist - ist ..." Er suchte nach einem Wort.

"Schinderei!" ließ sich Uschi vernehmen und setzte energisch hinzu: "Ganz meine Meinung!"

Der Silberbart sah erstaunt auf sie herab.

Während der nun folgenden Pause entwickelte sich ein Gespräch zwischen ihnen. Die Musik schmetterte, daß man sein eigenes Wort kaum verstehen konnte. Es war windiger geworden, und die bunten Fahnen rings um den Platz bauschten sich.

"Interessiert ihr euch denn auch für Pferde?" erkundigte sich der Herr freundlich.

Uschi stach der Übermutsteufel. "Ein bißchen schon", meinte sie, bescheiden die Augen niederschlagend. "Der Vater meiner Freundin, Herr Schulze Westrup, macht nämlich auch mit."

"Ach, sieh da", freute sich der Silberbart.

Huberta kam sich maßlos albern vor, nickte aber ergeben. Vor ihr trabten die Einspänner über den Weg, die vom Sattelplatz kamen und auf die Bahn fuhren. Sie waren jetzt an der Reihe. Ein Wagen kam ziemlich nahe an ihnen vorbei. Huberta zuckte nervös zusammen.

Gleich ließ sich die freundliche Stimme wieder vernehmen:

"Aber, aber! Wer wird sich denn vor so einem braven Pferdchen fürchten?"

Die Meisterin wand sich innerlich. Pferdchen!

"Och", säuselte sie dann geziert, "sie ist von Natur aus so ängstlich. Aber sonst ist sie wirklich nett", fügte sie strahlend hinzu. Der Silberbart nickte wohlwollend.

"Will denn das kleine Fräulein nicht selbst reiten lernen?" wandte er sich an Huberta.

Die fand die Sache allmählich auch komisch.

"Doch", sagte sie piepsig, "wenn ich groß bin."

Muddel hatte keine Ahnung, warum Mutter ihn plötzlich heftig an sich drückte und so seltsam prustete.

Die Einspännerprüfung war für die Bande ziemlich uninteressant. Die Bauern allerdings, von denen sich viele ganz nach vorn begeben hatten und behäbig über die Brüstung lehnten, waren kritische Beobachter. Sie sahen mehr als das schöne, sonnenüberglänzte Bild: wie die Pferde trabten, ob sie gut am Zügel standen, nicht heftig und nicht bummelig waren, nicht scheuten, ob ihr Äußeres Fehler aufwies, und vieles andere mehr. Den Richtern wurde die Sache nicht leichtgemacht. Schließlich stellten sie eine schnittige rehbraune Stute an die Spitze, die schwungvoll und freudig ging, mit aufmerksam spielenden Ohren auf die Hilfen ihres Fahrers achtgab und aufgerichtet, mit glänzenden Augen, stillstand.

In der Pause begrüßte Doktor Vorholz Frau Schulze.

"Hübsches Kerlchen, die Braune, was?" sagte er zungenschnalzend, "kein Mensch glaubt, daß sie schon fünfzehn Jahre alt ist und sieben Fohlen gehabt hat. Und ein unverwüstlicher Arbeiter. Ich sage, Arbeit macht gute Pferde - wenn man sie daneben gut pflegt, natürlich. Halte persönlich nichts von der Verpäppelung. Was meinen Sie, Baron?" Er wandte sich an den silberbärtigen Herrn, der huldvoll nickte.

Baron? Uschi wurde es schwül. Zu ihrer größten Erleichterung tauchte Onkel Jop auf diesem Weg zwischen den promenierenden Zuschauern auf. Sie stürzte, Huberta hinter sich, auf ihn zu.

“Alles in Ordnung”, versicherte er gemütlich. “Der Bursche frißt wie ein Scheunendrescher, das ist immer das beste Zeichen. Und was war hier inzwischen los?”

Die beiden berichteten gleichzeitig, was nicht übermäßig viel zur Deutlichkeit beitrug.

Onkel Jop schmunzelte. “Soso - glatt, sagt ihr? Ist ja prächtig. Na, ich bin ja gespannt, was ihr zustande bringt”, und rieb sich vor den Verdutzten vergnügt die Hände.

Uschi erkundigte sich noch schnell nach dem Baron.

“Ach, der ist tatsächlich gekommen?” freute sich der Alte. “Er ist Vorsitzender der holländischen Reitervereine, Baron van Meeckelen-Borch. Ganz großer Mann. Hat auch schon Pferde von uns gekauft.”

Uschi wußte genug. Sie machte sich winzig, verschwand im Gedränge und tauchte auf der anderen Seite der Schulzin, neben Libeth, wieder auf.

“Rückt mal ein bißchen zusammen, drüben wird es mulmig.” Damit quetschte sie sich zwischen die beiden Alten.

Auf der Bahn rollten jetzt die Zweispänner an, sechzehn Gespanne, weit mehr, als man erwartet hatte. Sie fuhren Achten und schwierige Kurven, mal hintereinander, dann durcheinander, um die Hindernisse herum, ja sogar durch den flachen kleinen See mitten auf dem Platz. Die Musik machte einen ohrenbetäubenden Krach. Bei den Springen war sie still, weil ja die Pferde selbstverständlich nicht gestört werden durften, aber hier kam's auf Gehorsam und Straßensicherheit an - da war alles erlaubt. Schließlich hört auf der Straße der Lärm auch nicht jedesmal auf, wenn sich ein Fuhrwerk nähert. Es war ein farbenprächtiges Bild, all die vielen bunten, lichtüberrieselten Wagen und Pferde!

Uschi seufzte. “Ich fänd’ da im Leben nie den Besten ’raus!”

“Vater!” Das stand für Huberta unerschütterlich fest. “Sieh doch nur mal genauer hin. Unsere beiden Füchse marschieren doch, als ob sie überhaupt nur ein Pferd wären. Ganz korrekt, ein Schritt wie der andere und trotzdem keine Spur von Mattigkeit. Sieh mal, wie aufgeregt manche sind. Da scheut ein Gespann vorm Wassergraben, und das andere - ach nein, hast du das gesehen?”

Die von Willem am Vortag gelobten Fahlandschen Braunen hatten sich erschreckt und waren in das Koppelrick gesprungen. Das Splittern und Krachen des Holzes war bis auf die Tribüne vernehmbar.

Huberta behielt recht. Schulze Westrup ging als klarer Sieger aus der Prüfung hervor. Zweiter wurde, mit einem Schimmel und einem Rappen, der - Silberbart! Uschi wurde es immer schwüler.

“Daß der jetzt auch noch mitmacht!” flüsterte sie. “Mensch, wenn der merkt, daß wir ihn auf den Arm genommen haben. Blamier uns bloß nicht!”

Huberta zuckte zusammen. “Stimmt, ich muß ja verschwinden. Vater hat sein Pensum bis zum Springen hinter sich und setzt sich bestimmt her. Dann kommen wir nicht mehr weg.”

Vorn fuhr jetzt der Schulze unter dem beifälligen Klatschen der Zuschauer die Ehrenrunde. Trotz der Hitze hatte er die vorschriftsmäßige karierte Decke über den Knien liegen und die Hände in gelben Fahrhandschuhen stecken. Dazu der hellgelbe Jagdwagen, die goldenen Füchse - es machte sich blendend.

Nach einem kurzen Blick auf die Bahn wollten die beiden Verschwörer sich heimlich davonstehlen, als die Schulzin sie zurückrief.

“Wir wollten nur mal eben - bißchen bummeln ...” brachte Huberta mühsam hervor. Wenn Mutter nun wirklich was ahnte und sie nicht wegließ? Ihr Herz krampfte sich zusammen. Statt dessen aber geschah etwas völlig Verblüffendes, etwas, mit dem keiner der Beteiligten auch nur im Traum gerechnet hatte.

Die Schulzin nämlich hielt ihre Tochter am Arm zurück, und während sie hastig “ja, ja, geht nur!” sagte, zog sie Hubertas Kopf zu sich herab und sagte etwas, das Uschi aber nicht verstand. Huberta starrte verwirrt auf ihre Mutter, dann stürmte sie davon, die dicke Uschi japsend hinter ihr her.

Erst hinter der festverschlossenen Tür des Geräteschuppens konnte sie wieder sprechen. Gegen den kauenden Muschik gelehnt, stieß sie hervor: “Mensch, Uschi - Mutter weiß alles!”

Die Meisterin verlor zum erstenmal ihre Fassung. Kreidebleich erkundigte sie sich. “Hat sie es dir ververboten?”

Huberta hörte nicht mehr richtig zu. Erst allmählich kam ihr zu Bewußtsein, was da eigentlich geschehen war. Mutters Augen, dachte sie. Hatte sie vorher überhaupt schon mal darauf geachtet, daß Mutter so gute Augen hatte? Ganz nah waren sie soeben vor ihr gewesen - warme, liebe Augen, jetzt sogar ein bißchen feucht. Sie atmete erlöst und tief auf. Ganz schief konnte es nun nicht mehr gehen. Was auch immer passieren würde - Mutter saß da in der ersten Reihe, wußte alles und hatte ja dazu gesagt. Ein zaghaftes Lächeln schlich sich auf ihr schmal gewordenes Gesicht.

“Nein”, strahlte sie, “sie hat's nicht verboten. ‘Mach's gut, mein Kleines’, hat sie gesagt, ‘sei tapfer - ich halt' die Daumen und glaub' an dich.’ Mensch, Uschi, ich hab' wirklich nie gewußt, daß sie so großartig ist!”

“Ich immer”, grunzte die Dicke stolz und konnte vor überwältigender Bewunderung nur noch mit den Ohren schlackern. Nach einem Augenblick zögernden Nachdenkens fügte sie hinzu: “Ehrlich gestanden: Ich bin ja doch verflixt froh, daß es wenigstens ein Großer weiß. Wegen der Verantwortung und so, mein’ ich.”

Huberta nickte, befreit und überzeugt.

Der Schuppen erzitterte. Ein grollendes Rollen wurde vernehmbar, Gepruste, das Klingeln messingbeschlagener Geschirre. Die Zuschauer gerieten in Aufregung.

“Nichts wie ’raus!” Uschi zog ihre Freundin, die sich schon Reithose und Stiefel angezogen hatte, am Hosenbund rückwärts nach draußen. “Hier im Gedränge entdeckt uns niemand. Die Schaunummer. Meinst du, die laß’ ich mir entgehen?”

Aus dem Lautsprecher ertönte jetzt die Stimme des Doktors.

“Meine Herrschaften”, rief er, “Sie haben mit soviel himmlischer Geduld den Darbietungen einer Reihe von Pferdenarren zugeschaut - nun sollen Sie etwas sehen, an dem auch nicht angesteckte, an keiner Pferdebegeisterung krankende Zeitgenossen wie Sie und ich unsere Freude haben.”

Das Publikum brach bereits in fröhliches Lachen aus, wußte doch jeder, daß der Doktor der allernärrischste Pferdenarr war. Er trompetete aber schon weiter: “Wir zeigen Ihnen etwas besonders Hübsches, von mir in schlaflosen Nächten extra für Sie ausgedacht: Das größte und das kleinste Gespann, das sich nur auftreiben ließ.”

Uschi besah sich die Bescherung. Na, dachte sie, davon kann die Bude wirklich wackeln! Sechs allmächtig dicke, zwei Stockwerke hohe Rotschimmel stapften bedächtig vor einem langen Flachwagen voller Biertonnen. Ihre Mähnen wallten rechts und links - mit roten Troddeln durchflochten - die Hälse hinab. Sie waren so dicht, daß sie sich auf dem Kamm scheitelten und beide Halsseiten gänzlich bedeckten. Die Fesselhaare - schneeweiß gewaschene Zotteln - fielen in lockiger Fülle auf die schwarzgewichsten Hufe, die wiederum die Größe ausgewachsener Apfeltorten hatten - Apfeltorten freilich, unter deren Tritt so schnell kein Gras mehr wuchs! Über die feisten Kruppen und die speckigen Rücken waren grüne Lederbänder mit vielen blitzenden Messingrosetten gelegt. Aus Riesennüstern dampfte wolkiger Atem, große Augen sahen gleichmütig und unerschütterlich auf das bunte Gepränge. Der Kutscher auf dem hohen Bock hielt stolz die sechs Leinen in den Händen und lenkte die Riesen wie gehorsame, dressierte Elefanten.

Natürlich hatten Uschi und Huberta das Gespann häufig genug in der Stadt bei der Arbeit gesehen, aber - wie so oft in diesen Ferien - mußten sie merken, daß Sehen und Sehen eben zweierlei ist. Mit den Augen sah man manches, das nicht bis in den Verstand vordrang. Um richtig zu sehen, durfte man nichts ringsum übersehen.

Hinter den wuchtigen Brauereikolossen fuhr jetzt die Konkurrenz in die Bahn. Sogleich brachen Schreie des Entzückens aus allen Kindermündern und ganz gewiß auch aus manchem Erwachsenenmund. Nach dem größten Gespann kam nun sein Gegenteil: vor einem Korbwägelchen wieder sechs Pferde - ach, was sag' ich, Pferde - Pferdchen, hundegroße, schwarz und weiß gefleckte Pferdezwerge! Zwischen den Mauseohren trugen sie bimmelnde Glöckchen, eifrig nickten die Köpfe im Takt des Trippelns, feurige, luchsfreche, pfiffige

Spitzbubenäuglein schielten hinter den buschigen Fransen des Schopfes hervor. Auch hier dichte Mähnen, aber nicht voll wallender Majestät, sondern strubbelig, ungebärdig, bis in die kecken Spitzen voll Temperament. Die Bäuchlein prall wie sechs Trommeln, kribbelige Beinchen drunter, die nie im Schritt gehen konnten.

“Und jetzt, meine verehrten Herrschaften”, begann der Doktor vor dem Lautsprecher wieder, “wollen wir die beiden um die Wette laufen lassen. Dem Sieger drei Pullen Schnaps, für jedes Pferd ein Viertelpfund Zucker und einen Lorbeerkranz obendrein! Wer bietet mehr? Und wer, meinen Sie, gewinnt?”

“Na”, murmelte Uschi, “ziemlich sonnenklar, was? Mit den Riesenbeinen können es die Zwergenpfötchen schließlich doch nicht aufnehmen.” Die anderen dachten mehr oder weniger das gleiche.

Die beiden Gespanne fuhren jetzt nebeneinander auf.

“Achtung! Fertig - los!” Ab ging’s.

Die Kolosse trabten, der Boden bebte, die Hindernisse wankten. Daneben trippelten die Zwerglein. Nichts bebte, nichts wankte - aber sie selbst wichen und wankten auch nicht von ihrem Platz neben den großen Brüdern. Machten die einen Schritt, machten die Scheckchen eben drei. Unbekümmert bimmelten die Glocken.

Nach der halben Runde troffen die Dicken wie eben aus der Badewanne gezogen. Die Kleinen - grinsten. Bestimmt! Nach Dreiviertel des Wegs gaben die Kolosse es auf. Ihr Atem puffte stoßweise. Die Sonne war heiß, der Sandboden tief, und sie selbst hatten so viel Fett zu bewegen!

Die Trommelbäuchlein munter schwenkend, die Trippelbeinchen im Takt bewegend, so zogen die Scheckchen triumphierend als Sieger durchs Ziel.

Und als der Doktor den beiden Vorderpferdchen -

Hatschi und Mottchen hießen sie - je einen stachligen Lorbeerkranz umhängte, taten die zwei noch ein übriges: Sie drehten sich um und wieherten schrill pfeifend quer über den menschenumsäumten, farbfrohen Platz.

Und alle ringsum verstanden den Schrei!

Uschi hing fasziniert über dem Geländer. Nur ja alles mitkriegen! Sie fraß die Bilder vor sich mit den Augen, schlang sie sozusagen in sich hinein, stopfte sich den Kopf damit voll.

Huberta widmete sich drinnen ihrem Pferd, putzte geistesabwesend, wo längst nichts mehr zu putzen war. Seidenglatt spannte sich Muschiks dünne graue Haut. Huberta fuhr mit der Hand den Hals entlang, über den feinen Widerrist bis in die Sattellage, ließ die Hand da liegen. Wie weich und warm das war. Hier im Schuppen war es schwül von den teerigen Ausdünstungen der Bretterwände. Verworren drang der Lärm des Platzes herein. Dressurprüfung, dachte sie. Und eine Zeit später: das Springen!

Die Unruhe draußen wuchs, Wortfetzen drangen an ihr Ohr, Pferdegetrappel, Lachen, Musik. Wie blödsinnig viel sich die Leute in den Pausen zu sagen hatten! Ihre Hand lag noch immer auf dem warmen Rücken. Die Zunge klebte ihr am Gaumen, sie schluckte schwer, dachte: Wenn sie doch nur endlich anfingen. Endlich, endlich - summte es in ihren Ohren wie eine eintönige, einschläfernde Melodie weiter. Ihre Ungeduld konnte nicht mehr steigen. Das dünne Polohemd klebte ihr am Rücken. Starr aufgerichtet, versuchte sie, über das Dröhnen in ihrem Kopf hinweg nach draußen zu horchen.

Plötzlich zuckte sie zusammen. Die Hand, immer noch auf dem Pferderücken, umklammerte den Widerrist, hielt sich daran fest: Es war so still geworden, totenstill, selbst das leise Mahlen von Muschiks Zähnen hatte aufgehört; mit gespitzten Ohren lauschte er. Der erste Reiter im schweren Springen sprang!

Konnte denn die Luft noch dicker werden, noch unerträglicher? Die zitternde, unterdrückte Spannung der viertausend Zuschauer draußen, die mit angehaltenem Atem und vorgereckten Hälsen den Ritt verfolgten, drang durch die Spalten des Schuppens. Ein dumpfes Poltern, irgendwo ein jäher, spitzer Aufschrei, dann wieder Stille. Händeklatschen. Huberta stöhnte - der hatte es hinter sich! Und wieder die summende Stille, wieder gingen drüben ein Pferd und ein Reiter über den Parcours, noch einer und noch einer. Sie hielt es nicht mehr aus im Schuppen, wollte hinaus, sehen, sehen - und konnte die Füße nicht von der Stelle bewegen. Immer schneller, so schien es ihr, folgten jetzt die Reiter einander, kaum noch unterschied sie Stille und Klatschen. Gleich war sie selbst dran.

Da! Wieder das Poltern, diesmal vom Krachen splitternden Holzes begleitet. Gleich darauf Stimmengewirr, eine Autohupe. Einer war schwer gestürzt, jetzt holten sie den Arzt. Ob - ob ihm viel passiert war? Tot? Nein! Nicht das. Und sie mußte auch noch springen. Die Hindernisse waren so hoch, noch nie war sie so hoch gesprungen. Nein, nein, nein ... Bis ihr auf einmal zu Bewußtsein kam, was es bedeuten sollte: sie hatte Angst! Erinnerung blitzte auf an jenes andere Mal, wo sie diese sonst nie verspürte Angst grauenhaft gefühlt hatte, damals, als Muschik ihr durchging auf dem Fest. Nein!

Draußen ritt wieder einer. Ein Mann, auf einem großen Pferd. Sie war so winzig, und sie hatte Angst. Sie wollte nicht. Ihr war schlecht, oh, todschlecht.

"Noch fünf Reiter. Jetzt startet dein Vater. Sobald er

fertig ist, kommen wir und helfen dir. Ein paar Bombenritte sind dabeigewesen - einfach Klasse. Bloß langsam, es ist zu glatt. Du mußt reiten wie der Teufel." Die Tür schlug zu, Felix sauste auf seinen Platz am Richtertisch zurück, damit er nur ja den Siegesritt nicht verpaßte. Schulze Westrup würde alle schlagen. Die Überzeugung saß eisern fest bei ihm.

Um Uschi hatte sich ein besonderer Zuschauerkreis gebildet, Leute nämlich, die halb dem Springen, halb dem Gebaren der Meisterin zusahen. Sie war außer Rand und Band. Meist lag sie mit dem Bauch auf der Umzäunung, die gespreizten Arme zu beiden Seiten ums Holz geschlungen, und zappelte lebensgefährlich mit den Beinen. Ihr Gesicht war vor Begeisterung tomatenrot. Es war einfach aufregend. Für alle.

Huberta drinnen hörte nichts mehr. Felix' Worte hatten sie glühend an die anderen erinnert: an den Bund, an Mutters Augen, an den Sattel. Es ging ja gar nicht um sie. "Bild dir doch nicht ein, es dreht sich alles um dich", hatte Felix damals bei der Geisterversammlung gesagt. "Gemeinschaftsarbeit ist das, wir wollen siegen, alle!" Und sie hatte eben gemeint, sie könnte kneifen.

Und dann erst merkte sie, daß Muschiks Fell ganz naß war von ihren Tränen. Gleich mußte sie reiten; natürlich mußte sie reiten, jetzt konnte sie nicht mehr zurück. Bloß, sie hatte solche Angst!

Niemand konnte ihr jetzt mehr helfen. Was nun kam, die klobigen Sprünge, die scharfen Kurven auf dem glatten Gras, das Bestehen vor den Tausenden von Augen draußen, das war nur mehr ihre Sache.

Sie preßte ihren Kopf enger an das warme Fell, strich mit der Hand über den seidigen Hals. Mit einemmal hielt sie inne, atemlos. An ihrer Wange und gegen die Hand klopfte es, sanft, stark und regelmäßig. Muschiks Blut.

Nie zuvor hatte sie hingehört, hatte nie gespürt, wie es durch die Adern rollte, wie lebendig es war. Muschik! Was war sie bei alledem, wovor sie solche Angst hatte, ohne ihr Pferd? Wie brav er war, wie willig, wie mutig. Er hatte keine Angst. Ganz heiß wurde ihr vor Glück.

Rasender Beifall weckte sie aus ihren Träumen. Gleich darauf stürmte der Bund herein - Uschi voran, dann Felix, Trüken als letzte - und brachte eine Welle fröhlicher Geschäftigkeit von draußen mit.

"Dein Vater hat gewonnen, hab' ich's nicht immer gesagt? Was jetzt noch kommt, kann ihn nicht mehr schlagen. Meine Herren Fabrikarbeiter - das war ein Ritt!" Felix brüllte es schon von weitem. Er war total durcheinander.

"Ich versteh' ja nicht viel davon", mischte sich Uschi ein, "aber daß das heute das Beste war, das ist sogar mir klar. Du hättest es dir ansehen sollen: Zug um Zug ging das, ein Hindernis so präzis wie das andere. Wie der andere vorhin mitsamt seinem Roß und dem klotzigen Hindernis aufs grüne Gras rasselte - das vergeß' ich im Leben nicht." Erschrocken schwieg sie. Felix hatte ihr einen nicht übermäßig liebenswürdigen Blick zugeworfen.

In Huberta war gleich die Angst wieder hochgezuckt.

"Muschik", murmelte sie beschwörend, ergriff schnell das Kopfstück und begann, liebevoll wie noch nie, ihren Kameraden für den Ritt fertig zu machen.

Felix sattelte derweilen. Er hatte es längst aufgegeben, sich über das verkorkste leichte Springen aufzuregen. Wenn sie sich unbedingt blamieren wollte, bitte schön, er hatte anderes im Kopf! Sein Mundwerk stand keinen Augenblick still. Ganz offensichtlich schwankte er zwischen der Freude über den Erfolg des Schulzen und der Wut über sein eigenes Mißgeschick.

"Ist doch was anderes, wenn richtige Reiter starten", schwadronierte er. "Dies blöde Gezappele bei den Anfängern - einfach zum Schlechtwerden! Reitlehrer Schrötter aus der Stadt zum Beispiel war Klasse, muß man ihm lassen, wenn seine Stute auch beim Graben ausgebrochen ist. Kann jedem passieren, war wohl noch ein bißchen neu für sie. Pech."

"Überhaupt, die Zeiten waren nicht schnell. Keiner hat die Mindestzeit erreicht, es war zu glatt, alle Reiter setzten lieber auf Sicherheit als auf Tempo. Ich hätte Freya mit Volldampf über die Bahn gepfeffert. Vielleicht hätt' ich sogar Glück gehabt. Glück macht viel aus, selbst beim Reiten. Weißt du", wandte er sich jetzt direkt an Huberta, indem er sie, plötzlich ergrimmt, an der Gürtelschnalle nah zu sich heranzog, "ganz im Vertrauen geflüstert: manchmal wünsch' ich dich ja auf den Blocksberg, da wo er am spitzesten ist. Daß ich mich noch mal um fremder Leute Pferde kümmere!" Er seufzte auf, tröstete sich dann selbst: "Na, den Sattel hätt' ich doch nicht gekriegt, oder doch höchstwahrscheinlich nicht, das heißt, wissen kann man natürlich nie."

Huberta zog den Kopf zwischen die Schultern und machte sich winzig. Dabei hatte sie nun eben kneifen wollen! Gegen Vater kam sie zwar auch nicht an, aber das war irgendwie nicht mehr das Wesentliche, das spürte sie deutlich. Durchhalten und alles tun, was sie tun konnte, darum ging's.

Trüken bürstete in Ermangelung anderer Beschäftigung zum siebzigstenmal das schwarze Jackett.

"Sechsundneunzig Sekunden - das ist nicht schnell." Felix murmelte abwesend immer wieder diese Zahl vor sich hin. Er hatte inzwischen seinen eigenen Kummer schon wieder vergessen, von Interesse war augenblicklich nur Hubertas Ritt - als Sache, lediglich als Sache, versteht sich. Nicht, daß er sich irgendwelcher Hoffnungen für sie hingegeben hätte, bloß: "Sechsundneunzig Sekunden ist verhältnismäßig langsam." Grübelnd schüttelte er den Kopf.

Draußen ertönte jetzt die Stimme aus dem Lautsprecher: "Eine Nachmeldung - ich wiederhole - eine Nachmeldung: Es startet Reiter Nr. 27 - Huberta Schulze Westrup auf Muschik, Araber, fünfjährig; Besitzer Huberta Schulze Westrup."

Im Schuppen stürzten alle auf einmal los, Huberta zu helfen. Da aber in der Eile keiner wußte, was er nun eigentlich helfen wollte, gab es zunächst mal einen Zusammenprall, bei dem Trüken, nach einem versehentlichen, aber erstaunlich zielsicheren Fausthieb Uschis in ihre Magengegend im Heuhaufen in der Ecke landete und sich leise jammernd den Bauch rieb. Huberta war inzwischen in das Jackett geschlüpft, hatte Muschik vor die Tür geführt und saß auf. Felix lief neben ihr her.

"Sechsundneunzig Sekunden hat dein Vater gebraucht. Reit wie der Teufel selbst, sag' ich dir, und paß auf, daß Muschik nicht ausbricht. Immer gerade auf die Hindernisse zu, und Mensch, nur keine Bange." Zuletzt mußte er schon schreien, denn Muschik hatte sich in einen flotten Trab gesetzt und entschwand in der Menge.

Huberta hatte vorerst nur eine einzige Sorge: Vater nicht in die Quere kommen. Er durfte es nicht verbieten. Beim Gedanken daran war plötzlich alle Spannung wieder da, die Lust am Wagnis, die Hoffnung, kunterbunt durcheinander.

Geschafft. Sie war auf dem Platz. Die Menschen wichen neugierig auseinander, irgend etwas wurde durch den Lautsprecher gerufen. Wie? Ach so, sie sollte sich an den Start begeben. In ihrem Kopf brauste es. Die Musik setzte mit einem Schlag aus.

Jetzt arbeitete ihr Körper von selbst. Ein fast geistesabwesender Blick noch über die Tribünen voller Menschen und den Platz, dann die Augen fest auf die kleine rote Fahne gerichtet, die fünfzig Meter vor ihr der Starter hoch gegen den blauen Nachmittagshimmel hob. Sie nahm die Zügel kürzer, stellte sich in die Bügel und galoppierte an. Muschik war unruhig auf den Platz getänzelt, aber es war keine böse Unruhe. Er roch den Dunst der vielen Pferde und wieherte zweimal voller Freude. Er mochte alles: die Musik, die Menschen, ja sogar die grell weiß und rot gestrichenen Hindernisse. Vom heftigen Kauen auf dem Gebiß schäumten schon Flocken ums Maul. Aus purem fröhlichem Übermut stieg er nun, nach der Hilfe zum Angaloppieren, erst einmal kerzengrad auf den Hinterbeinen hoch und drehte sich ein paarmal steigend um sich selbst. Einige Zuschauer schrien.

Der Starter hielt geduldig seine kleine rote Fahne hoch. Er hatte heute nachmittag so viel Pech erlebt, da zählte ein enttäuschter Reiter mehr oder weniger schon nicht mehr. Dann riß er den Mund auf: der kleine blonde Reiter auf dem offensichtlich wild gewordenen Pferd, das winzige Mädchen - lachte! Ein grimmiges, glückliches, befreites Lachen. Und schleunigst mußte er sich auf seine Pflicht besinnen, denn wie von einer Sehne geschnellt flitzten nun Pferd und Mädchen schnurgrad auf ihn zu - die kleine rote Fahne zog einen erschrockenen Strich vor den blauen Himmel - die Stoppuhren liefen, der Umlauf hatte begonnen, Muschik sprang.

Muschik sprang. Springen? Er flog. Viertausend Zuschauer hielten den Atem an, bis in die letzten Reihen hörte man den doch fast unhörbaren Hufschlag auf dem

Rasen. Ein silbergraues Wunder wirbelte über die Bahn, zog mit tiefer Nase die Hindernisse an, schnellte sich weit vor ihnen ab und landete weit dahinter. Triplebarre, Oxer, ein breiter Wall, die Mauer, so hoch wie er selbst - Muschik machte den Hals noch länger, kroch mit dem letzten Galoppsprung fast ineinander, stieß sich kraftvoll ab, hatte im Sprung das Hindernis schon vergessen und reckte den Kopf mit den glitzernden schwarzen Augen dem nächsten entgegen. Weiter! Weiter!

In der Nähe des Richtertisches stritten zwei Teilnehmer in hastigen, geflüsterten Sätzen.

"Und ich sage Ihnen, das Pferd ist es, das Pferd! Ist allein mehr wert als zehn Reiter. Mit dem Hengst gewinnt jeder. Der kennt ja kein Verweigern. Und außerdem, wer weiß, was für ein erfahrener alter Springreiter den jahrelang ausgebildet hat. Kennt man doch. Mir machen Sie doch nichts vor!"

"Also, Sie können mir sagen, was Sie wollen, ich bleibe dabei: das Mädel ist erstklassig. Da - da - haben Sie denn das nicht gesehen? Wie sie sich gerade einen Bruchteil von Zentimetern nach links geworfen hat? Der Hengst wäre sonst hingefallen, todsicher. Die sind miteinander verschmolzen - toll! Und das irrsinnige Tempo - der Gaul kann ja gar nicht anders. Wette mit Ihnen: die Kleine bringt noch einen Ziegenbock nach vorn!"

Uschi stand diesmal neben Felix. Beide starrten abwechselnd auf die Bahn und die Stoppuhr. Uschi biß sich auf die Lippen, Felix keuchte mit trockenem Mund: "Mörderisch, das ist mörderisch. Ist ja kein Tempo mehr. Mensch, du, die - die hat doch ein Genick oder - oder nicht? Und dabei völlig ruhig. Wie eine Welle, mal hoch, mal niedrig. Uschi - die Kurve ..."

In einem Höllentempo war der graue Hengst in die Kurve gegangen, schnitt sie knapp. Der Boden war von den vielen Pferdehufen aufgewühlt, nackter Lehm kam unter dem Gras zum Vorschein, glitschige Erde. Sekundenlang hielten die Tausende rundum den Atem an, weiteten sich die Augen entsetzt, schienen doch dem Hengst vorn die schmalen, federnden Beine einfach unter dem Leib wegzurutschen. Aber wie eine Katze fand er die Füße wieder, war schon mit einem Satz oben auf dem Billard, als rings um den Platz erst das Aufatmen anhub. Weiter, weiter!

Ganz nah am Richtertisch führte nun der Parcours vorbei. Muschiks Nüstern flammten rot. Er schnaubte erregt. Kein Zeichen von Mattigkeit, eher sah es aus, als ob er freudiger und noch kühner geworden sei. Huberta hatte glänzende Augen. Schmal und gereckt war der Umriß im schwarzen Jackett. Die Fäuste lagen am Pferdehals, die Beine umklammerten den Gurt.

“Noch fünf Hindernisse.” Felix' Atem kam pfeifend. “Ginsterhürde - erledigt, sechzig Meter flach, dann der Graben ...”

Die Zuschauer waren aufgestanden. Es hielt sie nicht mehr auf den Sitzen. Der Graben.

Muschiks Schnauben war jetzt bis oben hin hörbar. Seine winzigen Hufe wirbelten übers Gras. Wo vorhin ein Reiter nach dem anderen das Tempo wegen der Glätte gedrosselt hatte, schien er nun überhaupt keine Glätte zu merken. Eine niedrige Hürde versperrte ihm die Sicht auf den Graben. Er preschte gegen sie an, Huberta trieb, Tempo, Schwung, nur nicht stoppen - nicht ausbrechen - nun bekam auch der Hengst den glänzenden Wasserspiegel in den Blick, ein kaum merkliches Beben rann den Leib entlang, dann gehorchte er wieder dem Druck der Schenkel. Drei Meter bloß, Muschik, nimm alle Kraft zusammen, nicht zu kurz springen, nicht spielen wie zu Hause, diesmal ist's Ernst, bitte, bitte ...

Muschiks Schnauben kam schon tief aus der Brust, Schweiß glitzerte auf dem Hals, rann in dunklen Bächen unter der Mähne hervor. Da wo der Zügel die Haut scheuerte, hatte er die Nässe zu seifigem Schaum gerieben. Nicht hinsehen, vorwärts, weiter!

Fünf Galoppsprünge noch, vier, drei - äußerste Konzentration, dann ein Ruck, die Hinterhufe stießen den Boden unter sich fort, weit griffen die Vorderbeine aus, Muschik ließ sich fliegen - gereckt, straff schlug er eine silberne Brücke über den Graben. - Und faßte Fuß.

Weiter!

Hingerissene Zuschauer klatschten, brachen erschreckt ab. Noch ein Sprung und noch einer und - die letzte Hürde. Weg war der tanzende graue Wirbel, die Bahn war leer. Immer noch aber hing die Stille über dem Platz.

Und dann mit einemmal brach der Jubel los, nicht enden wollend. Kaum konnte der Lautsprecher sich Gehör verschaffen: "Reiter Nr. 27, Huberta Schulze Westrup, null Fehler, neunundsiebzig Sekunden - ein fehlerfreier Ritt in der schnellsten Zeit des Tages!"

Die Musik spielte einen Tusch, die Stimme im Lautsprecher überschlug sich fast: "Wir bitten den siegreichen Reiter zur Ehrenrunde in die Bahn. Bitte der Sieger zur Ehrenrunde in die Bahn."

Wieder und wieder ertönte die Stimme, aber kein blonder Sieger, kein Siberpferd ließ sich blicken. Bedauernd mußte die Stimme verkünden: "Dieser Ritt beschloß die Veranstaltung des heutigen Tages. Die Verleihung der Preise findet anläßlich des Reiterballes heute abend im Schützenhaussaal statt. Teilnehmer, Mitglieder des Vereins sowie deren Angehörige sind herzlichst eingeladen."

Langsam und unter erregten Gesprächen leerten sich die Tribünen.

Schon als Muschik die letzte Hürde noch nicht überwunden hatte, rannten die beiden Bundesbrüder den Weg zu den Tribünenplätzen entlang. Uschi stolperte schnurstracks der Schulzin in die Arme, und obwohl auch hier wahrhaftig nicht über Mangel an Erregtheit zu klagen war, starrten im Moment doch alle verblüfft auf die Meisterin, die ein seltsames, ihren Bekannten völlig neuartiges Schauspiel bot: sie weinte! Uschi und weinen? Selbst Libeth hatte es noch nie erlebt und klapperte mit den Augen, um sich zu vergewissern, daß sie nicht träumte, aber es war so. Tränen, dick wie schillernde Glaskugeln, sprangen ihr aus den Augen, hüpften und kullerten die immer noch tomatenroten Backen hinunter und landeten auf Frau Schulze Westrups hellgelbem Leinenjackenkleid, wo sich nach erstaunlich kurzer Zeit bereits zwei stattliche Lachen bildeten. Zwischendurch drangen verworrene Laute aus ihrem Mund, die sich erst nach mehrfachem Schlucken und Schneuzen zu verständlichen Worten formten.

“Gewonnen - gewonnen”, kam es stoßweise, “Huberta hat gewonnen, und wir - wir haben mitgeholfen.” Uschi war von oben bis unten aus dem Leim geraten. Es war doch so unmöglich, so ganz und gar ausgeschlossen! Noch auf dem Weg zum Schuppen fuhr sie sich mit den verschwitzten, staubigen Fäusten über die tränenden Augen und murmelte schnupfend immer das gleiche Wort: “Gewonnen, gewonnen” vor sich hin.

Wie würde man Huberta erst vorfinden, wenn die ruhige Uschi schon so gepackt war? Diese bängliche Frage stellten sich die Eltern mehrfach - trotz allen freudigen Stolzes eben doch besorgt -, als sie unter Felix' Führung, Trüken, Libeth und Muddel mitsamt seinem Fips unentwegt im Schlepptau, dem Geräteschuppen neben dem Ausgang zueilten. Hier aber erwartete sie die Überraschung ihres Lebens.

Huberta putzte. Nicht aufgeregt, nicht aus Verlegenheit, weder jubelnd, noch unter Strömen von Tränen. Einfach mit zwei Strohwischen immer gegen den Strich. Hin und wieder pustete sie sich einen widerspenstigen Haarkringel aus der heißen Stirn. Muschik stand müde und bequem auf drei Beinen, das vierte eingeknickt, ließ den Kopf wohlig erschöpft hängen und nibbelte an ein paar Heuhalmen herum. Als sich die Tür auftat, sah die Putzende mit klaren Augen im glücklichen, entspannten Gesicht hoch, ließ sich aber nicht stören. Beiläufig, fast entschuldigend, bemerkte sie: "Er war so naß, wißt ihr. Und er hatte sich ja so angestrengt, da wollt' ich ihn erst mal schnell trockenreiben."

"Nun schlägt's aber dreizehn", knurrte ihr Vater verdutzt. "Diese ausschließlich innige Liebe kommt mir ein bißchen zu plötzlich. Hoffentlich bleibt es so, aber heute könnte es Willem ja wirklich noch einmal machen."

Da kam er freilich schön an. "Willem, Willem", fauchte die Siegerin heftig empört, "meinen Muschik trockenreiben? Ist er vielleicht mit Willem gesprungen? Wißt ihr denn überhaupt, wie er sich angestrengt hat? Gekeucht hat er vor dem Graben, tief aus der Brust heraus, und so fein ist er trotzdem gesprungen."

"Sag mal, ist das vielleicht ein Ton, in dem man mit seinen Eltern redet?"

Anstatt in Rührung und gegenseitiger Umarmung schien der Tag in einem Familiengewitter zu enden. Wieder einmal rettete die Schulzin die Situation.

"Ihr zankt euch, ihr Helden", spottete sie, "und der Strolch da lacht euch aus."

Wirklich, Muschik hielt den gesenkten Kopf etwas schief und zwinkerte lustig hinter seinem dichten Schopf hervor. Es sah so komisch aus, daß alle lachen mußten und der Bann gebrochen war. Während Uschi von irgendwoher ein paar klebrige Zuckerstücke zutage förderte und dem Grauen ins Maul schob, setzte Huberta sich, mit dem Erfolg ihrer Trockenreiberei zufrieden, auf eine Kiste, sah alle strahlend der Reihe nach an und sagte glücklich: “Zum Bauklötzestaunen, was?”

“Du, werde nicht wieder frech!” drohte der Schulze. “Ich hab’ mir schwer genug überlegt, ob ich dir das Fell gerben oder gratulieren soll. Nur weil eine an sich gesunde Tracht Prügel in diesem Fall - leider hast du Fratz ja deinen betagten Vater glorreich über den Haufen geritten - nach Konkurrenzneid aussehen könnte, hab’ ich mich für die zweite Möglichkeit entschieden. Na, erheb dich gefälligst und komm her - bist ja doch schon ein seltenes Exemplar!”

Und dann ging es der Reihe nach. Mutter sah sie ein bißchen aus nassen Augen an, so daß sie zum Schluß doch etwas schlucken mußte. “Du”, sagte sie, “du, ich wußte es nämlich. Deshalb bin ich auch jetzt hinterher nicht mehr aufgeregt. Vorher war ich schrecklich durcheinander, aber gleich als Muschik galoppierte, kurz nach dem Steigen, weißt du, da wußte ich, daß wir gewinnen würden. Glaubst du, daß es so was gibt?” fragte sie schnell und ängstlich, gleich drauf nochmals nachdrücklich versichernd: “Bestimmt, es ist nicht zum Lachen, ich war doch innendrin bombenruhig, weil ich’s auf einmal wußte. Keine Sekunde hab’ ich dann mehr Angst gehabt, im Gegenteil, ganz herrlich war das, wenn er sich so fliegen ließ. Von uns aus hätten die Hindernisse noch viel höher sein können. Ich weiß auch, warum Muschik auf der Wiese alles abgeworfen hat: das war ihm langweilig. Ich sag’ euch, der merkt haargenau, wann geübt wird und wann es ernst ist!” schloß sie fest. Die Eltern nickten bestätigend, Felix und Uschi hingerissen. Daß es so was gab!

Es gab sogar noch mehr. In der Ecke saß Libeth auf einem Kalkeimer und sah mit naßglänzendem Gesicht andächtig zu Trüken auf, die, das rechte Bein auf einen Holzstapel gestemmt, gerade begann: "Ja, und dann sagte ich zu den Kindern ..."

Libeth nickte in atemloser Bewunderung, bereit, jeden Stich zu überhören, wenn sie dadurch ihre alte Freundschaft wieder reparieren konnte.

"Sollen wir nicht bei Kottrups in der Küche ein Täßchen Kaffee trinken und uns dort alles erzählen", meinte Libeth, "und auf dem Rückweg vom Fest heute abend könnten sie dich ja wieder abholen - oder?"

Trüken focht einen harten, aber gottlob kurzen Kampf mit sich. Einsam, dachte sie. Ganz tief im Herzen dann noch: und zuhören konnte Libeth ja nun früher schon gut.

"Also dann", entschloß sie sich großmütig, "dann will ich mal mitgehen."

Als der Wagen spät in der Nacht bei Kottrups vorfuhr und Uschi ablud, hatten Libeth und Trüken inzwischen ihre Freundschaft mit ein paar Schnäpschen aufs neue besiegelt.

Nun, das war später. Vorher hatte die ganze Gesellschaft, als sie sich gerade alle aus dem Geräteschuppen nach draußen begeben wollten, noch Onkel Jop getroffen. Pustend und mal wieder total außer Atem, weil er sich seit einer geschlagenen Viertelstunde durch die Menge zu drängen versucht hatte, kam er herein. Tante Lina hinter ihm füllte den engen Türrahmen so völlig aus, daß es drinnen eine mittlere Sonnenfinsternis gab.

Als er einigermaßen wieder zu sich gekommen war, sagte er - unverständlich für alle außer dem Bund - statt jeder Gratulation nur: "Ja, jetzt soll es ja wohl doch ein kleiner Wagen sein, was?" und fuhr, Hubertas Freudensprung bemerkend, in gespielt unwirschem Ton fort:

"Aber das sag' ich dir von vornherein, ein ganz, ganz kleiner! Basta! Und jetz hab' ich Hunger."

Um einhalb neun Uhr fuhr der Westrupsche Wagen vor dem Schützenhaussaal vor. Die Zeit hatte knapp zum Essen und Umziehen gereicht.

Drinnen drängten sich die Gäste schon; die meisten Tische waren bereits besetzt, ganz vorn, nahe der erhöhten Bühne, waren am Vorstandstisch noch einige Plätze reserviert.

Vor der Preisverteilung dankte der Vereinsvorsitzende allen Teilnehmern noch einmal herzlich. Die Musik spielte einen Reitermarsch, anschließend begaben sich die Sieger und Plazierten der einzelnen Prüfungen hintereinander nach vorn auf die Bühne, um ihre Preise in Empfang zu nehmen. All die vielen Dinge aus dem Fenster des Sportladens waren dort verlockend aufgebaut - jedes mit einem Täfelchen versehen, auf dem Datum und Art der Prüfung vermerkt waren. Der Vorsitzende schüttelte jedem gratulierend die Hand, dann nahmen Toni Brinklade und Doktor Vorholz, der seine Aufgeregtheit hinter dem puffigen Qualm einer dicken Havanna verbarg, die Ehrenpreise vom Tisch und überreichten sie den Gewinnern.

Huberta saß mit glänzenden Augen zwischen Vater und Mutter.

Während Uschi dem ganzen Tisch lautschallend die Geschichte des Bundes zum besten gab, von jedem amüsierten Gelächter zu neuen Eröffnungen verführt und von Felix - der schon ein ganzes Glas Wein leergetrunken hatte - durch vorlaute Einwürfe unterstützt, dachte die eigentliche Heldin des Tages gar nichts. Angst, Verzweiflung, Hoffnung, Not - das alles war weggewischt, vorbei, vergessen. Sie wollte jetzt nicht mehr grübeln, wie in den vielen schlaflosen Nächten der vergangenen Wochen. Sie war wohlig müde.

Als sie jetzt, als letzte, an der Reihe war, die Treppe zur Bühne hochzusteigen, um ihren Preis in Empfang zu nehmen, da sah sie in ihrem weißen Tüllkleidchen mit den Rüschen am Saum und den hellblonden Haaren nicht nur aus wie eine flaumige Feder, sondern empfand sich auch selbst so. Federleicht schritt sie, ein bißchen unsicher, nach oben, machte einen kleinen Knicks und sah glücklich lächelnd in den Saal hinunter. Der Vorsitzende steckte ihr die goldene Siegerschleife oben auf die Schulter, schüttelte ihr die Hände wie vorhin den Großen und sagte etwas, das sie nicht verstand, weil sie beim besten Willen nicht hinhören konnte. Gebannt sah sie an ihm vorbei auf den Tisch, auf dem einzig und allein noch der Sattel prunkte: bräunlich-gelb, mit leis geschwungenen, noch unberührten Linien, lederduftend. Der Sattel. Ihr Sattel!

Sie reckte die Arme nach ihm. Brinklade und der Doktor lachten, hoben ihn dann vom Tisch und wollten ihn ihr tragen.

Bestürzt wehrte sie ab, aber als sie ihn anfaßte, konnte sie ihn kaum halten - weil er schwerer war, als er aussah. Behutsam, ein wenig schwankend, trug sie ihn vor sich her.

Die Leute unten brachen in jubelnden Applaus aus, der, als sie den halben Weg zu ihrem Tisch zurückgelegt hatte, in den beschwingten Melodien eines Walzers unterging. Von überall strömten die Paare zur Tanzfläche.

Mit freudig erregten Gesichtern wurde sie am Tisch erwartet. Der erste selbsterrungene Preis, dachte der Schulze und erinnerte sich an seinen eigenen ersten Siegesritt. Die Schulzin war einfach froh, Uschi gespannt wie ein Flitzbogen, und in Felix blitzte nur für den Bruchteil einer Sekunde so etwas wie Neid auf. Gleich darauf schämte er sich.

Und dann tauchte im Geschiebe der zum Tanz Drängenden plötzlich der Sattel nah vor ihm auf, wurde ihm mit sanftem Ruck auf den Schoß gelegt. Verdutzt sah er in ein glückliches Gesicht mit leuchtenden Augen und hörte Hubertas vertraute Stimme: “Da - nimm ihn doch! Für dich. Ich hab’ ihn doch bloß für dich gewinnen wollen. Nein, nein - nicht nein sagen. Gemeinschaftsarbeit, hast du gesagt. Ich hab’ mein Teil weg, ich hab’ ja gesiegt. Den Sattel mußt du nehmen.”

Felix sah angestrengt und noch immer verständnislos auf den redenden Mund dicht vor ihm. Mit einemmal war er verschwunden, dafür preßten sich zwei weiche Lippen sekundenlang auf seine Backe, Haare kitzelten ihm die Nase. Rundum fröhliche Gesichter, und am anderen Ende des Tisches wischte Huberta gerade um die Ecke, sank aufatmend in die Geborgenheit ihres Sessels zwischen den Eltern. Da erst begriff er - sein Sattel! - und strich vorsichtig, mit zwei Fingern, über die samtene, jankende Weichheit des Leders.

“Junge, Junge”, flüsterte er heiser vor sich hin und mußte sich verdammt in acht nehmen, daß er nicht auch noch zu heulen begann. Der wundervollste Sattel, den er je gesehen hatte, dachte er und schielte dabei unter der Haarsträhne zur anderen Tischseite ’rüber, zu Huberta. Und so ein verrücktes Mädchen. “Junge, Junge!”

Verlegen, aber schrecklich erlöst, grinsten sie sich zaghaft zu.

Wie es weitergegangen war, wußte vom Bund später keiner mehr richtig zu sagen. Für Uschi ging alles in nie gefühlter Erregung unter. Sie redete, lachte und weinte in einem, piekte sich die Erdbeeren aus sämtlichen Bowlengläsern und stellte mit wachsender Verzweiflung fest, daß sie die Worte nicht so schnell aus dem Mund kriegte, wie vor ihrem inneren Auge die Bilder der jüngsten

Vergangenheit abrollten. Sie unterhielt alle, die zuhören wollten, und spät in der Nacht noch Tanta Aloysia, die sich schließlich in hilflosem Entsetzen gegenüber diesem wildgewordenen Wasserfall die Ohren mit Watte verstopfte. Am Ende aber plumpste sie, angezogen wie sie war, auf die Wohnzimmercouch und wurde fast zwei Tage lang nicht mehr wach.

Felix sah benommen abwechselnd auf den Sattel und dessen Spenderin. Damit war sein Abend hinlänglich ausgefüllt.

Huberta sah gar nichts. Sie war so froh, so froh. Um sie herum wogte der Lärm, Leute kamen und gratulierten, prosteten ihr zu, fragten, sie antwortete was, ohne darüber nachzudenken. Wie schön das ist, dachte sie nur, ließ sich von der Musik und dem Lachen wiegen und war glücklich.

Ganz zum Schluß klopfte der Baron, mit dem Uschi inzwischen längst heftig Freundschaft geschlossen und der sie und Huberta für den nächsten Sommer in sein Haus in Amsterdam eingeladen hatte, an sein Glas und bat um Gehör.

"Meine lieben Freunde", begann er mit bewegter, würdevoller, fremdländisch klingender Stimme. "Lassen Sie mich Ihnen danken für diesen wunderschönen Tag. Der Preis, den ich als Zweiter hinter meinem verehrten Freund, Herrn Schulze Westrup, gewann, freut mich von Herzen. Darüber hinaus darf ich Ihnen mitteilen, daß es mir soeben gelang, das Siegergespann des Westrupho-fes käuflich zu erwerben. Ich bin überzeugt, daß ich noch manche goldene Schleife auf den Turnieren meiner Heimat damit erringen werde. Sie alle können wirklich stolz sein auf Ihre westfälische Pferdezucht, die immer wieder so prachtvolle Exemplare hervorbringt."

Der Baron verneigte sich gegen den Schulzen, der die

Geste dankend quittierte, räusperte sich laut und vernehmlich und setzte von neuem an: "So erfreulich dies alles aber auch ist, meine verehrten Herrschaften, so haben wir es doch häufiger erlebt und dürfen hoffen, Ähnliches wieder zu erleben. Einzig und unwiederholbar aber ist das beglückende Erlebnis, das uns zum Schluß des heutigen Turniers beschert wurde: der Ritt des Silberpferdchens seiner mutigen jungen Reiterin. Muschik ..."

Huberta, zwischen Vater und Mutter gekuschelt, blinzelte. Da redete schon wieder einer. Muschik, hatte er gesagt. Sie lächelte verträumt: mein Muschik!

Baron von Meeckelen-Borch begeisterte sich am Glanz seiner eigenen Redekunst. Seine Stimme rollte tönend: "Muschik - ein Bild voller Anmut, Adel und Sanftheit, schön und feurig - der Araber in höchster Vollendung. So soll er sein: klug, treu, leichtfüßig und gesund, geschmeidig im Sprung, geschickt in Schwierigkeiten, unermüdlich, eisern hart und schnell. Der Siegesritt dieses Tages war ein leuchtendes Beispiel der unvergleichlichen Eigenschaften der arabischen Rasse, zu denen als weitere ihre enge Verbundenheit mit dem Menschen tritt. Denn das wird uns allen, meine Freunde, am unvergeßlichsten bleiben: Wie hier Pferd und Reiter zu einer Einheit verschmolzen, die um so bewundernswerter wird, je mehr man die große Jugend und Unerfahrenheit beider bedenkt. Jubelnd warf die kleine Reiterin ihr Herz über den Sprung und folgte ihm nach, sich selbst und ihrem Gefährten vertrauend, wie nur die Jugend vertrauen kann - ohne Gedanken an persönliche Vorteile und in fast traumhaft sicherer Beherrschung der Technik des Springens, ihres Pferdes und ihrer selbst!"

Der Silberbart war tief gerührt. Bewegt hob er sein Glas: "Trinken wir also auf das Wohl der Siegerin, meiner neuen jungen Freundin Huberta Schulze Westrup, und das Wohl ihres arabischen Hengstes, Muschik!"

Über ihr Glas hinweg lächelte die Schulzin ihren Mann an, dann sahen beide zwischen sich und lächelten noch einmal. Tief in den Stuhl gedrückt, die goldene Schleife bereits ein wenig zerknittert, war die gefeierte Siegerin längst schon in süßen Schlummer gesunken.

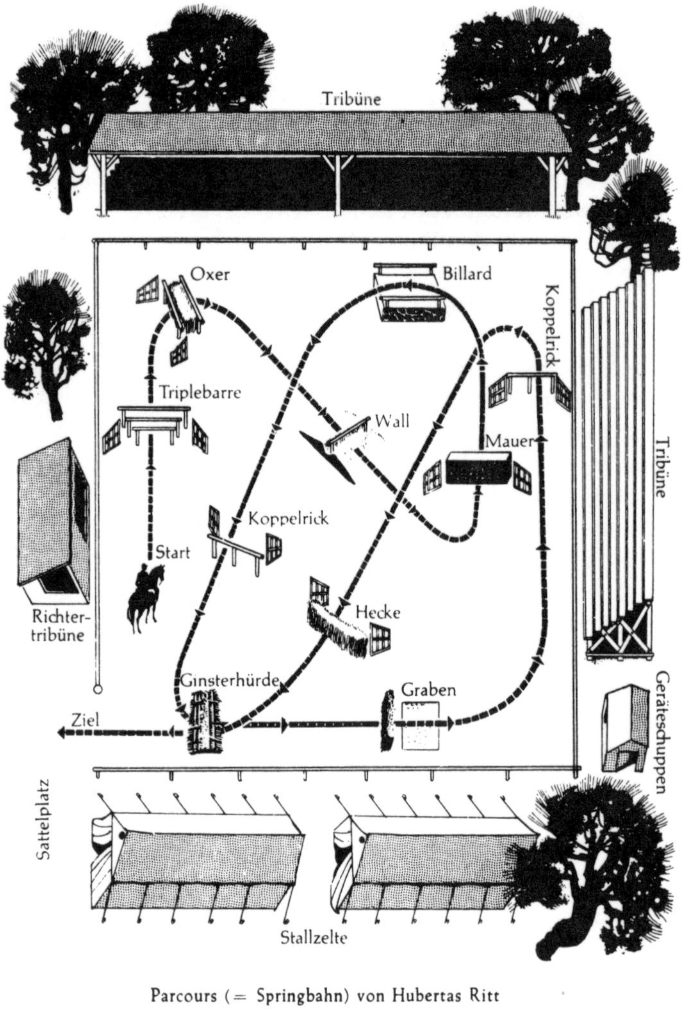

Parcours (= Springbahn) von Hubertas Ritt

Worterklärungen

blank: ohne Sattel oder Decke.

Bock: Kutschersitz vorn auf dem Wagen.

Box: Einzelstall; das Pferd kann sich unangebunden frei bewegen.

Billard, das (französisch: biljard): in der Reitersprache ein tafelförmiger Wall zum Auf- und Abspringen in verschiedener Höhe und Breite, der manchmal in der Mitte mit einem weiteren kleinen Hindernis versehen ist (siehe Abb. Seite 244).

Dogcart, das (englisch: dokkar): ursprüngliche Bedeutung: Hundekarren. Leichte, zwei- oder vierrädrige Wagenart. Zweisitzig; kann aber durch Niederlassen eines Klappsitzes viersitzig gemacht werden. Die Mitfahrer sitzen dann je zu zweit mit dem Rücken gegeneinander. Heute häufig gummibereift.

Favorit, der (lateinisch): hier: Pferd mit den besten Gewinnchancen.

Gig, das (englisch: gik): zweirädrige, leichteste Wagenart mit oder ohne Verdeck und sehr hohen Rädern.

Ginsterhürde: (siehe Abb. Seite 244).

Groom, der (englisch: grum): Reit- oder Stallknecht.

Halfter, die: leichter Zaum ohne Gebiß, zum Anbinden im Stall oder beim Putzen draußen, oder für Weidepferde.

Hinterhand: der Teil des Pferdes, der sich hinter dem Reiter befindet - Kruppe, Hinterbeine, Schweif.

Hufkratzer: haken- oder spachtelförmiges Gerät zum Reinigen der Hufsohlen und zum Entfernen eingeklemmter Steinchen oder Schmutzklumpen.

Hufschlag: der Weg, den das Pferd mit seinen Hufen an den inneren Seiten der Reitbahn oder auf der Übungswiese austritt.

Hürde: Sammelbezeichnung für die leichteren Turnierhindernisse, z. B. Ginsterhürde, Oxer, Tor.

Kardätsche, die (italienisch): ovale Pferdebürste.

Kavalkade, die (italienisch und französisch): Reitertrupp.

Kopfstück: Lederzaum mit metallenem Mundstück und Zügeln.

Koppelrick, das: stangenartig zusammengesetztes Hindernis, das den Teil einer Koppel- (Pferdeweiden) umzäunung darstellen soll (siehe Abb. Seite 244).

Kruppe, die: hinterer Teil des Pferderückens zwischen Kreuz und Schweifwurzel.

Kummet, das: gepolsterte, lederne Zugvorrichtung, die um den Pferdehals gelegt und meist im schweren Zug gebraucht wird. Im Gegensatz dazu tragen Kutschpferde meist leichte Brustblatt-Geschirre, die - wie der Name sagt - vorn um die Pferdebrust führen und aus einem breiten, doppelten Lederriemen bestehen.

Laterne, die (griechisch-lateinisch): durchgehender breiter weißer Streifen auf Pferdestirn und -nase. Ist der Streifen schmaler, nennt man ihn Blesse. Ein weißer Fleck auf der Stirn heißt je nach Größe Blümchen oder Stern; befindet er sich auf der Oberlippe, so heißt er Schnippe.

Lattenfänge, die (Mehrzahl): in Sprungrichtung seitlich neben den Hindernissen aufgebaute Gestelle, die das Pferd daran hindern sollen, vor dem Sprung nach links oder rechts auszubrechen. Deshalb müssen sie immer etwas höher sein als das jeweilige Hindernis.

Lederkoller, das: ärmelloses Reiterwams aus dem 16. und 17. Jh.

Mustang, der (indianisch): indianisches Steppenpferd.

Oxer: besonders schwieriges Hindernis beim Jagdreiten; zwei Stangenaufbauten mit dazwischenliegender Bepflanzung bis zu zwei Meter hoch und breit.

Paddock, der (englisch: päddock): Laufgarten für Pferde in unmittelbarem Anschluß an den Stall.

Parcours, der (französisch: parkuhr): Springbahn. Der Springweg, der bei Springwettbewerben in genauer Reihenfolge der Hindernisse zu nehmen ist. Heute in Turnierberichten auch oft Umlauf genannt.

Schere, auch Scherbäume: Doppeldeichseln (Zugstangen), zwischen denen das Einspännerpferd geht. Die Pferde eines Zweispänners gehen zu beiden Seiten einer Mitteldeichsel.

Ständer: meist reihenweise nebeneinander befindliche, durch einen lose aufgehängten Flankierbaum voneinander getrennte Stallabteile, in denen die Pferde angebunden stehen (Gegenteil siehe Box).

Striegel, der: Kratzer aus welligem oder gezinktem Eisen, an dem die Kardätsche (siehe dort) während des Putzens immer wieder abgestreift und von Schmutz und Pferdehaaren gereinigt wird.

Tor: siehe Abb. Seite 244.

Trakehnersprung: ein Graben, in dem eine Barriere aufgestellt ist, die den Graben überragt. Weithochsprung.

Triplebarre, die (trippelbarre): Hochweitsprunghindernis aus drei hintereinander aufgestellten, jeweils höheren Barrieren, die in einem Sprung zu nehmen sind (siehe Abb. Seite 244).

trocken: in diesem Fall ein Pferdekopf, der wie ein wenig eingetrocknet aussieht - ohne überflüssiges Fett oder schwammiges Fleisch -, so daß man unter der feinen Haut alle Knöchelchen und Adern sehen kann; ein Zeichen von Adel und guter Rasse.

Widerrist, der: die Stelle, wo der Halskamm des Pferdes in den Rücken übergeht. Zugleich die höchste Stelle des Rückens, an der man auch die Größe des Pferdes mißt.

Marions Träume, Timos Wirklichkeit - eine ungewöhnliche Liebesgeschichte

Anke Wolff

TRÄUME IM STURZFLUG

140 Seiten. Gebunden.
Lesealter ab 12 Jahren.

ISBN 3-7903-0454-9

Irgendwann wird das Abenteuer seine Flügel ausbreiten und sie in die weite Welt hinaustragen!
Marion, Azubi im ersten Lehrjahr im Damen-Frisiersalon "Bei Lotte", hat mit dem täglichen Frust zu kämpfen: schmutzige Handtücher einsammeln, Salon ausfegen, sich von schwierigen Kundinnen maßregeln lassen. Aber da sind die Träume von Bali und Thailand und Hawaii. Eines Tages wird sie abheben im Riesenvogel, über den eintönigen Alltag hinaus, und dann wird sie eine VIP - eine very important person - kennenlernen, vielleicht einen Manager, der nach Konferenzschluß in der Hotelbar am Longdrink nippt ...
Fast nie kommt in Marions Träumen ihr Freund Timo vor, auch ein Azubi, ein durchaus "flotter Typ". Aber Timo ist jemand, der nachdenkt, über das Leben und überhaupt.
Oft ist er müde, weil er morgens, mittags und abends Tabletten einnehmen muß. Timo hat eine schwere Krankheit, ist - bei Lichte besehen - ein Behinderter, dem man es aber nicht ansieht ... Und fliegen darf er eigentlich gar nicht.
Aber dann ist es Timo, der seiner Marion einen Flug schenkt.

Ein topspannender Kinderkrimi

Heinz-Ulrich Tenkotten

DIE HEXEN VON KATERNBUSCH

172 Seiten. Gebunden.
Lesealter ab 11 Jahren.

ISBN 3-7903-0455-7

"Die Hexen von Katernbusch" - das sind drei alte Damen, Schwestern, denen in Katernbusch, Stadtteil einer großen Industriestadt, eine Trinkhalle (oder Kiosk) gehört, genannt "Alte Schachtel". Bei ihnen wird Katja, 13, aus dem Sauerland nun einige Zeit leben, denn ihre Mutter ist schwerkrank, vielleicht für lange Zeit. Ihr Vater, arbeitslos, ist verschwunden, einfach nicht mehr nach Hause gekommen.

Am Kiosk dieser originellen wie liebenswürdigen "Hexen", der von morgens früh bis abends spät geöffnet ist, kann man Süßigkeiten, Hamburger, Getränke kaufen. Es ist ein Treffpunkt für die Leute im Stadtteil, die dort ihr Bier trinken, was kaufen oder auch nur ein Schwätzchen halten wollen.

Katja lernt den gleichaltrigen Thorsten kennen, der Polizist werden will. Er erzählt, daß zur Zeit viele Fahrräder in Katernbusch geklaut werden.

Beide wollen dem Verbrechen auf die Spur kommen. Aber eines Tages kommt Thorsten mit einem blauen Auge an. Ganz mies benimmt er sich plötzlich Katja gegenüber und weigert sich, den Fall weiter aufzuklären.

Eine durch und durch realistische Geschichte, in dem das Milieu einer großen Industrieregion astrein geschildert wird.

Leben ohne Fernsehen - Alternativ-Urlaub für die ganze Familie!

Insa Bauer

FERIEN IN DER STEINZEIT

Wissenschaftliche Beratung:
Dr. Elke Heege.
Mit Illustrationen von
Irmtraud Guhe.
128 Seiten. Gebunden.
Lesealter ab 9 Jahren.

ISBN 3-7903-0452-2

Wohin in den Ferien?
Es ist schon eine verrückte Idee, die die 11jährige Rieke und ihr kleiner Bruder Tobi haben, als Papa erzählt, daß er als Kind auf einem Bauernhof gelebt hat - der seinem Bruder, Onkel Klaus, gehört - und dort oft in einer Höhle im Wald gespielt hat. "Wir verbringen die Ferien in der Höhle!" ruft Tobi, und Rieke setzt sofort noch einen drauf: "Wie die Steinzeitmenschen!"
Papa zählt die Nachteile auf: "Kein Fernsehen, keine Musik, keine Süßigkeiten, kein Bett, kein Licht!"
Rieke aber ist unschlagbar: "Wir schlafen auf Fellen, ziehen welche an, trinken Quellwasser, essen Beeren, Wurzeln, Pilze!" Die Entscheidung ist klar, eine Woche lang werden Rieke, Tobi, Papa und Mama in einer Höhle wie in der Steinzeit leben ...
Worterklärungen und Hinweise auf Freilichtmuseen, in denen Gruppen und Familien das Leben in der Steinzeit ausprobieren können, ergänzen dieses interessante Kinderbuch.